권두언

교회는 선택받은 백성에게 하나님에 대해 가르쳐야 할 사명이 있습니다. 성경 말씀의 기초가 소홀하게 되면 교회는 쇠약해지고 성도들은 하나님의 능력을 체험할 수 없게 됩니다.

이에 필자는 40년의 현장목회 경험과 1000회 이상의 세계 5대양 6대주, 전국 방방곡곡, 군군 면면촌촌 부흥집회를 인도했던 실천 목회를 중심으로 이 책을 집필하였습니다.

성장의 한계를 뛰어넘는 교회의 공통점은

첫째는, 목회자의 "열정과 헌신"이었습니다.
둘째는, "할 수 있다!, 하면 된다!"는 적극성이었습니다.
셋째는, 첫째도 둘째도 전적으로 성령님을 의지하고 인도함을 받는 사역이었습니다.
넷째는, 기도에 방점을 찍는 사역이었습니다.
다섯째는, 목회자가 성도를 사랑하는 마음을 심장으로 보여주는 것이었습니다.
끝으로, 주를 위하여 순교의 각오가 있어야 한다는 것입니다.

하나님의 일은 사람의 손을 빌린 것뿐이지 성령님이 친히 하시는 것이기 때문입니다. 오순절 마가의 다락방에 오신 성령님은 교회의 시작과 함께 다시 오실 주님을 뵈옵기까지 오직 성령님께서 친히 가르치시고 생각나게 하시며 지키시고 인도해 주시기 때문입니다. 결국 성령님의 도움과 인도, 가르침이 없이 교회는 절대로 부흥될 수도 없고, 또 존재 할 수도 없는 것입니다.

그러므로, 교회는 성령님의 도움과 인도, 가르침이 없이는 절대 부흥될 수 없고 존재 할 수도 없는 것입니다. 이단들이 횡행하는 이 마지막 때에 보수신학의 말씀 중심으로 잘 가르치는 것만이 성도 한 사람 한 사람이 매일 매시간 성령님의 간섭과 지시와 인도를 받는 길이며, 그 길만이 성도 한 사람 한 사람이 천금 같은 삶을 살고, 더 나아가 한국교회가 승리할 수 있는 길이 될 것입니다.

구원론이 사람의 허리, 등뼈 와 같다면 성령론은 마치 심장과 같다고 할 것입니다. 이에 필자는 40년 실천목회 현장에서 성령님을 통해 주신 말씀을 책으로 옮겼습니다.

본 저서인 "당신은 성령의 사람인가 ("Are you a man of the Holy Spirit?") 는 제1권으로서 추후 성경 66권의 전반에 걸친 성령의 역사를 조명하며 저술할 예정입니다.

다만, 이번 제1권에서는 천지창조와 성령의 운행을 통해 나타난 하나님의 구속사에 대해서 아담으로부터 아담의 10대손 노아를 통해 하나님께서 제2창조를 하시고, 노아의 10대손인 아브라함을 선택하시고 구속사의 족보(יַחְשׂת 야헤스 /תּוֹלְדוֹת 톨레도스)를 통하여 인류의 메시아이신 예수 그리스도로 완성되기까지 포괄적으로 다루기에 앞서 아담과 노아 그리고 아브라함을 중심으로 한 4대 족장까지를 집필하였음을 말씀드립니다.

이 작은 책이 침체되고 쇠퇴기에 들어선 한국교회에 '제3 성령운동'을 일으키는 계기가 되어, 다시 한 번 1907년의 '평양대부흥 운동'과 같은 성령의 대역사가 한국교회 5만 목회자와 1000만 성도들에게 불같이 일어나기를 기도합니다. 그 때에 한국기독교는 역사상 2000만 성도의 시대가 열리게 될 것이며, 그때가 바로 두 동강이로 잘린 조국이 복음으로 통일될 날이 될 것임을 확신 합니다.

끝으로 이 책을 집필하는데 바쁜 목회 일정 속에서도 서문을 써 주신 서울기독대학교 총장이신 이강평 박사님, 그리고 예음예술종합신학교 총장이신 윤향기 박사님께 감사를 드리며, 원고를 정리하여 준 솔로몬교회 당회장이며 사랑하는 필자의 막내아들 홍성익 목사에게 고마움을 전합니다.

이 책을 접하는 모든 이들에게 에벤에셀의 하나님 아버지의 사랑과 우리 주 예수 그리스도의 은혜와 성령님의 인도하심이 함께 하시길 축복합니다.

Boston Plymouth 항구 목양실에서

백학 홍재철 목사(Ph.D, Ed.D)

추천의 글

내가 존경하는 나의 신앙의 동역자요 친구인 홍재철 목사님의 귀한 책이 출간됨을 축하드립니다. 책 제목부터 우리에게 신앙적인 도전과 각성을 새롭게 하는 내용입니다. 당신은 성령의 사람인가?라는 책제목은 이미 우리에게 수많은 신앙적인 도전과 질문을 주는 제목입니다. 과연 세상을 살아가면서 우리가 하나님의 능력을 덧입어서 살고 있는가? 세상을 볼 때 문제를 중심으로 보지 않고, 하나님 중심으로 보고 있는가? 성령 하나님의 주권과 섭리를 믿고 살고 있는가? 예수 그리스도의 능력의 이름을 덧입으며 살고 있는가? 등등 수많은 질문을 통해서 우리 자신을 다시 한 번 하나님 앞에 비춰볼 수 있다고 생각합니다.

홍재철 목사님은 40년 현장 목회의 경험과 그 동안 부흥사로서 수많은 한국교회와 전 세계에 나가 복음을 전하는 한국이 낳은 부흥사입니다. 그는 평소 부흥사역을 통해 목회 현장에서 영적으로 성령의 소리를 체험했는데, 이것을 글로 옮긴다는 것은 누구나 할 수 있는 일이 아닙니다. 그럼에도 후배들과 성도들에게 남긴 “당신은 성령의 사람인가?”라는 출간은 홍목사님의 사역이 얼마나 열정적이고, 하나님을 사랑하며, 또 성령님을 의지하는 헌신적이고 적극적인 성령의 사람이었는가를 알 수 있습니다. 이것이 또한 이 책에서 말해주고 있는 믿음의 신앙고백입니다.

그런 믿음의 고백을 통해서 성도들에게 기독교 신앙을 가르쳐야 한다고 홍재철 목사님은 본 책에서 강조하고 있습니다. 그리고 다시금 한국교회가 회복되고 승리하기 위해서는 매시간 성령님의 간섭과 인도하심이 절실하다고 본 책에서 역설하고 있습니다.

본 책에서는 홍재철 박사님께서 권두언에서 밝히신 것처럼, 천지창조와 성령의 운행을 통해서 나타난 하나님의 구속사에 대해서 집중적으로 다루고 있습니다. 아담으로부터 아담의 10대손 노아에 이르기까지 하나님께서 제2창조를 이루시는 그 과정에서 어떻게 성령이 역사하고 섭리하고 계시는지를 잘 조명하고 있습니다. 여호와 하나님의 구속사가 다윗과 예수 그리스도를 통해서 이뤄지기 이전인 아담과 노아 그리고 아브라함을 중심으로 한 4대 족장까지의 내용이 잘 나타나고 있습니다. 특별히 구약성경의 원어인 히브리어를 통해서 성경 내용을 설명함으로써 독자들에게 깊이 있는 성령 하나님의 음성을 들을 수 있도록 한다는 점에서 본 책은 탁월한 저서입니다.

한국교회가 다시 하나님 앞에 돌아오는 길은 오직 성령 하나님 앞에 다시 우리가 회개하고 돌아오는 것입니다. 그런 점에서 홍재철 박사님의 귀한 책을 통해 다시 한 번 성령님이 우리에게 주시는 말씀을 새롭게 볼 수 있는 통찰과 지혜를 얻게 됩니다. 그리하여 한국기독교가 다시 새롭게 부흥하고 대한민국이 복음을 통해서 새롭게 부흥하게 될 것임을 확신하면서 홍재철 목사님의 귀한 책을 성도 여러분들에게 강력히 추천합니다.

이강평 목사(Ph.D.)
서울기독대학교 총장
예수사랑교회 담회장

추천의 글

존경하고 사랑하는 친구 홍재철 박사님의 "너는 성령의 사람인가?"의 출간을 진심으로 축하드립니다. 최근에 한국교회가 너무도 암울하고 실망과 좌절 가운데 수 많은 믿음의 사람들이 힘들어 할 때 금 번 홍재철 박사님의 이 저서는 메마른 땅에 단비를 부르시는 하나님의 위로와 용기와 희망을 내려 주시는 저서라고 확신합니다.

홍재철 박사님과 저와의 인연은 한국기독교총연합회(한기총)에서 약 20년 넘게 이어온 믿음의 동역자로서 서로 돕고 의지하는 동지이자 친구로 지금까지 맺어지고 있습니다. 홍재철 목사님은 성공한 목회자로서 한국교계를 대표하는 최고의 부흥사로서 수많은 후배 목회자들과 특히 부흥사들, 그리고 한국교회 성도들에게 깊은 감명과 영향을 준 목사입니다.

그가 부흥회를 인도하고 다녀간 교회는 반드시 부흥이 된다는 소문은 익히 아는 사람은 다 알고 있습니다. 특히, 그가 부흥회 때 가르치는 성령론은 육의 사람을 영의 사람으로 바꿔 놓음으로써 사도바울과 같은 영력이 있는 목회자로 정평이 나 있습니다.

전세계에 나가 부흥회를 인도하신 한국교계 최고의 부흥사로서 목회현장에서 나타난 성령의 음성과 인도를 받고 수많은 간증들은 우리 모두의 심장에 감동으로 찾아옵니다. 부흥회 때마다 영원한 33세라고 하던 홍목사님도 이제 칠순을 지나 희수를 넘기고 산수(80세를 일컫는 말)를 바라볼 나이에 "당신은 성령의 사람인가?"라는 책을 저술한다는 것은 그가 평소 얼마나 열정적인 성령의 사람이었는가를 단적으로 말해주고 있습니다.

홍재철 박사님은 목회자로서 그리고 신학자로서 또 연합기관의 리더로서 조금도 어느 한 곳 손색이 없는 분이십니다. 제가 그런 분의 동지와 친구라는 것이 너무도 감사하고 자랑스럽습니다. 특히 홍목사님은 한국기독교총연합회 제18대, 19대 대표회장을 지내는 동안에 이룬 업적은 누구도 흉내낼 수 없는 귀한 업적들입니다.

첫째는 동성연애의 본산이고, 종교다원주의의 본체라고 할 수 있는 W.C.C.에 반대하는 업적과 둘째는 영화 다빈치코드 국내 상영을 저지시킨 일과, 셋째는 "수쿠크법 반대"는 홍재철 목사님이 아니면 그 누구도 흉내낼 수 없는 일들로 한국교회의 역사가 주목해야 할 일들입니다.

홍목사님은 40일 금식을 하신 참으로 성령의 사람입니다. 평생 목회자로서, 부흥사로서 한 생애를 목회한 홍재철 목사님의 저서 "당신은 성령의 사람인가?"라는 책이 수많은 사람들에게 읽혀지기를 소망하며, 특히 목회자들이 정독하여 혼탁한 한국교회가 성령님이 인도하시는 역사가 일어나기를 바랍니다.

박사님의 "너는 성령의 사람인가" 저서가 믿음의 많은 분들에게 영적 신학 지침서가 되기를 진심으로 바라며 이를 위해 기도드리겠습니다. 다시 한번 축하드립니다.

윤항기 목사

예음예술종합신학교 총장

Contents

태초에 하나님이 천지를 창조 하시니라 / 창 1:1

In the beginning God created the heavens and the earth

בְּרֵאשִׁית בָּרָא אֱלֹהִים אֵת הַשָּׁמַיִם וְאֵת הָאָרֶץ:

Chapter 1

천지 창조와 성령의 운행 (The Creation and hovering of the Holy Spirit)

1. 천지 창조의 역사 (The History of Creation)

우주 역사 이래 공식적으로 가장 오래된 책은 성경으로서 인류 역사의 시작을 기록하고 있다. 그 가운데 창세기 1:1~2은 우주만물을 시작하는 창조의 신비를 여는 첫 장면이다. 특별히 창세기 1장은 세상의 모든 존재의 구성요소를 5일 동안 완전히 만드시고, 6일째 되는 날 하나님의 형상을 닮은 사람을 창조하신 창조 기사가 담겨져 있는 장으로써, 실로 하나님의 신묘막측한 섭리가 담겨져 있는 거룩한 장이라 할 수 있겠다.

창세기 1장 1절은 하늘의 창조로부터 시작된다. 대관절 하늘은 무엇이며, 또 하나님은 하늘 그 어느 처소에 계시는가?

하늘을 히브리어로 '솨마임(שָׁמַיִם)'이라 하고, 헬라어로는 '우라노스(οὐρανός)'라고 하는데 "천상, 즉 하나님이 계시는 처소"를 말한다. 천체가 회전하는 더 높은 하늘, 피조물의 손길이 전혀 닫지 않는 삼위일체 하나님만이 거니시는 신비의 천상을 말한다.

그러면서도 하나님은 이 모든 우주의 만물을 통치하시고 보이지 않는 손으로 움직여 나가시기에 온 우주를 선회하시면서 선택받은 하나님의 사람들이 찾으면 즉각적으로 응답하시고 말씀하신다. 어쩌면 이것이 창조 기사에서 우리가 더욱 주목해야 할 부분이라 할 수 있겠다. 무에서 유를 창조하시는 하나님의 능력 안에서 그 무엇으로도 형용할 수 없는 하나님의 사랑이 깃들어 있기 때문이다.

온 우주와 만물들을 창조하신 다음 6일째 되는 마지막 날 사람을 창조하신 것 역시 인간에 대한 하나님의 사랑을 마지막 창조의 하이라이트로 보여주신 것이라 할 수 있다.

그렇다면 하나님은 왜 한낱 피조물인 인간과 교통하며 응답하여 주실까? 하나님은 왜 사람을 만드시되 하나님의 형상을 닮은 유일무이한 존재로 만드셨을까? 우리는 이에 대한 해답을 성경에서 찾아야 한다. 성경 안에서 창조의 목적과 섭리와 질서를 발견할 수 있기 때문이다.

하나님의 이름 '엘로힘(אֱלֹהִים)'

인류 역사의 첫 번째 말씀 선포의 시작인 창세기 1:1-2을 보자.

태초에 하나님이 천지를 창조하시니라 / 창 1:1

In the beginning God created the heavens and the earth

בְּרֵאשִׁית בָּרָא אֱלֹהִים אֵת הַשָּׁמַיִם וְאֵת הָאָרֶץ׃

(베레시트 바라 엘로힘 엣트 핫샤마임 베엣트 하아레츠)

땅이 혼돈하고 공허하며 흑암이 깊음 위에 있고 하나님의 신(루아흐 엘로힘 וְרוּחַ אֱלֹהִים) 은 수면에 운행하시니라 / 창 1:2

Now the earth was formless and empty, darkness was over the surface of the deep, and the Spirit of God was hovering over the waters.

וְהָאָרֶץ הָיְתָה תֹהוּ וָבֹהוּ וְחֹשֶׁךְ עַל־פְּנֵי תְהוֹם וְרוּחַ אֱלֹהִים מְרַחֶפֶת עַל־פְּנֵי הַמָּיִם׃

바아레츠 하예타 토후 바 보후 베 하호셰크 알 페네 테흠 베 루아흐 엘로힘 메라헤페트 알 페네 하 마임)

창 1:1에서 주목할만한 점은 하나님께서 하나님의 이름을 기록하실 때 '엘로힘(אֱלֹהִים)'이라는 복수명사를 사용하셨다는 것이다. 창 1:2은 이를 뒷받침해주고 있다.

창 1:2은 우리가 보는 성경으로 볼 때 구절이 나뉘어져 있지만 원문을 통해서 본문의 문맥을 보면 서로가 일맥상통하여 연결됨을 알 수 있다. 우주의 구성 요소와 인류 창조 과정 모든 것이 사실상 연결된다.

창 1:2은 우주의 모든 계획과 설계 자체가 전무한 상태에서, 땅이 혼돈하고 공허하며 흑암이 깊음 위에 있을 때, 천지를 창조하신 여호와 하나님의 신이 수면에 운행하시며 세계를 창조하신 것을 보여 준다.

여호와의 신이 수면에 운행하셨다(the Spirit of God was hovering over the waters)라고 하는 것은 혼돈과 공허와 무질서로 캄캄한 어두움 속에 이 우주가 있을 때 제3위가 되시는 성령 하나님의 사역이 이미 시작하셨다는 것을 의미한다.

여기서 "hovering"이라는 단어는 히브리어 "므라헤페트(מְרַחֶפֶת)"라는 단어로서 "알을 낳으려고 하는 어미 새가 알을 품는 것처럼, 천천히 그리고 부드럽게 깃털을 움직이며 품는 것"을 의미한다. 이는 마치 우주 전체가 하늘도, 땅도, 아무것도 없는 캄캄한 공허한 상태일 때 어미새가 아기새를 품듯 성령께서 그렇게 우주를 품고 운행하셨다는 것을 알 수 있다.

"무주공산(無主空山 : 없을 무, 주인 주, 빌 공, 뫼 산)"이란 말이 있다. 한마디로 주인이 없는 산이라는 뜻인데 "하나님의 신(the Spirit of God)"은 아무것도 없는 수면에 즉 물위에서 주인으로 활동하고 계셨다.

우리는 이와 같은 창조의 사건을 깊이 연구하면서 동시에 성경 66권 속에서 인간의 모든 삶 가운데 1분 1초도 빈틈없이 역사하시고 운행하시는 삼위가 되시는 성령 하나님의 인격과 품격, 그리고 사역을 이해하게 되고, 더 나아가 우리의 삶 전체를 성령 하나님께 의지하고 맡기게 된다.

여호와의 신 “루아흐(רוּחַ)”

히브리어 단어 중 “신”이라는 뜻의 단어 “루아흐(רוּחַ)”는 구약성경 전체에 걸쳐 약 378회가 사용 되였으며[1] 아람어로는 다니엘서에서만 총 11회가 나온다.

루아흐는 전통적으로 다음과 같이 크게 세 가지로 구분할 수 있다.

첫째, 폭풍 속에 임하시는 여호와의 신으로서 루아흐 엘로힘(וְרוּחַ אֱלֹהִים)

둘째, ‘숨, 영, 생명력’으로서의 루아흐 엘로힘(וְרוּחַ אֱלֹהִים)

셋째, ‘물, 불, 기름’ 등으로서의 루아흐 엘로임(וְרוּחַ אֱלֹהִים) 이다.

이 세 가지 중 어떤 뜻으로 어떤 용어에 사용된다 하더라도 근본적인 의미가 달라지지 않는다. ‘하나님의 영’이신 ‘루아흐’ 곧 성령님은 창 1:1에서 하나님 곧 ‘엘로힘(אֱלֹהִים)’으로 사용되고, 능력의 힘은 ‘태초(베레쉬트רֵאשִׁית)’ 곧 시간의 개시로 사용된다. ‘천지를 창조하셨다’에서의 ‘천지’는 각각 ‘천(שָׁמַיִם솨마임)과 지(אֶרֶץ에레쯔)’를 ‘창조(בָּרָא 바라)’하신 창조의 역사로 나타난다. 요컨대, 하나님의 신이 수면에 운행하심과 동시에 천지 창조가 시작되었다는 것이다.

물론, ‘루아흐(רוּחַ)’ 곧 ‘하나님의 신을 어떻게 이해하느냐?’에 대한 것은 여전히 학자들의 끝나지 않는 논쟁거리로 남아있지만. 신령한 “

1) 카리스 종합주석, 창세기 1장 원어강해, p177 <기독지혜사>

하나님의 신"이신 '루아흐(רוּחַ)'에 대한 자칫 섣부른 연구는 연구가 아니라 오히려 하나님에 대한 모독이 될 수도 있음을 주지해야 한다.

성경은 말씀대로 푸는 것이 평소 필자의 성령 운동이다. 이에 필자는 앞으로 전개될 '성령론'을 집필 하는데 있어서 철저히 성경 말씀을 중심으로 성령 하나님을 조명할 것이다. 그리고 수많은 부흥회를 통하여 역사하셨던 성령님의 강력한 능력과 권능이 말씀의 현장에서 어떻게 역사하셨는지를 증거하고자 한다.

2. 루아흐 엘로힘(וְרוּחַ אֱלֹהִים)에 대한 성경적 고찰

창세기 1:2에서는 성령님을 왜 '하나님의 신' 곧 '루아흐 엘로힘'으로 표현 하셨을까? 이에 대해서는 2절의 후반부에 기록된 "수면에 운행하시니라"는 말씀에 유의할 필요가 있다.

운행하시는 성령님

"하나님의 신은 수면에 운행하시니라"라고 번역된 '므라헤페트(מְרַחֶפֶת)'는 히브리어 '라헤프(רָחַף)'라는 단어에서 파생된 단어인데, 하나의 인격적 존재가 의도와 목적을 가지고 우주를 선회하며 운행하고 있음을 강조하는 뜻으로 표현한다.[2)]

---

2) 카리스 종합주석, 창세기 1장 원어강해, p177 〈기독지혜사〉

'운행(라헤프, רָחַף)'이란 히브리 원어의 뜻은 살아있는 생명체로서 눈에는 안 보여도 느낄 수 있는 초능력 상태를 표현할 때 사용되는데, 총 3가지 의미가 있다.

① 알을 품다

② 긴장을 풀게 하다

③ 날개 치며 움직이다

다시 말해, 성령님의 운행은 마치 닭이 알을 품듯이, 독수리 새끼가 날기 위해 날개를 천천히 움직이듯이 움직이셨다는 것이다.

이처럼 많은 주석가들은 '하나님의 신'이 우주를 창조하는 바로 그 시간에 실제로 어떤 일을 행하셨는가에 대한 사실에 주목하여야 한다고 한다.

인류 역사의 시작은 하나님의 신이 운행하심으로 시작되었다. 또한 인류 구속사의 서막 역시 하나님의 신에 의해 (히브리 민족 탄생, 열방, 제사장, 선지자, 사사, 열왕 등) 시작되었다.

창조의 주체 되시는 성령님

또한 히브리 성서 맛소라 텍스트는 문단 문구 표식인 '프툭하 open paragraph)'를 두었는데 창 1:1과 2절 사이에는 프툭하가 보이지 않는다. 간격이 존재한다면 창세기 1:1 뒤에도 문단 문구 표식(프툭하)이 존재해야 하는데 창 1:1과 2절에는 문단 문구표식(프툭하)이 없는 것으로 봐서 간격이 존재 하지 않음을 알 수 있다[3].

이는 창세기 1:1과 2절이 창조 주간의 처음 하루에 포함되는 활동으로서, 하나님께서 하늘과 땅을 동시에 창조하심과 동시에 창조사역의 시작과 선포를 알리셨음을 알 수 있다.

그러므로 천지창조에 있어서 엘로힘(אֱלֹהִים)과 하나님의 신 루아흐(רוּחַ)는 단지 역할이 다를 뿐 천지 창조의 주체로서 오직 한 분 하나님이라는 사실을 알 수 있는 것이다.

3. “우리”라는 뜻의 성경적 고찰

창 1:26에 “우리”라는 말씀이 처음 등장하는데 우리는 이를 주의 깊게 관찰해야 한다.

1) “우리”라는 첫 번째 하나님은 ‘하나님 아버지’를 뜻한다.

창 1:1과 2절에서 하나님과 하나님의 신을 엘로힘(אֱלֹהִים)과 루아흐(רוּחַ)로 사용했다. 엘로힘(אֱלֹהִים)에서 엘(אֵל)은 하나님을 의미하는 단수이고, 엘로힘은 복수인데, 지존자 이신 하나님에 대하여 ‘하나님들’이란 표현을 사용함으로써 삼위일체 하나님의 존재를 직접적으

3) F.V.P Hamilton. The Book of Genesis. Chapter 1-17 (Grand Rapid. Erdmans. 1990)

로 드러내고 있다.

그러므로 창 1:26에서 하나님이 가라사대 "우리의 형상을 따라 우리의 모양대로 우리가 사람을 만들고"라는 말씀은 1인칭 복수로서 한 분 창조주 하나님 안에 세 분 하나님이 존재 한다는 사실과 서로 각각의 역할이 존재하고 계시다는 것을 확증 하는 말씀이라고 할 수 있다. 이 말씀에 대하여서는 요한복음 1장에서도 뒷받침 하고 있다.

그가 세상에 계셨으며 세상은 그로 말미암아 지은바 되었으되 세상이 그를 알지 못하였고 / 요 1:10

자기 땅에 오매 자기 백성이 영접지 아니 하였으나 / 요 1:11

본래 하나님을 본 사람이 없으되 아버지 품속에 있는 독생 하신 하나님이 나타내셨느니라 / 요 1:18

그러므로 창 1:26에 "우리의 형상을 따라 우리의 모양대로 우리가 사람을 만들고"라는 것은 첫째 "God as a Father", 곧 아버지 하나님을 가리키는 말씀이라고 할 수 있다.

2) "우리"라는 두 번째 하나님은 독생자 예수그리스도를 뜻한다.(God as the Son of God)

태초에 말씀이 계시니라 이 말씀이 하나님과 함께 계셨으니 이 말씀은 곧 하나님이시니라 / 요 1:1

그가 태초에 하나님과 함께 계셨고 / 요 1:2

만물이 그로 말미암아 지은바 되었으니 지은 것이 하나도 그가 없이는 된 것이 없느니라 / 요 1:3

그가 세상에 계셨으며 세상은 그로 말미암아 지은바 되었으되 세상이 그를 알지 못하였고 / 요 1:10

말씀이 육신이 되어 우리 가운데 거하시매 우리가 그 영광을 보니 / 요 1:14

본래 하나님을 본 사람이 없으되 아버지 품속에 있는 독생하신 하나님이 나타내셨느니라 / 요 1:18

그는 근본 하나님의 본체시나 하나님과 동등 됨을 취할 것으로 여기지 아니하시고 / 빌 2:6

하나님의 본체라는 헬라어 단어 '몰프헤(μορφή)'의 뜻은 '형태, 형상'이라는 뜻으로 근본 자체가 예수님은 하나님이시라는 뜻이다.

예수 그리스도 그분은 하나님으로써 스스로 하나님 되심을 포기하시고 자기를 낮춰 육신의 몸을 입으시사 인류 구원을 위하여 이 땅에 오셨다.

그는 보이지 아니하시는 하나님의 형상이요 모든 창조물보다 먼저 나신 자니 만물이 그에게 창조되되 하늘과 땅에서 보이는 것들과 보이지 않는 것들과 혹은 보좌들이나 주관들이나 정사들이나 권세들이나 만물이 다 그로 말미암고 그를 위하여 창조되었고 또한 그가 만물보다 먼저 계시고 만물이 그 안에 함께 섰느니라 그는 몸인 교회의 머리라 그가 근본이요 죽은 자들 가운데서 먼저 나신 자니 이는 친히 만물의 으뜸이 되려 하심이요 / 골 1:15-18

이외에도 성경은 수많은 곳에서 예수그리스도가 하나님이심을 증거하고 계신다.

3) "우리"라는 세 번째 하나님은 "삼위가 되시는 성령 하나님" (God the Holy Spirit) 을 뜻한다.

삼위일체의 삼위가 되시는 성령 하나님은 아버지의 영이시고 아들의 영이시며, 동시에 아버지와 아들의 약속이다. 신약에서 본격적인 성령의 사역은 그리스도의 승천 이후부터 시작되었다고 봐야 할 것이다.

만일 너희 속에 하나님의 영이 거하시면 너희는 육신에 있지 아니하고 영에 있나니 누구든지 그리스도의 영이 없으면 그리스도의 사람이 아니라 / 롬 8:9

또 그리스도께서 너희 안에 계시면 몸은 죄로 인하여 죽은 것이나 영은 의로 인하여 산 것이니라 / 롬 8:10

예수를 죽은 자 가운데서 살리신 이의 영이 너희 안에 거하시면 그리스도 예수를 죽은자 가운데서 살리신 이가 너희 안에 거하시는 그의 영으로 말미암아 너희 죽을 몸도 살리시리라 / 롬 8:11

성령이 친히 우리 영으로 더불어 우리가 하나님의 자녀인 것을 증거하나니 / 롬 8:16

그러므로 수많은 학자들의 해석도 존중해야겠지만 창 1:2의 여호와의 신(루아흐 엘로힘)자체로 성부와 성자와 성령 하나님, 곧 삼위일체 하나님을 인정하며 받아들여야 할 것이다.

하나님은 이 우주에서 그 누구에게도 자신을 보여 주신 적이 없다. 오직 말씀으로 나타나 주셨고, 말씀으로 교제하셨으며, 말씀으로 명령하시고, 말씀으로 해결해 주셨다. 그리고 그 말씀은 성령 하나님, 곧 오직 여호와의 신으로만 나타나 행하셨다.

변함도 없으시고 회전하는 그림자도 없으시니라 / 약 1:17

우리가 볼 수도 만질 수도 없고, 실증할 수도 없고 형상 자체를 그릴 수도 없는 것이 하나님의 본체라고 말씀하시지 않았는가!

태초에 말씀이 계시니라 이 말씀이 하나님과 함께 계셨으니 이 말씀은 곧 하나님이시라 / 요 1:1

그는 근본 하나님의 본체시나 하나님과 동등 됨을 취할 것으로 여기지 아니하시고 / 빌 2:6

이는 하나님의 영광의 광채시요 그 본체의 형상이시라 그의 능력의 말씀으로 만물을 붙드시며 죄를 정결케 하는 일을 하시고 높은 곳에 계신 위엄의 우편에 앉으셨느니라 / 히 1:3

창 1:26에 "우리의 형상을 따라 우리의 모양대로 우리가 사람을 만들고"에서 "우리"라는 단어를 3번씩이나 사용하시면서 성부, 성자, 성령 곧 삼위의 하나님이 복수의 하나님이라는 것을 정확하게 표현해 주고 있다.

이로써 하나님은 처음부터 우리 눈에는 보이지 않으신 신으로 운행하셔서 천지를 창조하셨다는 것을 알 수 있다. 그 거룩한 신성에는 삼위가 나타나 있으므로 신학적으로 "삼위일체의 하나님"이라고 명명한다.

4. "천지"라는 뜻의 성경적 고찰

여기서 천지라고 하는 말은 하늘과 땅일 것이다. 하나님은 하늘 (שָׁמַיִם, 샤마임)과 땅(אֶרֶץ 에레츠)이 서로 짝을 이루게 하심으로서 우주만물이 땅과 하늘의 조화를 이룰 수 있도록 창조 하셨다.

히브리인들은 하늘을 대기권 궁창과 그 위의 물 그리고 천사들이 다니는 맨 위의 하늘로 세층을 이루어졌다고 생각해왔다.

창 1:1 서두에 기록된 "태초"는 히브리어 '(בְּרֵאשִׁית 베레쉬트)'라는 단어로 특정 사물을 지칭하는 '베(בּ, ḇe)' 와 '시초'라는 뜻의 '레쉬트(רֵאשִׁית)'의 합성어이다.

이는 천지를 창조하신 역사적 시간의 출발점을 의미함과 동시에, 무에서 유를 창조하는 하나님만의 시간을 의미한다. 이 우주에 누구도 감히 헤아릴 수도 없고 측량할 수도 없는 전능자이신 하나님의 시간을 나타내고 있다고 할 수 있다. 요컨대, '태초'라는 창조의 날은 오직 유일무이한 독립된 창조주의 시간적 용어인 것이다.

특이한 점은 '태초'라는 뜻이 끝없이 진행하는 시간의 흐름 속에서 역사가 새롭게 시작되고 있는 현재적 시간의 출발점 자체를 의미하기도 한다는 것이다.

예컨대, 고조선이라는 나라를 누가 건국 하였는가? 건국되기 전에는 과거도 현재도 미래도, 아예 근본 자체가 존재하지 않았었다. 그런데 새롭게 건국함으로서 역사의 시작을 알리는 출발점이 된 것이다.

이와 같이 이 우주는 존재의 시작이요 그 근원이신 여호와 하나님께서 '(בְּרֵאשִׁית베레쉬트)' 곧 '태초에' 천지를 만드심으로 시작하셨다. 그 곳에 성령 하나님께서 계셨고, 운행하셨으며, 또 역사하셨다. '루아흐 엘로힘(רוּחַ אֱלֹהִים)' 그분이 천지 창조의 주체이신 성령 하나님, 곧 여호와 하나님이신 것이다.

5. 창 1:2에 기록된 창조의 비밀 5가지

창 1:2에서 “땅이 혼돈하고 공허하며 흑암이 깊음 위에 있고 하나님의 신은 수면에 운행하시니라”고 하신 말씀은 ‘우주 역사의 시작에 대한 5가지 비밀’을 요약하여 말씀하고 있다.

땅이 혼돈 하였다는 것은 히브리어 (토후)와 (보후)를 사용함으로써 하나님이 창조하신 우주에 생명체나 어떠한 형태를 가진 것 자체가 전무했을 때 하나님의 신이 운행(므라헤페트, מְרַחֶפֶת)하셨다는 것을 가리키고 있다.

① 혼돈 – “토후”(תֹהוּ 황폐)는 황량한 사막 같은 곳에서 캄캄하고 방향이 없는, 아직 모든 것이 시작되기 전인 상태를 의미한다. 원시적인 무(無)의 상태를 말한다고 할 수 있다.

② 공허 – “보우”(בֹהוּ 공허)는 우주의 모든 공간이 텅 비어 있는 상태, 즉 무가치한 상태를 말한다.

③ 흑암 – “후쉐크”(חֹשֶׁךְ)는 캄캄함, 무지, 죽음. 파멸 등 빛이 창조되기 이전 근본적인 암흑 상태를 말씀하고있다.

④ 깊음 – “태홈”(תְּהוֹם)은 심연에 있는 지하의 물이 깊은 곳에서 요동치다. 흑암의 밑으로 깊이를 측량 할 수 없는 거대한 물결이 이는 현상을 말한다.

※ 70인 역의 해석은 “아뷔쏘스(ἄβυσσος)” 곧 ‘심연’으로 번역함. 아무런 생명체도 존재하지 않는 원시적 상태일 때를 말한다고할 수 있

다.

⑤ 운행 – "므라헤페트"(מְרַחֶפֶת)는 하나님의 신(루아흐 엘로힘)이 운행하셨다는 것이다. 다시 말하면 전혀 무가치한 곳(the original chaos)에서 운행하셨음을 말한다.

여기서 우리는 모든 생명의 근원이요 세상 질서를 주관하시는 제3위 하나님 곧 성령 하나님(God, the Holy Spirit)께서 운행하심과 동시에 우주가 창조되고 시작되었다는 것을 알 수 있다.

여호와의 신이 수면에 운행하셨다(the Spirit of God was hovering over the waters) 는 므라헤페트, מְרַחֶפֶת는 자신의 새끼에게 어미로서의 깊은 애정과 관심을 가지고 새끼를 부화시키려는 긴박한 상태를 의미하며 신 32:11에도 언급하고 있다.

마치 독수리가 그 보금자리를 어지럽게 하며 그 새끼 위에 너풀거리며 그 날개를 펴서 새끼를 받으며 그 날개 위에 그것을 업는 것 같이 / 신 32:11

이는 혼돈과 무질서의 공허 속에서 우주에 생명을 불어 넣으시고 태동케 하시려는 성령 하나님 곧 "루아흐 엘로힘(רוּחַ אֱלֹהִים)"의 활동이 시작되었음을 의미한다. 이와 같은 사건은 에스겔에서도 말씀하신다.

여호와께서 권능으로 내게 임하시고 그 신으로 나를 데리고 가서 골짜기 가운데 두셨는데 거기 뼈가 가득하더라 / 겔 37:1

여기서 서두에 "여호와의 권능으로"라는 단어는 히브리어 "יָד(야드)"인데 "하나님의 손(The Hand of the Lord)"이라는 뜻으로 '힘, 능력 ,권능, 보호'라는 뜻을 가지며 곧 하나님의 손이 우주만물을 통치하고 계시다는 것을 보여 주시고 계신다 하겠다.

이어서 "여호와의 권능으로 내게 임하시고 그 신으로 나를 데리고 가서"라고 말씀하시는데, 여기서 "그의 신"은 창 1:1에 나오는 루아흐 엘로힘 (하나님의 신(רוּחַ אֱלֹהִים)이라는 단어를 사용하고 있다. 즉, 하나님의 권능의 손이 성령의 역사로 이어지면서 여기서도 삼위가 되시는 성령 하나님의 존재가 나타나고 있음을 알 수 있다.

겔 37:5에서 "생기를 뼈 속으로 들어가게 하셨다"고 하신 말씀과 겔 37:6에서 "생기를 너희 몸속에 두리니"라고 하신 말씀 속에서도 여전히 '루아흐 엘로힘' 곧 성령 하나님의 역사가 드러나 있다. 성령 하나님의 역사를 통해 인간은 하나님의 형상을 닮은 인간으로 창조되었다는 하나님의 깊고도 오묘한 섭리를 깨달아야 할 것이다.

이와 마찬가지로 창 1:2의 하나님의 신이라는 복수의 루아흐 엘로힘 (하나님의 신)이라는 단어를 사용한 것 역시 결국 성경 66권 전반에 걸친 성령 하나님의 역할을 말해주고 있는 것이다.

주 여호와께서 이 뼈들에게 말씀하시기를 내가 생기로 너희에게 들어가게 하리니 너희가 살리라 / 겔 37:5

너희 위에 힘줄을 두고 살을 입히고 가죽으로 덮고 너희 속에 생기를 두리니 너희가 살리라 또 나를 여호와인줄 알리라 하셨다 하라 / 겔 37:6

여기서 우리는 이 글을 읽는 자의 영성을 생각해 보고자 한다. 성령의 사람이 누군가? 마른 뼈 들이 누군가? 이 글을 쓴 필자를 포함하여 성령의 능력을 받지 못한 마른 뼈 같은 허깨비 인생이 아니겠는가? 하나님을 믿는다 하면서도 능력도, 이적도, 기적도, 평화도 없이 살아가는 인생들이 아니겠는가!

여호와의 생기가 내 몸 속에 들어와 하나님을 아버지라 믿고, 예수 그리스도를 나의 구원자로 믿고, 성령님을 나의 인도자로 믿는다면 당연히 인생을 성공자로 살아야 되고 승리자가 되어야 할 텐데, 날마다 패배자, 실패자로 살고 있으니 이를 어찌

"너 하나님의 사람아! 너 예수의 사람아! 너 성령의 사람아!"

라고 부를 수 있겠는가! 우리가 성령을 받았다면 성령의 사람으로 살아야 한다. 마른 뼈에 생기를 불어 넣으셨던 그 성령의 역사가 오늘 이 시간 당신의 심령에 불같이 일어나야 하고, 당신의 가정을 변화시켜야 하며, 교회와 나라와 민족 가운데 역사되어야 한다.

나를 그 뼈 사방으로 지나게 하시기로 본즉 그 골짜기 지면에 뼈가 심히 많고 아주 말랐더라 / 겔 37:2

여호와 하나님이 흙으로 사람을 지으시고 생기를 그 코에 불어 넣으시니 사람이 생령이 된지라 / 창 2:7

그가 내게 이르시되 인자야 이 뼈들이 능히 살겠느냐 하시기로 내가 대답하되 주 여호와여 주께서 아시나이다 / 겔 37:3

또 내게 이르시되 너는 이 모든 뼈들에게 대언하여 이르기를 너희 마른 뼈들아 여호와의 말씀을 들을지어다 / 겔 37:4

이에 내가 명을 좇아 대언하니 대언할 때에 소리가 나고 움직이더니 이 뼈 저 뼈가 들어맞아서 뼈들이 서로 연락하더라 / 겔 37:7

내가 또 보니 그 뼈가 힘줄이 생기고 살이 오르며 그 위에 가죽이 덮이나 그 속에 생기는 없더라 / 겔 37:8

또 내게 이르시되 인자야 너는 생기를 향하여 대언하라 생기에게 대언하여 이르기를 주 여호와의 말씀에 생기야 사방에서부터 와서 이 사망을 당한 자에게 불어서 살게 하라 하셨다 하라 / 겔 37:9

이에 내가 그 명한대로 대언하였더니 생기가 그들에게 들어가매 그들이 곧 살아 일어나서 서는데 극히 큰 군대더라 / 겔 37:10

6. 창 2:7절에 기록된 창조의 비밀

하나님은 인간을 지으실 때 성부, 성자, 성령 하나님의 형상을 닮게 하시면서 동시에 창 2:7에서 흙으로 사람을 지으시고라고 하셨는데, 그렇다면 하나님은 왜 흙으로 사람을 창조하셨는가? 사람을 흙으로 지으셨다고 하는 것은 인간과 땅은 이미 분리해서 생각할 수 없는 불가분의 관계가 되었다고 할 수 있다.

흙으로 사람을 지으셨다고 하는 말을 직역하면 히브리어로 "아파르 민 하다마(עָפָר מִן־הָאֲדָמָה)"로서 "땅으로 부터 취한 티끌"이란 뜻이다. 티끌이란 히브리어 '아파르(עָפָר)'라는 단어인데 '흙, 먼지, 가루, 재, 티끌 더미'라는 뜻이 있다.

실제로 욥도 병들어 고난 속에서 탄식할 때에 이렇게 탄식한다.

기억하옵소서 주께서 나를 지으시기를 흙을 뭉치듯 하셨거늘 다시 나를 티끌로 돌려보내려 하시나이까 / 욥 10:9

티끌로 사람을 지으셨다는 것은 바꾸어 말하면 티끌 같은 무가치한 존재에 생기를 불어 넣어주시사 천지 만물의 대주재가 되시는 하나님의 형상을 닮고 나오도록 하셨다는 것이다. 한 낱 티끌에 불과한 인간은 하나님께서 그 코에 생기를 불어 넣어주심으로 말미암아 생령이 되었다.

히브리어 '니쉐 마트 하이임(נִשְׁמַת חַיִּים)'이란 뜻은 '생명의 호흡을 그 코에 집어 넣었다.'라는 뜻이다. 이는 바꾸어 말하면 인간이 살고, 죽는 것, 숨 쉬는 생명의 호흡은 전적으로 호흡을 주신 하나님께 달려 있다는 말과 같다.

모든 동식물은 말씀 한마디로 만드셨지만 사람을 만드시는 데는 흙이라는 도구를 사용하시고 여호와의 생기를 불어 넣는 과정을 거치셨다.

그러므로 살아 숨 쉬는 생령, 즉 육체 속에 불어 넣으신 생기를 오늘이라도 거두어 가시면 살아 숨 쉬며 살아가는 생령은 떠나가게 되고, 인간은 흙으로 돌아갈 수밖에 없다는 것이다. 이것이 하나님의 창조의 섭리요, 의미이며, 본질이라고 할 수 있다.

주께서 낯을 숨기신즉 저희가 떨고 주께서 저희 호흡을 취하신즉 저희가 죽어 본 흙으로 돌아가나이다 / 시104:29

그러므로 인간은 마땅히 자신이 흙으로부터 와서 흙으로 돌아가는 존재임을 겸손히 깨닫고, 자신에게 생기를 불어 넣어주셔서 생령이 되게 하신 하나님 앞에 두렵고 떨림으로 엎드려 경배해야 할 것이다.

호흡이 있는 자마다 여호와를 찬양할지어다 / 시150:6

이 우주에 어떤 피조물에도 생기를 넣으셨다는 말씀이 없고, 그래서 생령이 되었다는 말씀도 없다. 오직 하나님의 형상을 닮게 만드신 사람만이 여호와의 생기를 얻어 생령이 되었다. 그래서 하나님은 범죄한 아담에게 창 3:19에서 "너는 흙이니 흙으로 돌아갈 것이라" 하셨다. 흙으로 왔으니 흙에서 살다 흙으로 돌아가라는 것이다.

흙으로 생기를 불어넣어주시고 생령이 된 인간의 창조 행위는 분명한 삼위일체의 표현으로서 후대에 발견한 계시에 의해 뒷받침된다. 이는 또한 "삼위일체 하나님에 대한 구약적 증거다."라고 말하고 있다. (참조 Barnabas, justin Martyr)

Chapter 2

예배를 통해 말씀하시는 성령의 사역 (The work of Holy Spirit through worship)

예배를 통하여 말씀하시는 하나님의 음성을 깨닫게 해주시는 성령의 사역이 어떻게 진행되어 오고 있는가를 살펴보자.

1. 예배의 정의 (The Definition of worship) - 예배란 무엇인가? (What is worship?)

하나님은 영이시니 예배하는 자가 신령과 진정으로 예배할지라 / 요 4:24

예배는 영어의 "worship"인데 가치를 의미하는 "Worth"와 신분을 뜻하는 "ship"의 합성어로서 숭배한다, 인정한다, 가치를 돌린다, 마음의 경애심을 신앙의 행위로 표현하여 엎드려 경배 드리는 것을 의미한다.

그러므로 예배란 나의 생명, 물질, 시간, 마음까지도 모두를 드려 오직 하나님께만 영광을 돌리는 행위를 말한다.

매 시간 하나님께 드리는 영적 예배를 통해 반드시 하나님과의 만남이 이루어져야만 한다는 것이다. 그러므로 하나님이 받으시지 않는 예배는 참 예배가 될 수 없기에 예배 받으실 분은 오직 여호와 하나님 한 분뿐이시다.

※ 예수님께서 말씀하신 신령과 진정한 예배에 대하여 알아보자.

당시 유대인의 예배는 형식적이고 율법적인 예배로 신령한 예배를 드리지 않았고, 사마리아인들의 예배는 성경이 가르치는 구속사의 역사를 벗어난 예배로서 유일신이신 하나님 앞에 드리는 신령한 예배가 아니었다.

> 예수께서 가라사대 여자여 내 말을 믿으라 이 산에서도 말고 예루살렘에서도 말고 너희가 아버지께 예배할 때가 이르리라 / 요 4:21
>
> 너희는 알지 못하는 것을 예배하고 우리는 아는 것을 예배하노니 이는 구원이 유대인에게서 남이니라 / 요4:22

아브라함의 신본주의 구속사를 이어받고 이스라엘을 천하 통일한 다윗의 뒤를 이은 그의 아들 솔로몬이 연이어 40년의 신본주의 통치를 끝으로 B.C.930년(왕상11:42)에 죽고 솔로몬이 암몬 여인 "나아마"에게서 낳은 아들 르호보암이 41세에 왕으로 즉위(B.C.930-913)하여 17년간 통치하게 된다.

르호보암이 지혜로운 정치를 하지 못하여 시류를 파악하지 못하였으며 원로들의 의견을 묵살하고 세금과 노역으로 이스라엘 민족을 힘들게 하자 12지파가 중 10지파가 반란을 일으킨다.

10지파는 느밧의 아들 여로보암을 왕으로 추대, 등극(B.C. 930-909)하여 약 22년간 통치한다. 이스라엘 민족이 나라를 세워 120년 동안 유지해 왔으나 남 왕국의 르호보암과 북 왕국의 이스라엘의 여로보암으로 갈라져 북 왕국 이스라엘은 B.C. 722년 앗수르 왕 살만에셀의 3차 침공으로 호세아 왕 통치 7년에 멸망(왕하 17:6,18:10-12)당한다.

그 후 136년 후 남유다는 시드기야왕 등 유다의 가신들이 바벨론 3차 포로가 되어 B.C. 586년 바벨론에 의해 멸망된다. 남 유다와 북 이스라엘은 B.C. 930년에 분열이 되어 무려 344년 동안 5차례의 남북 전쟁을 치른다.

제1차 B.C. 913년 / 대하13:2

제2차 B.C. 895년 / 왕하15:16-22

제3차 B.C. 874년 / 대하16:1-12

제4차 B.C. 790년 / 왕하 14:8-14

제5차 B.C.733년 / 왕하 16:5-9

하나님의 구속사는 아담으로부터 노아로 다시 아브라함으로 이어져 다윗에 이르기까지, 한 혈통의 단일 민족인 이스라엘이 잘못 판단한 여로보암으로 말미암아 남북으로 갈라진 후 무려 344년 동안 원수 아닌 원수가 되어 결국은 두 나라 모두 멸망당하는 비극의 결과를 가져왔다.

나라를 잊어버리고 포로생활로 찌들대로 찌든 백성들은 절망과 한숨, 노역과 고역 등으로 생활이 피폐해질 대로 피폐해지게 되었다.

특히 북 이스라엘의 사마리아 사람들이 여호와의 종교를 가지고 있긴 하였지만 앗수르에 정복당하고 난 후, 혼혈아로 인한 그 혈통이 더러워졌다고 하여 유대인들은 사마리아로 통행하지도 아니 하였으며, 심지어 개 취급을 하였다.

유대인들로 인하여 질시와 반목을 당한 사마리아인들은 하나님 앞에 예배를 예루살렘에서 드리지 않고, 그리심 산에서 성전을 건축하고 예배를 드렸다.

이렇게 배타시한 유대인들을 무시하고 예수님은 사마리아로 가셔서 복음을 전하셨다.

그리고 선포하신 말씀이 신령과 진정이란 말씀을 하셨다. 남 유다 사람들도 여호와의 신앙은 점점 무디어져 갔고, 그나마 조금 남은 여호와의 신앙은 변질되어 가고 있을 때 삼위일체 하나님이 이 세상에 오신 것이다.

그리고 형식적이고 가식적인 예배가 아니라, "예배하는 자는 신령과 진정으로 예배할지니라" 고 예배의 정의에 대하여 말씀하신 것이다.

말씀하신 신령이란 말씀은 원어에 "프뉴마(πνεῦμα)"로서 그리스도의 영, 또는 하나님, 삼위가 되시는 성령을 가리키는 말씀이다.

또한 진정이란 말의 원어 역시 "알레쎄이아(ἀλήθεια)"란 뜻은 진리를 의미하는데, 진리는 오직 예수 그리스도를 말씀한다.

요 8:32에서 "진리를 알지니 진리가 너희를 자유케 하리라"고 말씀하시고 요 14:6에서 "내가 곧 길이요 진리요 생명"이라고 말씀하셨다.

신령과 진리 자체가 곧 예수 그리스도를 의미한다고 봐야 할 것이다.

그러므로 사마리아 여인이 요 4:20에서 "우리 조상들은 이 산(그리심 산)에서 성전을 짓고 예배를 드렸는데, 당신들은 예루살렘에서 예배를 드린다고 하더이다"라고 하자 그 물음에 예수님이 답변하는 말씀이 "이 산도 저 산도 아닌 예수님 자신이 신령과 진정으로 예배드리는 대상의 주인"이라는 것을 우회적으로 말씀하신 것이다. 다시 말하면, 진정한 예배는 건물에 있는 것이 아니라 예배하는 자의 심장 속에서 우러나는 신령과 진정으로 드리는 예배에 있다는 것이다.

옛말에 "지성이면 감천"이란 말이 있다. 이 말은 "정성이 지극하면 하늘도 감동하여 돕는다"라는 뜻이다. 또한 "손바닥에 무쇠를 놓고 빌면 무쇠가 녹는다"는 말이 있다

지극한 정성을 다 드리고 빌면 손바닥 안에 무쇠도 녹아 버린다는 말이다.

성경은 우리에게 이렇게 말씀을 하시고 계신다. 그러므로 "예배하는 자는 신령과 진정으로 예배할지니라" 사람이 마땅히 해야 할 도리

로서 오직 하나님만이 영광과 존귀를 받으실 분임을 선포하여야만 한다는 것이다.

> 구하라 그러면 너희에게 주실 것이요 찾으라 그러면 찾을 것이요 문을 두드리라 그러면 너희에게 열릴 것이니 / 마 7:7
>
> 구하는 이마다 얻을 것이요 이요 찾는 이가 찾을 것이요 두드리는 이에게 열릴 것이니라 / 마 7:8

구하라(Save it), 찾으라(Find it), 두드리라(Knocking)

이 세 가지는 예배드리는 자의 삼박자요, 3대 요소라 할 것이다. 우리가 하나님 앞에 찾아오는 이유가 여기에 있기 때문이다.

여기서 구한다는 것은 피 수혜자가 수혜자에게 호소 내지는 탄원한다는 것이다. 피 수혜자는 구하는 당사자이고 수혜자는 내가 믿는 하나님이시다.

다시 말하면 믿음이 없는 것이 아니라 믿음이란 전제 아래 전적 신뢰, 확신, 창조주 하나님에 대한 종교적 신념, 특히 예수 그리스도를 통한 구원의 지극한 확신을 가지고 구하는 것 즉. 기도하는 것을 말하는데 이것을 믿음이라 할 것이다.

그럼으로 모든 예배는 예배드리는 자가 예배의 주인이 되시는 성삼위 하나님께 신령과 진정으로 드리지 않으면 "소 귀에 경 읽는 꼴"이 되어버리고 말 것이다. 그러므로 예배드리는 자는

1) 성령의 소리를 듣고 성령님을 모시어 드리라,

하나님은 영이시니 신령과 진정으로 예배 할지니라는 말 씀 속에 모든 예배의 구성요건이 다 들어있다. 현시대를 가리켜 은혜의 시대(The Age of Grace), 성령의 시대(The Age of the Holy Spirit)라고 한다.

귀 있는 자는 성령이 교회들에게 하시는 말씀을 들을 지어다 / 계 2:29(계시록에 7번이나 나옴)

2) 수혜자의 능력을 믿는 믿음이 있어야 한다.

예배(worship)+믿음(faith)= 응답을 받는다 (receive God's answer).

3) 겸손하고 순종하는 믿음이 있어야 한다.

찾으려고 하는 대상이 전능자이기 때문이다.

4) 믿음에는 행동이 뒤 따라야 한다.

① 찾으라 – 헬 : 제테오ζητέω) = 갖는다, 얻다.

히 : 다라쉬(בָּקַשׁ) = 확실히 찾아내다.

수혜자(하나님)앞에 나가면 응답받는다는 확실한 신념이 있어야 한다는 것이다.

② 두드리라 - 헬 : 크루오 (κρούω) = 때리다, 가슴을 치다.

우리가 하나님 앞에 기도할 때 수혜자이신 하나님의 마음이 감동되도록 신령과 진정이 담긴 기도로 가슴을 찢는 마음으로 심하게 두드리라는 것이다.

③ 구하라 - 헬 : 아이테오(αaἰτέω) 소유하기 위해 청구하다. 요구하다, 탄원하다.

히 : 나바 (רָבָה) 움켜 빼앗다, 확실히 취하다.

소유하려는 목적이 분명해야 된다. 내가 구하는 것이 하 나님 보시기에도 합당하다고 생각하는지. 설령 죄를 졌다 하더라도 용서 받을 수 있는 진실한 고백을 하고 있는지, 기도의 목적이 이루어지면 하나님을 기쁘게 하는 일에 사용할 결심이 서 있는지... 우리는 하나님 앞에 나와 예배를 드리는 순간 나에 강력한 의지가 필요로 하는 것이 아니라, 성령의 인도를 받아야만 된다는 것이다.

작심삼일이란 말이 있다. 찾고, 구하고, 두드리는 마음에 의지가 3일을 못 넘기고 무너지고 만다는 것이다. 약하다는 것이다. 찾고, 구하고, 두드리는 열정적인 마음을 가질 수 있는 의지를 누가 주는가? 바로 그 분이 성령님이라는 것이다.

우리의 모든 예배는 작심삼일을 넘지 못하는 나의 의지와 결단으로 되는 것이 아니라, 여호와의 신으로 우리 마음에 찾아오신 성령님을 절대적으로 의지하여야 하나님이 응답하시는 참 예배가 된다는 것이다.

하나님은 영이시니......

보혜사 곧 내 아버지께서 내 이름으로 보내실 성령 그가 너희에게 모든 것을 가르치시고 내가 너희에게 말한 모든 것을 생각나게 하시리라 / 요14:26

그러하나 진리의 성령이 오시면 그가 너희를 모든 진리 가운데로 인도 하시리니 그가 자의로 말하지 않고 오직 듣는 것을 말하시며 장래 일을 너희에게 알리시리라 / 요16:13

지금까지는 너희가 내 이름으로 아무것도 구하지 아니하였으나 구하라 그러면 받으리니 너희 기쁨이 충만하리라 / 요16:24

너희가 악한 자라도 좋은 것으로 자식에게 줄줄 알거든 하물며 하늘에 계신 너희 아버지께서구하는 자에게 좋은 것으로 주시지 않겠느냐 / 마7:11

보편적인 인간의 본성이 무엇인가? 아무리 잘못된 자식이라도, 설령 그가 살인강도라 할지라도 자식은 자식이다. 유한 책임이 있는 것이 부모다. 그래서 사랑해야 되고 사랑할 수밖에 없다는 것이다.

어느 날 표범이 갓 난 새끼 셋을 데리고 길을 잘못 들어 도로를 건너게 되었다. 맞은편에서 차가 오고 있는 것이 아닌가!표범은 길 한 가운데 서서 새끼들을 품에 안은 채 질주하는 자동차를 막고 으르렁 거리며 새끼들을 보호하려고 했다. 이때 차들은 도로 한 복판에 일제히 멈춰 섰다.

이에 표범은 자신의 새끼들을 지나게 하고 미처 못가는 새끼는 목덜미를 입으로 물고 길 건너편으로 옮겼다. 그리고는 새끼들과 함께 유유히 사라져 갔다. 하물며 하나님께서 자식인 우리에게 좋은 것으로 주시지 않겠느냐는 것이다.

사자 새끼 한 마리가 쓰러져 있다. 어미 사자가 와서 끙끙 거리며 큰 소리로 울부짖는다. 여기저기서 사자들이 모여 들었다. 쓰러져 있는 새끼를 입으로 목덜미를 물고, 나무 밑으로 가서 혀로 핥기 시작한다.

얼마나 핥았을까, 죽은 줄 알았던 사자 새끼가, 꿈틀거리기 시작한다. 어미 사자의 혀가 달라지도록 핥은 결과다. 주위에 있던 다른 사자들은 일제히 꼬리를 흔들며 괴음을 지른다.

이 모습을 보는 필자는 가슴이 찡하는 감동을 받았다. 이 광경을 본 모든 이들은 말로 할 수 없는 감동을 받았을 것이다.

동물도 제 새끼를 살리기 위해 혀가 빠지도록 핥은데, 하물며 사람이랴!, 더군다나 당신의 손으로 창조하고 당신의 형상을 닮도록 하여 만든 당신에 자녀가 아닌가.

너희 중에 누가 아들이 떡을 달라 하면 돌을 주며 생선을 달라 하면 뱀을 줄 사람이 어디 있겠느냐 너희가 악한자라도 좋은 것으로 자식에게 줄줄 알거든 하물며 하늘에 계신 너희 아버지께서 구하는 자에게 좋은 것으로 주시지 않겠느냐 / 마 7:9-11

우리 주 하나님이여 영광과 존귀와 능력을 받으시는 것이 합당하오니 주께서 만물을 지으신지라 만물이 주의 뜻대로 있었고 또 지으심을 받았나이다 / 계4:11

큰 음성으로 가로되 죽임을 당하신 어린 양의 능력과 부와 지혜와 힘과 존귀와 영광과 찬송을 받으시기에 합당하도다 하더라 / 계5:12

내가 또 들으니 하늘 위에와 땅 위에와 땅 아래와 바다 위에와 또 그 가운데 모든 만물이 가로되 보좌에 앉으신 이와 어린 양에게 찬송과 존귀와 영광과 능력을 세세토록 돌릴지어다 / 계 5:13

생물이 가로되 아멘 하고 장로들은 엎드려 경배하더라 / 계 5:14

예배의 가치가 무엇인가? 천지창조의 대주재가 되시는 하나님의 소리 즉 성령의 소리를 들으라는 것이다. 그리고 모든 생물들이 아멘하고 지구상에 있는 어떤 미물(통치자, 왕, 목사, 장로, 예언자, 선지자, 무당, 사이비, 독재자)까지도, 하나님이 창조하신 피조물은 모두가 굴복하고 창조주 앞에 엎드려 경배하라는 것이 예배다.

2. 예배의 목적 (The purpose of worship)

예배는 구원받은 그리스도인들에게 있어서 삶 전체를 의미한다. 그러므로 창조주 하나님 앞에

1. 굴복(כָּרַע카라)하라는 것이다. 무릎을 꿇고 항복하지 아니한 예배는 하나님이 받지 않으신다는 것이다.

2. 엎드리다 (נָפַל나팔), 곧 자신을 내 팽개쳐 엎드리지 아니한 예배는 예배로서의 가치를 상실하게 된다는 것이다.

※ 굴복(כָּרַע 카라) : 엎드려지다, 무릎을 꿇다, 복종, 항복하다.

※ 엎드리다(נָפַל나팔): 내동댕이치다, 자신을 밖으로 내던지다(창17:3)

하나님 앞에 드리는 모든 예배는 타종교와 같이 자신의 유익을 얻기 위해 막연히 신을 찾아가서 알지 못하는 신(행17:23 내가 두루 다니며 너희의 위하는 것들을 보다가 알지 못하는 신에게라고 새긴 단도

보았으나)에게 예배하는 것이 아니라, 기독교의 예배는 창조주 하나님께 나와 "나팔(נָפַל), 즉 자신을 내동이 처서 무릎을 꿇고 항복(כָּרַע 카라)하고 하나님 앞에 "주여 종은 당신 앞에서 무가치합니다"라고 고백하는 것이다. 그리고 하나님을 영화롭게 하는데 예배의 근본 목적이 있는 것이다.

3. 예배의 정의 (The definition of worship)

> 너희는 알지 못하는 것을 예배하고 우리는 아는 것을 예배하노니 이는 구원이 유대인에게서 남이니라 / 요4:22
>
> 여호와 하나님이 아담을 깊이 잠들게 하시니 잠들매 그가 그 갈빗대 하나를 취하고 살로 대신 채우시고 / 창 2:21

예배의 정의가 무엇인가?

'아담'에서부터 시작하여 '우리'에 이르기까지 여호와를 향한 구속사다. 이와 같은 예배는 창조의 시작부터 진행되어 저 아담의 10대 후손인 노아(창6:8)를 통한 인류 재창조 역사를 위해, 하나님께서 120년 동안(창6:3) 방주를 지어 노아의 8식구와 동, 식물들을 구원하여 인류 구속사의 진행을 하셨다.

구원의 완성을 이루기까지, 창조의 첫 열매인 아담은 930세에 죽는다. 그 후 126년 만에 태어난 노아 가 600세에 홍수를 만난 것은 아담이 죽은 후 726년 만에 일이다.

노아는 홍수 이후 350년을 더 살다가 향년 950세에(아담 후 2006년) 죽는다. 하나님은 창조 이후 2132년만 (노아 600세)에 당신이 지으신 세상을 쓰려버리시고 노아를 통해 재창조 하신다.

인구가 증가하면서 여호와를 섬기던 후손들의 타락과 방종, 불평과 원망, 서로의 유익을 위한 시기, 미움, 질투, 그로 인한 싸움, 그러나 수많은 역사의 흐름 속에서 아담의 세 아들인 셈,함, 야벧의 후손들이 각자의 나라를 세운다.

그 후손에 후손들을 통해 나라를 세우는 등 우주에 많은 열방이 생기고 끊임 없는 범죄와 하나님 앞에 불순종은 계속되자 여호와 하나님의 구속사에 피조물 중에서 아담의 10대손인 노아를 통해 세상을 재창조하신다.

하나님은 노아의 아들 셈(창5:32)의 후손이요, 노아의 10대 손이며. 아담의 20대 후손인 아브라함을 선택하시고(창12:1-3)구속의 은총에 '칭의' 즉 '하나님의 은혜를 값없이 믿음으로 의롭다 하심을 얻은 자(롬3:24)'가 되었고, 아브람이 여호와를 믿으니 여호와께서 이를 "의"로 여기셨다.(창15:6)

여기서 "의"צְדָקָה(체다카)"라 함은 "하나님 생각과 일치한다"는 것을 말한다(올바르다, 정직, 의롭게 행함)

 여기서 여호와 하나님은 아브라함과 횃불 언약을 세우시고(창15:7-21), 또한 그 후손 다윗을 거쳐 우리의 구원의 메시아 이신 예수 그리스도가 오신다.

열 한 제자 중 유럽을 복음으로 바뀌게 한 만삭되지 못하여 난 자 같은 사도 바울에 이르기까지 구속사의 역사는 현재 와 미래 진행형이다.

아브라함의 나이 (75세) 되던 해인 B.C. 2091년에 아브람을(창 12:1) 갈대아 우르에서 부르시고 난 후, 횃불 언약(창15:18)을 세우신다.

그 후 아브라함 출생(B.C. 2166)부터 다윗의 출생 까지 14대(BC1040)니까(※마태복음1:1-25참조) 무려 1126년 만에 하나님의 구속사에 다윗은 예배의 계승자가 되었다.

그 후 예수그리스도 탄생(BC5)까지 무려1035년이 걸리고 주님의 십자가상의 죽으심과 부활하심과 승천(AD30년4월)까지 합치면 1065년이란 시간이 걸렸다. 그리고 다시 오리라 약속하신 날로부터(AD30년4월) 오늘 2020년까지 1990년의 세월이 흘러도 하나님의 구속사는 예배를 통해 진행되고 있는 것이다.

> 그런즉 모든 대 수가 아브라함부터 다윗까지 열 네 대요 다윗부터 바벨론으로 이거할 때까지 열 네 대요 바벨론으로 이거한 후부터 그리스도까지 열 네 대러라 / 마 1:17

선택받은 히브리 민족의 구속사는 아담 이후 수천 년이 지나도록 유일신이신 여호와 하나님께 드리는 예배의 제단은 나를 위해 십자가에 못 박히시고 부활, 승천하신 예수 그리스도, 히브리 민족이 섬기는 창조주 하나님 우리 주 예수 그리스도의 재림 시까지 변함없이 진행 될 것이다.

주께서 승천하시고 제자들에 의해 복음은 급속도로 전파되기 시작하고 당시 우상숭배에 심취되어 있던 유럽은 바울이 전도여행을 하면서 일어난 일이다.

행 16:6에서 바울은 환상을 본다. 성령님이 나타나신 것이다. 바울이 아시아로 복음을 전하러 가려고 하는데 행 16:9절에 밤에 환상이 나타나 마게도냐로 와서 복음을 전하라는 것이다.

유럽의 관문인 빌립보 성에 이르러 하나님을 공경하는 자주장사 사업가인 루디아라는 여인을 만나게 된다. 루디아의 집에 머물면서 그리스도의 복음을 전한다.

밤에 바울에게 나타나신 환상 "마게도냐로 가라"는 즉 성령님의 명령 한 마디가 루디아를 만나게 되고 첫 예배를 드린 루디아의 집 가족들이 모두 세례를 받고 유럽의 첫번째 빌립보 교회가 탄생한다.

이후 2000년 동안 유럽이 기독교의 황금기가 되고 인류문명의 중심지가 될 줄이야 누가 알았겠는가.

성령님의 말씀에 순종한 바울의 생각이 지역과 사회와 사람의 생각과 마음까지도 바꿔 놓고 세계 지도를 바꿔 놓았다.

아덴에 가보니 모두가 알지 못하는 신 들을 섬기고 있질 않는가, 위험을 무릅쓰고 복음을 전하기 시작하였다.

두아디라 성의 자주 장사로서 하나님을 공경하는 루디아라하는 한 여자가 들었는데 주께서 그 마음을 열어 바울의 말을 청종하게 하신지라 / 행16:14

저와 그 집이 다 세례를 받고 우리에게 청하여 가로되 만일 나를 주 믿는 자로 알거든 내 집에 들어와 유하라 하고 강권하여 있게 하니라 / 행16:15

내가 두루 다니며 너희의 위한 것들을 보다가 알지 못하는 신 에게라고 새긴 단도 보았으나 그런즉 너희가 알지 못하고 위하는 그것을 내가 너희에게 알게 하리라 / 행17:23

우주와 그 가운데 있는 만유를 지으신 신께서는 천지의 주재시니 손으로 지은 전에 계시지 아니하시고 / 행17:24

아덴은 당시 헬라의 수도로서 헬라 문화의 최고의 중심도시였으며 당시 로마와 알렉산드리아 와 함께 세계 3대 도시 중 하나였다.

아덴은 철학, 문학, 과학을 비롯한 당시 학문과 예술의 꽃을 피어 헬라의 눈, 모든 지혜의 본고장으로서 서양 문명과 세계 문명의 발상지라 불렸다.

특히 아덴은 그 유명한 소크라데스, 플라톤, 아리스토 텔레스의 고향이기도 하고 성경에 나오는 에비구레오와 스도이고 철학자(18절)들도 아덴에서 활동하였다.

또 무엇이 부족한 것처럼 사람의 손으로 섬김을 받으시는 것이 아니니 이는 만민에게 생명과 호흡과 만물을 친히 주시는 자이심이라 인류의 모든 족속을 한 혈통으로 만드사 온 땅에 거하게 하시고 저희의 년대를 정하시며 거주의 경계를 한하셨으니 / 행 17:25-26

바울이 말한 모든 족속을 한 혈통으로 만든다는 것은 당시 지역주의에 우월하였던 헬라인이나 유대인이나 지구상에 사는 모든 인류는 하나님의 자녀이고 아담의 후손이라는 사실을 상기시키고 창조주 하나님을 바로 알고 바로 섬기는 것이 사람의 본분임을 알게 하기 위함이었다.

이는 사람으로 하나님을 혹 더듬어 찾아 발견케 하려 하심이로되 그는 우리 각 사람에게서 멀리 떠나 계시지 아니하도다 / 행 17:27

우리가 그를 힘입어 살며 기동하며 있느니라 너희 시인 중에도 어떤 사람들의 말과 같이 우리가 그의 소생이라 하니 / 행 17:28

이와 같이 신의 소생이 되었은즉 신을 금이나 은이나 돌에다 사람의 기술과 고안으로 새긴 것들과 같이 여길 것이 아니니라 / 행17:29

여기서 바울은 인간 모두를 신의 소생이란 말을 한다. 그것은 창 1:26에 하나님의 형상을 닮은 사람은 모두가 하나님의 자녀라는 말을 하고 다만 때가 이르면 공의로 심판하실 것인 바 하나님의 자녀로서 본분을 잊어버리고 예수그리스도를 믿지 아니하고 구원받지 아니한 자들에게는 심판을 면치 못할 것이라는 경고의 메시지라 할 것이다.

알지 못하는 신, 스스로 만들고 스스로 알지 못하는 것을 신이라 하고 그곳에 예배하는 어리석은 아덴 사람들에게 외치는 바울의 모습을 보라.

당시 최고의 학문의 세계 3대 도시라고 불리는 그곳에 우상으로 들끓는 모습을 상상해보라, 플라톤, 소크라테스, 아리스토텔레스,같은 세계적 철학자들의 고향이 아닌가.

과연 그들은 인류에 무엇을 공헌했을까? B.C. 3-4세기경 당시 최고의 위대한 철학자들이라고 하지만 우상만 득실거리고 알지 못하는 신에게 절하고 금이나 은이나 혹 나무로 깎아 스스로 예배의 단을 쌓는 우상이 만연한 도시에 우리 주님은 사울을 바울로 변화시켜 당대에 최고의 철학으로 유명한 아덴으로 보내셨던 것이다. 철학과 종교 법률 공

부를 하고 당시 최고의 율법사 가말리엘[4)]

문하생으로서 유대인의 율법에 능통하여 어느 누구하고도 변론할 수 있는 바울을 다메섹 도상에서 부르신 것이다.

현대에도 철학이라는 괴변으로 전능하신 하나님의 인류 구속사를 방해하고 있는 자들이 얼마나 많은지를...... 그러나 알지 못하는 시대에는 그들을 허물치 아니하셨으나 이제는 회개치 아니 하면 뜨거운 풀무 불에 던져지게 될 것이다.

알지 못하던 시대에는 하나님이 허물치 아니하셨거니와 이제는 어디든지 사람을 다 명하사 회개하라 하셨으니 / 행 17:30

이는 정하신 사람으로 하여금 천하를 공의로 심판할 날을 작정하시고 이에 저를 죽은 자 가운데서 다시 살리신 것으로 모든 사람에게 믿을만한 증거를 주셨음이니라 하니라 / 행 17:31

우상에 심취 되어 있는 아덴 사람들을 향해 담대히 복음을 전하였다. 알지 못하는 신에게 예배하지 말고, 천지만물의 주인이 되시는 여호와 하나님께 예배드리라고 가르친다. 그들은 예수그리스도의 부활을 믿고 관원과 많은 사람들이 예수께 돌아왔다고 하였다.

장로교의 창시자 칼빈은 인간이 다른 동물과 다른 점은 하나님 앞에 예배드리는 것이라고 하였다.

웨스트민스터 신도 개요의 성경 소요리 문답 제1조에 "사람의 제

4) 가말리엘 (Gamaliel) : 바울의 스승으로서 유대인들에게 최고로 존경받는 학자다. 행 5:34에 보면 기독교인에 대한 박해가 심할 때 기독교인들의 입장에서 말함으로써 모두의 존경의 대상이 되었다. 행5:38-39 : 만일 하나님께로서 났으면 너희가 저희를 무너뜨릴 수 없겠고 도리어 하나님을 대적하는 자가 될까 하노라 하니 저희가 옳게 여겨 사도들을 불러들여 채찍질하며 예수의 이름으로 말하는 것을 금하고 놓으니

일 되는 근본 목적이 무엇인가?"에 대한 답을 "하나님을 영화롭게 하는 것과 영원토록 그를 즐거워하는 것이다"라고 정의하고 있다.

그런즉 너희가 먹든지 마시든지 무엇을 하든지 다 하나님의 영광을 위하여 하라 / 고전 10:31

바울은 예배의 근본 목적과 정의가 무엇인가를 우상에 심취해 있는 고린도 교회 와 당시 헬라 철학에 심취되어 하나님의 말씀을 경히 여기는 로마 사람들에게 말하고 있다.

당시 문화적 배경으로 보면 바울의 목이 12개라도 부족하였을 것이다. 그럼에도 바울은 유대인이며 로마의 시민권을 가지고 있다는 배경과 당시 지금의 국회의원에 해당하는 산헤드린 공의회 의원이었다는 신분으로 예수그리스도를 위하여 목숨을 내걸었을 것이다.

지금 대한민국 국회의원 300명중 예수 믿는 의원이 50%가 된다고 하는데 과연 그들 중에 구원받은 이가 몇이나 될까? 목숨을 내 걸기는 커녕 교회에 해악이나 안 끼쳤으면 다행이다.

당선되기 전까지는 온갖 아양은 있는 대로 다 떨고, 당선되면 교회를 등지는 파렴치한 자들 때문에 기독교는 성장에 한계를 극복하지 못하고 있는 것이 오늘의 기독교의 현주소로서 개탄 하지 않을 수 없다. 이러한 모든 책임의 일부는 교회 지도자들에게 상당한 책임이 있다는 것을 우리는 깊이 깨달아야 할 것이다.

우리가 드리는 예배가 나를 위한 예배냐, 하나님을 위한 예배의 단이냐는 것이다. 오직 하나님을 위한 예배 그 이상도 그 이하도 아니다.

이것이 바로 예배의 정의라고 할 것이다.

이는 만물이 주에게서 나오고 주로 말미암고 주에게로 돌아감이라 영광이 그에게 세세에 있으리로다 아멘 / 롬 11:36

하늘에서는 주 외에 누가 내게 있으리요, 땅에서는 주 밖에 나의 사모할 자 없나이다 / 시 73:25

내게 주신 영광을 내가 저희에게 주었사오니 이는 우리가 하나가 된 것같이 저희도 하나가 되게 하려 함이니이다 / 요 17:22

아버지여 내게 주신 자도 나 있는 곳에 나와 함께 있어 아버지께서 창세전부터 나를 사랑하시므로 내게 주신 나의 영광을 저희로 보게 하시기를 원하옵나이다 / 요 17:24

이 백성은 내가 나를 위하여 지었나니 나의 찬송을 부르게 하려 함이니라 / 사 43:21

칼빈 (1509-1564) : 1509.7.10 프랑스 북부 피카르디(현 오드프랑스) 누용에서 출생. 장로교 창시자 대표적 저서: 기독교강요(1536)-종교개혁신학을 총체적으로 기술한 기독교의 기념비적인 책으로 칼빈주의적 개혁신학의 토대가 됨 1523년. 파리 마르스 대와 몽테규 대학 수학 1533년 법학박사과정 공부

성경에서 말씀한 바와 같이 그리스도인들은 자신의 생활과 삶 모두를 주님께 바침으로 기쁨을 얻고 자신을 하나님 앞에 굴복 당하여 드림으로 예배를 통하여 오히려 기쁨과 만족을 얻는 역설적인 종교가 기독교라는 것이다.

실제로 하루의 삶에 있어서 시간도, 물질도, 재능도, 우리의 영원한 생명도, 모두가 하나님의 영역에 속해 있어야 한다는 것이다. 설령 자

신을 위한 별도의 삶을 계획하고 준비한다고 할지라도 목적이 하나님을 향한 온전한 헌신에 삶에 두지 않고 자신의 삶에 욕망에다 둔다면 곧 신앙의 윤리와 세속의 윤리 가운데서 방황하게 되고 신앙과 행위는 이중생활에 빠지게 되는 염불에 불과한 예배가 된다는 것이다.

그러므로 신령과 진정으로 드리는 예배만이 하나님과의 관계가 정립되고 더 높은 가치와 뜻을 향하여 인생의 멋진 항해를 할 수 있는 것이 예배의 목적과 정의라 할것이다.

4. 예배의 본질 (the nature of worship)

하나님의 손에 붙잡혀 일생을 살아간다는 것이다.

하나님은 영이시니 예배하는 자가 신령과 진정으로 예배 할지라 / 요 4:24

여호와 하나님의 구속사적 전개 과정을 보면 가인의 계통과 셋 계통이 역사의 시작부터 분리하시는 것은 결국 세상으로부터 택한 자를 보호하시고 축복하시기 위한 하나님의 구속사의 섭리라 할 것이다.

가인과 아벨의 씨가 아니고 셋이라는 순수 혈통을 다시 만드시고 셋을 통해 아담의 10대 손으로 노아를 선택하시고 노아의 뿌리에서 아브라함을 선택하셨다.

아브라함이 58세가 될 때까지 노아 할아버지와 한 시대에 살았다고 했으니 노아로부터 58년 동안 무엇을 배웠겠는가?

날마다 노아의 신앙관을 보고 배우며 자신도 모르는 사이 하나님의 사람 성령의 사람으로 성장하고 노아 할아버지 말씀이 심장에 꽂혔을 것이다.

노아가 892세 되던 해 아브라함이 태어났으니 노아600세 되던 해 홍수가 일어나 천지가 개벽되어 노아를 통해 인류가 새롭게 번식 되게 된 이야기를 들으며, 노아가 950세가 되도록 여호와 하나님 앞에 예배의 단을 쌓았던 이야기와 노아의 홍수로 인해 인류가 멸망했던 이야기, 그리고 그때 그때마다 전능하신 하나님을 통한 인류의 구속사에 대하여 1대 시조 아담이후 2대 시조인 노아 할아버지는 역대 조상들의 신앙관을 어린 아브라함에게 전수하고 얼마나 많은 교육을 시켰고 이야기를 했겠는가!

아브라함의 신앙관을 한번 상상해 보라! 노아의 직계 선조를 보면 아버지 라멕은 아담의 9대손이며 8대 손인 할아버지 므두셀라는 969세로 인류 역사상 가장 장수한 분이며 하나님과 300년 동안 동행하다가 하늘로 승천한 아담의 7대손인 에녹이 증조 할아버지다.

그들은 일생을 하나님과 동행한 하나님의 사람, 성령의 사람들이요, 믿음의 거성들이었다.

므두셀라는 아담 이후 687년에 출생했는데, 므두셀라는 187세에 라멕을 낳고, 782년간 자녀를 낳았으며, 969세(아담 이후 165년)에 하나님이 데려가셨으니 인류 역사상 지난 역사에서도 그렇고 앞으로 돌아올 역사 속에서도 인류 최고의 장수자가 될 것이라 생각된다.

놀라운 사실은 므두셀라가 죽은 해가 노아 대홍수가 일어난 해와 일치한다는 것이다.(창5:25-27).

할아버지 므두셀라는 아담과 243년간을 살았고, 증조 할아버지 에녹은 하나님과 300년을 동행하다가 죽음을 보지 않고하늘로 올라갔다고 하였으니(창5:21-24, 히11:5-6, 유14-15) 이러한 족보를 통해서 예배의 본질이 무엇인가를 확실히 배웠고 이해 할 수가 있었을 것이다.

이후 구약시대 모든 히브리인들은 첫째도 하나님 앞에 예배, 둘째도 예배, 셋째도 예배를 통해 예배를 희생 제사란 말로 표현하였는데 제물을 가져 온 자가 하나님의 절대적 존재 앞에서 헌신과 헌물을 통하여 하나님의 성소에 들어갈 길을 예비한다는 것이다.

아브라함은 태어나자마자 듣고 배우고 눈으로 보는 것이 모두가 하나님을 섬기는 예배의 본질이었을 것이다. 창조 때부터 이루어진 예배는 우리에 큰 대제사장이신 예수그리스도에게 이른다.

구약의 희생 제사를 완성하신 우리에게 큰 대제사장이 있으니 승천하신 자 곧 하나님 아들 예수시라 우리가 믿는 도리를 굳게 잡을지어다 / 히 4:14

그러므로 우리가 긍휼하심을 받고 때를 따라 돕는 은혜를 얻기 위하여 은혜의 보좌 앞에 담대히 나아갈 것이니라 / 히 4:16

복잡한 희생 제사를 십자가를 통해 몸과 그 피로 완성하신 예수 그리스도를 굳게 잡고 은혜의 보좌 앞으로 나아가자.

염소와 송아지 피로 아니하고 오직 자기 피로 영원한 속죄를 이루사 단번에 성소에 들어가셨느니라 / 히 9:12

염소와 황소의 피와 및 암송아지의 재로 부정한 자에게 뿌려 그 육체를 정결케 하

여 거룩케 하거든 / 히 9:13

하물며 영원하신 성령으로 말미암아 흠 없는 자기를 하나님께 드린 그리스도의 피가 어찌 너희 양심으로 죽은 행실에서 깨끗하게 하고 살아계신 하나님을 섬기게 못하겠느냐 / 히 9:14

이를 인하여 그는 새 언약의 중보니 이는 첫 언약 때에 범한 죄를 속하려고 죽으사 부르심을 입은 자로 하여금 영원한 기업의 약속을 얻게 하려 하심이로다 / 히 9:15

이와 같이 구약시대 희생 제사는 예수그리스도의 십자가 사건으로 그 존재 가치가 일반 동물에서 사람으로 바뀌게 되었다.

예수그리스도는 믿는 모든 자를 위해서 성령으로 말미암아 흠 없는 자기를 단번에 자신의 몸을 희생 제물로 바치셨기 때문이다.

한번 죽는 것은 사람에게 정하신 것이요 그 후에는 심판이 있으리니 / 히 9:27

이와 같이 그리스도 도 많은 사람의 죄를 담당하시려고 단번에 드리신바 되셨고 구원에 이르게 하기 위하여 죄와 상관없이 자기를 바라는 자 들에게 두 번째 나타나시리라 / 히 9:28

5. 예배의 본질은 무엇인가?

1) 하나님은 희생이 없는 예배 (service without sacrifice)는 받으시지 않으신다는 것이다.

히브리에 희생이란 뜻의 "제베크(זֶבַח)"는 하나님께 드리는 희생, 제물, 헌물을 의미한다.

너희가 여호와께 감사 희생을 드리려거든 열납 되도록 드릴 지며 / 레 22:29

하나님이 기뻐하시고 흡족하시도록 드리라는 것이다. 감사의 조건이 상황에 따라 달라진다는 것이다.

무릇 내 이름으로 일컫는 자 곧 내가 내 영광을 위하여 창조한 자를 오게 하라 그들을 내가 지었고 만들었느니라 / 사 43:7

이 백성은 내가 나를 위하여 지었나니 나의 찬송을 부르게 하려 함이니라 / 사 43:21

예배의 본질이 무엇인가? 오직 여호와만을 찬양하고 그 분을 노래하며 그 분만을 섬기는 것이다.

40여년 전 일이다. 필자가 한참 젊어서 불인지, 물인지 모르고 두려움이 없이 목회할 때다. 젊은 부부가 교회에 등록하였다. 신혼 부부였다.

알고 보니 결혼한 지 10년이 됐다는 것이다 증권회사에 부장이 됐으니 사회적으로도 인정받는 장래가 촉망받는 젊은 부부였다.

그런데 자식이 없었다. 부부의 애정이 워낙 좋아 자식에 별로 관심이 없었다. 교회에서는 얼마나 아름답게 신앙생활을 하는지, 교회 성가대 지휘로 모든 분야에 두 부부가 열정적으로 봉사하는 잉꼬부부로서 모든 성도들의 선망의 대상이 되었다.

교회에 출석한지 5,6년이 지났다. 그러니깐 결혼한 지 벌써 15,6년을 넘기고 있었다. 어느 날 찾아와 자식을 갖고 싶다는 것이다. 만일 "하나님이 자식을 주면 하나님 앞에 무엇을 헌신하겠는가?" 하고 물었다.

그는 대뜸 대답이 해외 선교사로 가서 일생을 바치겠다는 것이 아닌가? 필자는 “목사님, 저는 장로가 되어 경서교회(지금은 솔로몬교회)에서 하나님을 섬기며 목사님을 모시고 평생을 신앙생활을 하겠습니다”라고 말할 것으로 100%로 믿었다.

그런데 생각지도 않게 해외 선교사로 가겠다는 것이 아닌가, 필자는 그때 너무 감동하였다. 장로도 귀하지만 선교사로 가는 길은 살로 가는 것이 아니라 예수그리스도의 복음을 위하여 죽으로 가는 것이기 때문이다.

우리나라 초대교회 선교사 아펜젤러나 언더우드 등 선교사들이 풍요로운 미국 땅을 떠나 미개의 나라 조선에 예수그리스도를 위하여 죽으러 오신 그들이 있기에 오늘 한국교회가 1200만 성도가 되게 하신 것이 아닌가!

나는 집사님 부부의 갸륵하고 아름다운 결심에 간절히 축복기도를 해주었다. 말 할 것도 없이 그 이듬해 아름다운 공주를 하나님이 선물로 주셨다.

그는 하나님과의 약속대로 필리핀에 선교사로 갔다. 몇 년 후 다시 태국 방콕으로 와서 태국 경서교회를 세운다. 태국 경서교회(지금의 솔로몬교회)를 세운지 10년 만에 아름다운 예배당도 세웠다.

그리고 태국 전역에 원주민 산지 교회를 10곳 이상 세워 지경을 넓힌 "솔로몬맨"이 되었다. 그때 낳은 아이가 건강하게 자라 주었고 태국에서 대학을 나오고 좋은 직장을 가진 청년과 결혼을 하였다

물론 필자의 주례로 말이다. 영어와 태국어를 잘하고 필리핀 원주민어인 "따갈로그"를 잘해 필리핀 국가와 태국에 국가 통역을 하고 있다. 하나님 앞에 서원하여 자신이 태어났다고 하여 자신도 선교사가 되겠다고 또 다시 공부를 하고 있다.

예수의 사람, 성령의 사람, 김영수 김사라 선교사, 그리고 하나님의 딸 동현이! 우리는 영원히 하늘나라 갈 때까지, 아니 하늘나라에서도 영원한 사랑으로 맺어진 동역자다.

> 무릇 내 이름으로 일컫는 자, 곧 내가 내 영광을 위하여 창조한자를 오게 하라 그들을 내가 지었고 만들었느니라 / 사 43:7

> 이 백성은 내가 나를 위하여 지었나니 나의 찬송을 부르게 하려 함이니라 / 사 43:21

예배의 본질이 무엇인가? 오직 여호와만을 찬양하고 그 분을 노래하며 그 분만을 섬기는 것이다. 김선교사 부부는 자신들의 삶 전체를 하나님 앞에 번제로 드렸을 뿐 아니라 하나님의 은혜로 얻은 무남독녀까지도 주를 위하여 드렸던 믿음의 가정이 되었다. 아브라함이 이삭을 드리듯이 말이다.

2) 구약에서 드리는 5가지 예물

① 번제

히: עֹלָה(올라)(연기로 올라가다, 희생, 최고의 헌신, 상승하다, 번제)

자신에게는 남김이 없이 오직 여호와께 전부를 바친다. 하나님 앞에 드리는 5가지 제물 중 최고, 최상(Best)을 드리고 여호와와 함께 기쁨을 나누고 새로운 사명을 받는 것을 말한다.

※ 창8:20 노아가 홍수가 그치고 여호와를 위하여 단을 쌓고 드렸을 때 번제

※ 창22:13 아브라함이 아들 이삭 대신 모리아 산에서 여호와께 드린 번제

※ 출24:5 모세가 시내산에서 언약서를 낭독 번제

※ 수8:31 여호수아가 번제

※ 삿11:31 사사들이 번제

※ 삼상7:9 사무엘이 번제

※ 삼하6:18 다윗이 번제 등 성경에 254번이 나오는데 개인이나가정 국가에 중대한 일이 있을 때마다 하였다.

※ 목적 : 하나님께 온전한 헌신, 충성, 순종, 희생을 다짐.

※ 예물 : Ⓐ 흠 없는 수소(레1:3-9)
Ⓑ 흠 없는 숫양 및 숫염소(레1:10-13)
Ⓒ 산비둘기 및 집비둘기 새끼(레1:14-17)

② 소제

히: מִנְחָה(민하) (조공, 희생제물, 피 없는 자원제 헌물)

※ 말씀 : 출29:41, 레2:1 등 133번 나오는데

※목적: 번제나 화목제물을 드릴 때 함께 불살라 드림으로 여호와 하나님께 대한 순수한 희생, 헌신, 자원의 예물

※ 예물 : Ⓐ 고운 곡식가루 기름, 유황, 소금(레2:1-2,13)
Ⓑ 기름을 섞어 화덕에 구운 무교병과 무교 전병(레2:4)
Ⓒ 번철에 기름을 섞어 부친것(레2:5-6)
Ⓓ 솥에 기름을 섞어 삶은것(레2:7)⑤
Ⓔ 첫 이삭을 복아 찧은 것(레2:14-15)

③ 화목제

히: שֶׁלֶם (쉘렘) 보답, 자원하는 감사의 응답, 희생 제물, 화목 제물

※말씀 : 출 20:24, 레3:1, 민15:8, 수22:27, 삿21:4 등 79번 나옴

※목적= : 예배자 자신이 하나님과 막힌 담을 제거하고 감사,서원, 또는 은혜에 대한 보답을 행위로 감사하는 화목 예물

※예물 : Ⓐ 흠 없는 수소나 암소(레3:1)
Ⓑ 흠 없는 숫양이나 암양(레3:6)
Ⓒ 염소(레3:12)

④ 속죄제

히: חַטָּאת (헤타아) 죄를 정결케 하다, 범법자, 형벌에 대한 속죄제

※ 말씀 : 출29:14, 출30:10, 히5:1 등 204번 나옴

※ 목적 : 인간의 근본 죄악을 고백하고 그로 인한 하나님께 범죄한
죄를 회개하고 용서를 받기 위한 제물

※예물 : 모든 백성의 신분지위에 따라 속죄 방법이 다르다
Ⓐ 제사장 : 흠 없는 수송아지(레4:3)
Ⓑ 족장 : 흠 없는 숫염소(레4:23)
Ⓒ 평민 : 흠 없는 암염소 또는 어린양(레4:28-32)
Ⓓ 서민 : 산비둘기 또는 집비둘기 새끼, 물(레5:7-10)
Ⓔ 극빈자 : 고운 가루 에바 십분의 일(레5:11-13)

⑤ 속건제

히 : אָשָׁם (아샴) 과오 실수 등으로 여호와께 범죄

※ 말씀 : 레 5:15, 삼상 6:8, 민 18:9 등 37번 나옴

※ 목적 : 하나님의 성물이나 남의 물건을 훔친 죄
속건죄는 배상의 책임까지 따름 (레 7:1-7)

※ 예물 Ⓐ 흠 없는 숫양 (레5:15, 6:6)
Ⓑ 훔친 성물 : 5분의 1배상 책임 의무 (레6:5)

여호와는 하나님이시라 우리에게 비취셨으니 줄로 희생을 제단 뿔에 맬지어다
/ 시 118:27

3) 죽은 예배(Dead Worship)를 받지 않으셨다.

가인(Cain 얻다, 소유하다)은 인류 최초의 아들이자 살인자(창 4:8)로서 하나님 앞에 정성이 없는 예배를 드림

세월이 지난 후에 가인은 땅의 소산으로 제물을 삼아 여호와께 드렸고 / 창 4:3

가인과 그 재물은 열납 하지 아니하신지라 가인이 심히 분하여 안색이 변하니 / 창4:5

※ 세월-히: יוֹם(욤)제한된 시간이 지난 후, 오랫동안, 따뜻한 시간.자신이 편안한 시간.

※ 지난 후-히: Ⓐ קֵץ(케쯔) 테두리를 벗어나다. 끝에.
Ⓑ קוֹץ(코쯔) 찌르다. 가시 에서 유래
Ⓒ קָצַץ(카체쯔) 산산조각으로 에서 유래

"세월이 지난 후"라는 것은 이미 때가 늦은 후에 드렸다는 것이다. 하나님께서는 "드리라"는 시간표가 있으시고 예정된 시간에 드려야만 한다는 것이다.

세월이 지나 편안한 시간이라는 것은 하나님의 의도와는 상관없이 자신의 시간표에 따라 편안한 시간에 드림으로 하나님은 이미 받으실 시간이 지나 버리셨다는 것이다.

옛말에 "소귀에 경 읽기"라는 말이 있다. 자신이 하나님 앞에 죄를 짓고도 자신이 무슨 일을 한 줄을 모르는 사람이 바로 가인이라는 것이다.

오늘날 현대인들의 신앙관은 하나님에 것과 자신에 것을 분별하지

못함으로 열심히 믿는다고 하면서도 하나님의 방법이 아니라 자신에 방법과 하나님의 방법을 혼합하여 믿는 사람들이 내가 아닌가를 생각해 봐야 할 것이다.

가인은 열심을 다 하였다고 생각 하였으나 책망하는 하나님을 향해 분을 내고야 말았다. 예배가 중요한 것은 아무리 열성을 다하여 예배에 참석한다 할지라도 하나님에 방법이 아니면 축복을 받을 수가 없다는 교훈을 우리에게 주시는 것이다.

아무리 열심을 다 한다 해도 하나님의 일을 한 것이 아니라 자신의 일을 하는 사람의 예배는 하나님이 받으시지 아니 하시는 예배의 본질을 떠난 사람이다.

이와 같이 가인이 드리는 예배는 희생이 없는 예배를 드림으로 하나님이 받으시지 아니하셨다. 아무리 많은 일을 해도 자신의 일을 한 것이 아니라 하나님의 일을 하는 사람은 기쁨이 충만하게 되고 불평보다는 하면 할수록 감사가 넘치게 된다. 이것이 예배의 본질이다.

4) 하나님은 살아 있는 예배(living worship)를 받으신다.

아벨(הֶבֶל 헤벨 : 허무, 공허라는 뜻)은 인류 최초의 순교자다.

아벨은 자기도 양의 첫 새끼와 그 기름으로 드렸더니 여호와께서 아벨과 그 제물은 열납 하였으나 / 창 4:4

가인이 그 아우 아벨에게 고하니라 그 후 그들이 들에 있을 때에 가인이 그 아우 아벨을 쳐

죽이니라 / 창 4:8

아벨은 양의 첫 새끼와 그 기름으로 첫 열매를 하나님께 드림으로 하나님이 기뻐하시는(창 4:4) 살아 있는 예배(창 4:4)를 드렸다. 그러나 가인은 창4:3에 세월이 지난 후에 땅의 소산으로 제물을 삼아 여호와께 드린 죽은 예배를 드렸다.

가인은 자신의 것을 하나님께 드렸지만 아벨은 하나님의 것을 드렸다. 그러기에 가인은 시건방졌다고나 할까? 내 것을 하나님께 드렸으니 우쭐댔을 것이다. 그러나 아벨은 겸손하였다. 똑같은 예물이지만 정성이 담긴 제물이었다.

네 제물과 네 소산물의 처음 익은 열매로 여호와를 공경하라 / 잠3:9

그리하면 네 창고가 가득차고 네 즙틀에 새 포도즙이 넘치리라 / 잠 3:10

5) 오직 삼위일체 하나님만을 섬기라는 것이다. (only God ,,only Jesus, and the Holy Spirit,)

너는 나 외에는 다른 신들을 네게 있게 말찌니라 / 출 20:3

출애굽기20:1-27 까지를 참조하라

온통 나 여호와 하나님 외에는 위로, 아래로, 옆으로, 밑으로, 뒤로, 좌우간 어디든 보지 말고, 생각도 말고, 오직 여호와인 나만 생각하라는 것이다.

여호와 나는 질투하는 하나님이라는 것이다. 내 말을 듣지 아니 하면 3,4대까지 저주를 하고 내 말을 순종 하면 1000대까지 이르러 축복하시겠다는 것이다.

주께서 주의 큰 위엄으로 주를 거스리는 자를 엎으시니이다. 주께서 진노를 발하시니 그 진노가 그들을 초개 같이 사르니이다 / 출15:7

너를 위하여 새긴 우상을 만들지 말고 또 위로 하늘에 있는 것이나 아래로 땅에 있는 것이나 땅 아래 물속에 있는 것의 아무 형상이던지 만들지 말며 / 출 20:4

그것들에게 절하지 말며 그것들을 섬기지 말라 나 여호와 너의 하나님은 질투하는 하나님인즉 나를 미워하는 자의 죄를 갚되 아비로부터 아들에게로 삼사 대까지 이르게 하거니와 / 출 20:5

나를 사랑하고 내 계명을 지키는 자에게는 천대까지 은혜를 베푸느니라 / 출 20:6

너는 다른 신에게 절하지 말라 여호와는 질투라 이름하는 질투의 하나님임이니라 / 출 34:14

질투: 히브리어 קָנָא(캐나) - 성나게 하다. 가축을 가르치다, 바로 세우다, 동기를 유발

나 외에 다른 신에게 대화도 눈 맞춤도 하여 내가 화나게 하지 말라는 것이다. 괜히 내가 화내는 동기를 유발하지 말라는 것이다.

만일 네가 그리하면 말 못하는 가축을 다루듯이 하시겠다는 것이다. 하나님께서 노아에게 부정한 것과 정결한 동물을 각기 두 쌍씩 넣어서 보존하라는 이유를 우리는 기억해야 할 것이다.

내가 진노로 너희에게 대항하되 너희 죄를 인하여 칠배나 더 징책 하리니 / 레 26:28

※진노 히:חֵמָה(헤이마) - 불타오르다, 바늘이 달린, 날카로운 것에 찔린, 불타는 사막한 가운데를 걷는 것과 같은,

하나님의 진노는 풀무 불에 꺼지지 않는 맹렬한 불이요, 바늘 같은 뾰쪽한 못에 찔린 고통이요. 불볕 같은 사막 길을 걷는것과 같은 노여움이라는 것이다.

성경에 약 210번이나 나온다. 예배의 근본은 오직하나님, 오직예수, 오직 성령님(only God, only Jesus, and the Holy Spirit,)만을 섬겨야 된다는 것이다.

그러므로 형제들아 내가 하나님의 모든 자비하심으로 너희를 권하노니 너희 몸을 하나님이 기뻐하시는 거룩한 산 제사 (a holy worship)로 드리라 이는 너희의 드릴 영적 예배니라 / 롬 12:1

주 너의 하나님께 경배하고 다만 그를 섬기라 하였느니라 / 마 4:10

인류의 모든 죄인들은 오직 믿음으로 그리스도의 십자가 은혜로, 감사함으로 나아가라고 말씀하신다.

믿음이 없이는 기쁘시게 못하나니 하나님께 나아가는 자는 반드시 그가 계신 것과 또한 그가 자기를 찾는 자들에게 상 주시는 이심을 믿어야 할찌니라 / 히 11:6

또한 우리의 삶 전체를 몸과 마음과 정성과 힘을 다해 드리라는 것이다

너희는 이 세대를 본받지 말고 오직 마음을 새롭게 함으로 변화를 받아 하나님의 선하시고 기뻐하시고 온전하신 뜻이 무엇인지 분별 하도록 하라 / 롬 12:2

내게 주신 은혜로 말미암아 너희 중 각 사람에게 말하노니 마땅히 생각할 그 이상의 생각을 품지 말고 오직 하나님께서 각 사람에게 나눠 주신 믿음의 분량대로 지혜롭게 생각 하라 / 롬 12:3

이와 같이 예배는 하나님과의 만남을 체험함으로 과거의 혼자의 삶

이 아니라. 이제는 성령님과 함께 동행하는 삶을 살게 된다는 확신으로 거룩한 예배 (a holy worship)의 새로운 결단의 삶을 살아가는 것이다.

Chapter 3

예배속에서 말씀하신 성령의 음성 (The words of Holy Spirit in worship)

인류창조의 역사는 예배를 통하여 하나님을 만나고 선택받은 성령의 사람들을 통해 하나님의 계획을 이루는 구속사의 연속이다.

하나님께서 창조하신 근본은 모든 동식물을 말씀으로 창조하시고 아담을 흙으로(창2:19) 지으시고, 그 안에 하나님의 호흡인 생기를 불어 넣으시니 생령이 되었다고 하심으로 하나님의 형상을 닮은 사람 아담을 직접 창조 하셨다.(창1:26)

그렇다면 첫사람 아담과 하와를 통해 예배속에서 말씀하신 성령의 음성과 그 후 선택받은 구속사의 후손들이 하나님 앞에어떻게 예배를 계승하여 왔는가를 첫 사람 아담부터 살펴보자.

1. 행위 언약(Covenant of Conduct)으로 부터 시작한 첫 번째 사람 아담과 하와

인류 최초의 사람인 아담과 하와에게 명령하신 예배는

① 에덴동산의 각종 실과는 네가 임의대로 먹으라

② 선악을 알게 하는 생명나무의 실과는 먹지도 말고 만지지도 말라

③ 생육하고 번성하라, 땅에 충만하라, 땅을 정복하라, 모든 생물을 다스리라는 예배모범과 규칙을 통해 자유의지인 행위 언약으로부터 시작한다.

창조주 하나님과의 대화 자체, 그리고 하나님의 명령 자체가 예배라고 봐야 할 것이다. 하나님은 우리에게 생명의 근원이시기 때문이다.

창조의 목적 자체가 예배를 통해 피조물에게 영광을 받 으시기 위함이기 때문이다.

왕이신 나의 하나님이여 내가 주를 높이고 영원히 주의 이름을 송축하리이다 / 시 145:1

창1장부터 계시록 22:21 까지가 모두 명령형이다. 그러므로 성경자체가 예배라고 봐야 할 것이다. 성경은 "하라(do)" 하는 말과 "하지마라(do not)" 는 두 가지 뿐이다.

창1장1~31절에서 6일째 해와 달과 별, 어두움과 빛, 땅의 모든 동식물과 그리고 맨 마지막에 하나님의 형상을 닮은 사람을 창조하시기까지 하신 말씀 자체가 명령이시다.

아담을 향한 첫 번째 하나님의 명령은 피조물을 향한 신본 주의적

선언의 명령이다. 다만 하나님의 형상을 지니고 태어난 사람 아담에게 자유의지를 주셨다. 그러나 하나님의 명령에 반하는 행위에 대하여는 심판을 면치 못한다는 조건부였다.

창1:28절에 "생육하고, 번성하라, 땅을 정복하라, 땅에 충만하라, 모든 생물을 다스리라"는 것이다. 하나님을 믿고 두려워 하지 말고 하면 된다는 것이다.

거역하면 저주요, 재앙이요, 심판이 따르지만 순종하면 범사에 축복이 임한다는 것이다. 반대로 하지 말라는 것이다.

> 동산 각종나무의 실과는 네가 임의로 먹되 선악을 알게 하는 나무의 실과는 먹지 말라 네가 먹는 날에는 정녕 죽으리라 / 창 2:16

하나님께서 인류 최초의 사람 아담과 의 약속이요 명령이다 이것이 아담과 맺은 인류최초의 '행위 언약(Covenant of Conduct)' 이다. 다시 말하면 "네가 선악과를 먹고 불순종하여 멸망하느냐, 먹지 않고 순종하여 죽지 않고 영원히 사느냐" 하는 것은 절대적 네 행위에 달여 있다는 것이다. 이것이 우리 인간의 '내면적 자유의지'라고 하는 것이다.

그렇다면 무엇 때문에 지키기 어려운 자유의지를 통해 굳이 '행위 언약(Covenant of Conduct)'을 세우셨는가?

① 하나님은 축복의 기준이 무엇인가를 인간에게 가르쳐 주 시기 위함이다.

② 하나님의 주권을 인정해 드림으로 하나님 안에서 진정한 참 자유와

행복을 누리라는 계시의 메시지이다.

③ 인간의 자유의지는 방종과 타락을 가져온다는 경고이다.

이 행위 언약은 하나님이 지으신 인류최초의 사람과 만남에서 이루어진 언약으로서, 앞으로 인류가 지켜야 할 예배의 근본이요 기준이 되는 첫 번째 선언이요 명령이다. 역사의 마지막 날까지, 다시 오실 주님(The Lord of coming back)을 기다리는 우리 크리스천들과 모든 인류에게 주시는 명령이다.

하나님에 약속인 생명나무 선악과를 먹지 말고 영원히 그리고 영원히 하나님과 함께 살자는 위대한 축복의 약속을 시작부터 깨는 아담과 하와의 행위를 보자.

2. 행위의 언약을 일방적으로 깨버린 아담과 하와

동산 중앙에 있는 나무와 실과는 하나님의 말씀에 너희는 먹지도 말고 만지지도 말라 너희가 죽을까 하노라 하셨느니라 / 창 3:3

성령의 소리를 외면하고 하와는 최소한 두 가지 거짓말을 한다.

① 창2:17 에서 먹지 말라는 것이었다. (Don't eat!)

먹어라, 먹지말라, 만지지 말라 등 하나님께서 하신 말씀은 신학적 용어로 "행위 언약"을 의미한다. 인간의 행위에 따라 축복과 저주, 죽음과 생명이 결정되는 중대한 언약인 것이다. 그러므로, 하나님에 단

호한 말씀이다. 그런데 하와는 "먹지도 말고 만지지도 말라"고 말한다. 하나님의 명령에 대한 자신의 의견을 말함으로서 은근히 하나님 말씀에 대한 불평과 불만을 털어놓는다.

"만지지도 말라(Do not touch!)"는 것은 어떤 의미에서 보면 매우 강하게 들린 것 같으나 오히려 필요 없는 수사 구를 섞어 말함으로써 하나님의 말씀에 대한 권위를 희석시키려는 의도가 다분히 엿보인다.

② "정녕 죽으리라(You will surely die!)"고 말씀하셨지 "죽을까 하노라(You will probably die!)"라고 말씀하시지 않았다.

여기서 정녕 죽으리라 고 하신 히브리어 תוּמ(아발)은 참으로, 절대, 진실로, 반드시라는 뜻의 단어로 죽음에 대한 확신에 대하여 매우 강경한 어조로 말씀하신 하나님의 표현이다. 곧 "네가 반드시 죽으니 먹지 말라"는 최고 수준의 명령이다.

그런데 "죽을 까 하노라" 하는 것은 죽지 않을 수도 있지만 죽을 수도 있다는 것으로 표현함으로서

① 죽음과 삶에 대한 두려움을 희석시키고

② 사단의 유혹이 이미 그의 가슴속에 들어왔으며

③ 사단에 접근해 오도록 마음에 문을 열어 놨다는 것이다

④ 그러므로 뱀(사단)은 속성대로 발톱을 드러낸다.

3:4에서 한발 더 나아가 "결코 죽지 아니하리라"에서 "결코"라고 뱀은 강조하고 있는데 원문에 "תוּמ(무스)"라는 말은 창 2:17에서 하나님이 아담에게 하신 말씀으로서 선악을 알게 하는 나무는 먹지 말라 하

시고 먹는 날에는 정녕 죽으리라 고 하실 때 사용한 단어로서, 사단은 하나님과 똑같이 정반대되는 내용에 사용하였다는 것이다.

사단은 하와의 불만이 터저 나오는 순간 그 기회를 놓칠세라 적극적으로 정 반대 되는 똑같은 낱말인 "מות(무스)"를 사용함으로서 하나님과 하와 사이를 이간질 시키는 모습을 보라.그리고 곧이어 한술 더 나아가 3:5에 "눈이 밝아 하나님과 같이 되어 선악을 분별하게 될 것"이란 말로 현혹을 한다. 인류 최초에 사단이 아담과 하와를 꾀이는 사건은 수천 년이 지난 지금도 사단은 우리에 가슴속을 후비고 들어와 하나님이 주신 행위언약(Covenant of Conduct)을 파괴하고 있다.

선악과를 먹지 말라고 명령 하신 창조주 하나님, 전지전능 하신 하나님의 신적 권위를 도전하는 도저히 용서받을 수 없는 행위이다. 결국은 사단(뱀)의 유혹에 빠진 아담도 하와도 징계를 받고 뱀은 평생 기어다니는 저주를 받고 하나님과 인류와 원수가 돼 버린다. 이와 같은 일이 왜 생겨났는가?

사단(뱀)의 유혹에 넘어간 인간의 연약함에 그 원인이 있었다는 것이다. 비록 하나님의 형상을 담고 창조 되었지만 영원하신 신이 신 하나님의 "전지전능과 무소부재"까지 주신 것은 아니라는 것이다.

그러기에 자유 의지를 주시고, 인간의 자유의지는 타락과 방종을 가져오니, 하나님의 주권을 인정해 드림으로 인간이 살아가는데 하나님 안에서 예배를 통한 진정한 참 자유와 행복만을 축복의 기준으로 삼아 행위 언약 을 맺은 것이다.

하나님이 주셔서 나와 함께 하게 하신 여자 그가 그 나무 실과를 내게 주므로 내가 먹었나이다 / 창 3:12

하와는 뱀이 나를 꾀므로 내가 먹었나이다 / 창 3:13

뱀은 저주를 받아 배로 다니고 종신토록 흙을 먹을 지어다 / 창 3:14

너는 흙이니 흙으로 돌아갈 것이니라 하시니라 / 창 3:19

성령의 소리를 외면한 아담과 하와는 드디어 하나님과의 영적인 관계가 끊어지고 저주와 징계로 행위 언약이 파괴되어 버렸다.

예배의 문(The door of worship)은 닫히고 뿐만 아니라 하나님과 인간과의 화평과 사랑의 교제가 깨어져 예수 그리스도가 이 땅에 오시기 전 까지 화평의 관계가 깨어졌으니 얼마나 오랜 기간 동안 인류는 구원이 없는 암울한 시대를 살아야 했는가.

아담과 하와와 하나님의 관계는 이 시대를 살아가는 우리 에게도 계속적으로 삶의 중심에서 내 자유의지가 하나님과의 행위 언약을 파괴하고 있지는 않는지, 나와 하나님과의 관계 속에서 찾아보자.

그러나 수천년이 지난 지금까지 하나님의 구속사는 멈추는 일이 없으시며 그의 독생자 예수 그리스도를 이 땅에 보내심으로 이제는 그를 믿기만 하면 구원을 얻게 하시니(요 3:16) 한량없는 은혜를 어떻게 표현할 것인가?

3. 사람이 낳은 첫 번째 가인(Cain)과 아벨(Abel)의 예배

가인은 창세 이후 인간이 낳은 최초의 사람이다.

아벨은 양 치는 자이였고 가인은 농사하는 자이었더라 / 창 4:2

세월이 지난 후에 가인은 땅의 소산으로 제물을 삼아 여호와께 드렸고 / 창 4:3

아벨은 자기도 양의 첫 새끼와 그 기름으로 드렸더니 여호와께서 아벨과 그 제물은 열납하셨으나 / 창4:4

가인과 그 제물은 열납하지 아니하신지라 가인이 심히 분하여 안색이 변하니 / 창 4:5

여호와께서 가인에게 이르시되 네가 분하여 함은 어찜이며 / 창 4:6

네가 선을 행하면 어찌 낯을 들지 못 하겠느냐 선을 행치 아니하면 죄가 문에 엎드리느니라 죄의 소원은 네게 있으나 너는 죄를 다스릴 찌니라 / 창 4:7

가인이 그 아우 아벨에게 고하니라 그 후 그들이 들에 있을 때에 가인이 그 아우 아벨을 쳐 죽이니라 / 창 4:8

가인(קַיִן)은 "얻다, 소유하다"라는 뜻으로 아담이 그 아내 하와와 부부관계를 통하여 태어난 인류 최초의 사람이다. 하와는 가인을 낳은 것이 하나님이 주신 선물로 생각하고 여호와로 말미암아 득남하였다고 기뻐하였다. 그러나 동생 아벨을 죽인 최초의 살인자가 된다.

아벨(הֶבֶל)은 "허무" "공허"란 뜻으로 아벨의 운명을 예 견이라도 한 듯 가인에게 죽임을 당한 인류 최초의 불행한 사람이 된다.

o 가인(Cain)은 농사를 통해 사는 농업을 직업으로 삼고

o 아벨(Abel)은 소나 양을 기르는 목축업으로 살아가는 사람 이었다.

o 가인(Cain)은 세월이 지난 후에 땅의 소산으로 제물을 삼 아 여호와

께 드렸다고 하였으며

o 아벨(Abel)은 양의 첫 새끼와 그 기름으로 드렸더니 여호와 께서 아벨과 그 제물은 열납 하였으나 가인과 그 제물은 열 납하지 않으셨다고 하였다. 하나님께서 아벨의 제물을 받으 시는 것을 보고

가인의 얼굴이 심히 분하여 안색이 변한 것을 보시고 / 창 4:5

심히 - 히: מְאֹד(메오드) 열렬하게 급속히, 매우 심히 타오르다

분하다 - 히 : חָרָה(카라하) 얼굴이 벌겋게 되다, 노하다, 붉게 타오르다, 노가 불붙게 일어나다.

하나님의 질책에 가인의 행동과 그의 반응 속에서 인류의 가는 방향이 서서히 진행 하는 모습을 본다.

심히 분하여 얼굴 안색까지 변했다고 하는 것은 이미 가인의 분노가 머리끝까지 차올라 하나님의 소리가 가인의 귀와 심장에는 들려오지 않았다.

가) 가인이 저지른 범죄

① 하나님을 향한 분노를 발한다.

'내가 장자인데 어떻게 아벨의 제물을 받으시고 장자인 내가 드린 제물을 받지 않으시는가!' 에 대한 하나님을 향한 과격 한 불만을 여과없이 드러낸 것이다.

② 아버지 아담의 위선과 어머니 하와의 교활함과 간교함의 합친 것보다 더 무서운 가인의 행동을 통하여 보고 있는 것이다.

③ 아담의 범죄로 에덴동산에서 쫓겨나(창3:24) 그의 근본된 토지를 갈게 하시고, 필경은 흙으로 돌아가리라(창3:19)고하신 말씀대로 가인의 행동은 용서받지 못할 결과를 가져오고 말게 된다.

④ 동생 아벨을 들에서 죽인 인류 최초의 살인자가 된다. 하나님 말씀을 대적하고 하나님이 자신보다 동생을 더 사랑한다고 생각한 가인은 드디어 일을 저지르고 만다.

안색 : 히브리어 "파님(פָּנִים)" – 두려운 얼굴, 분노, 두려움

변하다 : 히브리어 "나팔(נָפַל)" – 비정상, 도망자.

하나님이 요구하시는 예배는 무엇인가? 하나님은 왜 아벨의 예배는 받으시고 가인의 예배는 받지 않으셨는가?

나) 가인은 하나님의 것과 사람의 것을 구분하지 못한 예배를 드렸다.

너의 토지에서 처음 익은 열매의 첫 것을 가져다가 너의 하나님 여호와의 전에 드릴지니라 / 출 23:19

너의 토지소산의 처음 익은 것을 가져다가 너의 하나님 여호와의 전에 드릴 지며 너는 염소 새끼를 그 어미의 젖으로 삶지 말지니라 / 출 34:26

그들이 여호와께 드리는 첫 소산 곧 제일 좋은 기름과 제일 좋은 포도주와 곡식을

네게 주었은즉 / 민 18:12

그들이 그 땅을 팔지도 못하며 바꾸지도 못하며 그 땅의 처음 익은 열매를 남에게 주지도 못하리니 이는 나 여호와에게 거룩히 구별한 것임이니라 / 겔 48:14

네 제물과 네 소산물의 처음 익은 열매로 여호와를 공경하라 / 잠 3:9

그리하면 네 창고가 가득히 차고 네 즙틀에 새 포도즙이 넘치리라 / 잠 3:10

가인은 인류 최초의 농사꾼이다. 창3:24에 보면 하나님이 에덴동산에서 아담과 하와를 쫓아내시고 그의 근본인 토지를 갈게 하셨다. 뱀처럼 완전 저주하여 버리지 않았다.

하나님이 은혜를 베풀어 농사하면서 살게 하신 것이다. 그런데 가인은 하나님의 은혜를 잊어버린 것이다. 그리고 사람의 것과 하나님의 것을 구분하지 못한 채 마치 하나님이 자신을 미워한 것으로 생각함으로 하나님을 대적하는 결과를 가져왔다.

오늘날 현대인의 예배도 똑같은 반복으로 축복을 받지 못하는 성도들의 모습을 볼 때마다 안타까운 마음을 금할 수가 없다. 필자가 40년 목회에 십일조를 통한 수많은 간증들은 말로 이루 헤아릴 수 없이 많지만 몇 가지 사례를 소개하고자 한다. 하나님의 것과 사람의 것을 구분하지 못하는 예이다.

① 송구영신 예배 때 일어난 일

우리교회 송집사님은 남편A씨에게 교회 간다고 무서운 핍박을 받은 분이다. 성경을 찢기도 하고, 때리는 것은 비일 비재 하였다. 이유는 교회에다가 자신이 벌어온 돈을 목사에게 모두 갖다 바친다는 것이다.

십일조를 드린 것에 대하여 가장 핍박이 심한 상태였다. 송 집사님은 남편의 핍박 속에서도 잘 견디고 교회생활에는 항상 모범이었다. 아내의 정성을 하나님께서 응답 하셨는지 남편이 술도 끊고, 그 해가 다가는 송구영신 예배부터 교회를 나온다고 약속하신 모양이었다.

그러한 사실을 알 리가 없는 필자는 십일조에 대한 설교를 매년 단 한번 송구영신 예배 때 하는데, 설교 중 십일조에 대한 이야기를 했다. 아내의 권유에 따라 평생 처음으로 교회에 나온 남편이 앉아 있는데 "이해도 다 지나갔으니 새해부터는 십일조부터 시작하자"고 설교를 한 것이다. 이 소리를 들은 남편은 예배 도중 나가버리고 새벽 한시에 예배를 마치고 집에 돌아간 아내에게 "봐라 교회는 돈 밖에 모른다. 그러니 이제부터 당신도 교회 나가지 말라"는 것이다.

새해 첫 날 송집사는 울면서 필자에게 전화가 왔다.

"목사님 이제 나 교회 못나가게 되었어요." 하면서 어제 밤 송구영신 예배설교 얘기를 하는 것이 아닌가! 이 말을 듣는 순간 왜 하필이면 그분이 송구영신 예배에 나왔단 말인가, 필자는 난감하였다. 필자는 필자의 입술을 찢고 싶었다.

그런데 기도하다가 "주일이 돌아오기 전 찾아가라"는 성령의 음성이 들렸다. 필자가 심방 왔다고 하니 남편은 다른 방으로 가서 나오질 않았다. 나오기를 마냥 기다릴 수도 없어 이판사판이다 하고 방문을 노크하여 들어갔다.

필자는 순간 성령님이 교통하시는 것을 느꼈다. 기도하는 동안 혹이라도 도망가 버릴까 봐 그 분의 두 손을 꼭 잡았다.그리고 큰소리로 기도하기 시작했다.

그런데 이게 웬일인가! 필자도 모른다. 무슨 기도를 하였는지, 다만 성령님이 시키는 대로 목이 터져라 기도하고 방언으로도 기도하였다. 그랬더니 그 분이 한숨과 함께 아멘, 아멘 하시는 것이 아닌가!

내 기도 소리를 성령님이 불쌍히 생각 하셨는지, 성령님이 그분을 감동시키셨는지, "아멘, 아멘" 하면서 흐느끼는 소리가 났다. 처음에는 필자의 귀를 의심 했다.

순간 '아...성령님이시로구나' 감사, 감사가 터져 나왔다. 사람의 생각이 하나님의 생각으로 바뀌는 장면이다. 지금껏 꽉 막혔던 귀에 성령의 소리가 들리는 순간이다. 바울은 이렇게 말씀하지 않았 던가!

육신의 생각은 하나님과 원수가 되나니 이는 하나님의 법에 굴복치 아니할 뿐 아니라 할 수도 없음이라 / 롬 8:7

모든 자존심을 다 내려놓고 예수그리스도의 십자가만을 생각하며 찾아간 심방, 두 시간의 만남은 한 영혼이 새로운 삶을 사는 계기를 맞는 시간이요, 그리스도 예수 안에서 거듭나는 시간이 되었다.

심방은 목사가 갔지만 그분은 성령님과 대화하는 최고의 은혜의 시간이었다. 마치 창18장에서 "마므레 상수리 수풀 근처"에서 아브라함의 장막 문에 찾아온 여호와의 사자(성령님)을 맞이하는 아브라함처럼 말이다.

처음에는 '왜 하필 그 시간에 내가 십일조 설교를 했던고!' 하고 후회도 했지만 그 해 송구영신 예배는 송집사의 가정을 구원하시기 위한 송년 예배였고, 핍박을 받으면서도 남편의 구원을 위한 눈물의 기도를 드린 송집사의 기도를 응답하시고 축복해주시기 위한 최고의 송년 예배였다.

예배가 끝나는 순간 온 집안이 성령의 충만으로 가득한 것이 눈에 보였다. 마치 예수님께서 마리아와 마르다의 집을 심방 하셨을 때 온 집이 향내 가득한 집안처럼 말이다.

그는 고백한다. "목사님 지금껏 내 아내를 교회 못 나가게 하고 학대 했던 것을 용서해 주십시오", 흐느낀다. 맹수와 같은 남편이 어린양과 같이 돼 버렸다.

송집사가 교회만 갔다오면 "목사와 같이 살지 멋 하러 왔느냐!"는 등 온갖 핍박을 하던 남편이 이제는 순한 양같이 됐으니 필자는 순간 '아... 이것이 목회구나, 하나님 감사, 예수님 감사, 성령님 감사'를 고백하지 않을 수 없었다. 모든 간증을 지면상 일일이 쓸 수는 없지만 그 가족은 그 후 최고의 일등 신앙인으로 교회의 모범생이 되었다.

② 한얼산 기도원에서 만난 집사

개척교회 때의 일이다. 교회에 등록 하는 날부터 세례도 받지 아니 했는데, 십일조부터 받치겠다는 열정 있는 사람이 있었다.

필자는 그 사람에게 십일조는 세례받은 사람의 의무이자 권리임과 동시에 하나님을 믿는 성도의 최소한의 기본이라고 가르치고, 그러나 당신은 세례를 받지 아니 하였으니 십일조를 내야할 의무도 권리도 없다는 것을 말하였다.

그런 그가 예수그리스도를 영접하고 학습을 받고 세례를 받았다. 그리고 자신이 바라던 십일조며, 감사며, 어린아이 같은 신앙으로 목사의 말에 잘 순종하고 따라 주었다.

십일조는 날로 늘어났다. 십만 원부터 시작한 십일조는 백만 원을 넘고 천만 원을 훌쩍 넘었다.

누가 봐도 대단한 신앙이었다. 사업도 하루가 다르게 번성하여 갔다. 어느 날 내게 찾아와 “목사님, 십일조 일억을 놓고 기도 하고 있습니다” 하는 것이 아닌가! 필자는 꼭 내가 축복을 받고 있는 것처럼 심장이 뛰었다. 교회의 큰 몫을 담당하게 되었으니 그 분이 얼마나 귀한 존재인가!

어쩌다 주일날 빠지면 다른 사람에게는 왜 빠졌느냐고 나무라면서 그분에게 만큼은 관대하고 너그러웠다. 오히려 주일 빠져서 죄송하다는 말을 하면 “아니 괜찮아요. 사업이 바쁘니 그럴 수 있지” 하고 너그러운 말로 감싸주었다.

그 후 한두번 빠지면 “바쁘 셨지요?” 하고 물으면 인도네시아 출장 갔었느니 또는 캄보디아, 일본 등 갈수록 바빠졌다는 등 여러 가지 핑계를 대었다. 그러다가 점점 주일을 한 달에 한번 빠지다가, 나중에는 두 번 세 번, 심지어는 한 달에 한번 밖에 나오질 않았다. 그래도 나무

랄 수가 없었다. 나무라면 혹이나 십일조를 안 드리면 어쩌나 하고 이젠 쓸데없는 걱정과 염려가 앞섰다. 한 달 만에 나와도 십일조는 꼬박꼬박 드리니 자주 안 나와도 십일조 만 빠지지 않고 잘 드렸으면 하는 심정이었다. 십일조를 많이 드림으로 개척교회 재정을 담당해 주는 그 집사님께 언제 부터인지 나도 모르게 아부로 변해 버린 것이다.

불러다가 얘기하고 싶어도 교회까지 안 나와 버리면 어떨까 하는 두려움에 어느새 나는 그 집사님께 주눅이 들어 버렸다. 한두 주 빠진 집사님은 바쁘다는 핑계로 한 달 두달로 건너뛰고, 결국 어느 날 부터는 교회까지 안 나와 버렸다.

얼마만큼의 세월이 지났다. 필자는 철저히 회개하였다. 바르게 가르치지 못한 것에 대한 스스로 자괴감에 빠졌다.

하나님 은혜로 교회는 부흥되고 어느 날 한얼산 기도원에 집회를 갔다. 2000여명이 모인 집회 첫날 저녁 필자는 이 간증을 하였다. 제대로 가르치지 못한 것을 후회 한다는 말과 모든 것이 필자의 잘못이라는 것을......,

집회가 끝나고 강사 방으로 가서 쉬고 있는데, 한얼산 기도원 원장 최장로님이 "강사님, 강사님" 하고 노크를 하신 것이 아닌가. 그리고 어떤 집사님이 강사 목사님 면담신청을 한다고 하는 것이다. 그래서 "그래요, 들어오시라고 하세요"라고 했다.

그 순간 수염을 덥수룩하게 기른 한 사람이 "목사님. 저 임집사 입니다" 하고 필자 앞에 무릎을 꿇는 것이 아닌가! 그와 헤어 진후 십여

년이 지나 임집사를 한얼산 기도원에서 만난 것이다.

필자는 너무 놀라웠다. 보기에도 초라하고 갈 길을 잃어버린 나그네임이 분명하였다. 최장로님은 나가시고 자초지종을 들었다.

경서교회(지금은 솔로몬교회)에서 나오게 된 동기, 한마디로 돈이 너무 많아서 나왔다는 것이다. 돈이 너무 많아지니 얼마나 많은 유혹이 뒤따라겠는가! 하나님의 것과 사람의 것을 구분하지 못하고 일생에 한 번 오는 귀한 축복을 탕자로 시간을 허비해 버린 것이다.

교회는 안 나가도 십일조는 보내고 싶었다는게 임집사의 변이다. 좋게 말하면 사단이 임집사를 교회에 나가지 못하도록 붙잡아 버린 것이다.

성령에 사로잡힌 성령의 사람이 될 사람이 사단에 사로잡힌 사단의 사람이 돼 버렸다. 부도가 났고 모든 것이 끝났다고 생각했다. 그러나 하나님의 은혜로 교도소에서 잃어버린 신앙을 회복하게 되었다.

2년의 형기를 마치고 곧바로 한얼산 기도원으로 왔다는 것이다. 그런데 하필이면 나를 신앙으로 인도하여 주었던 홍재철 목사님의 부흥회에 참석하게 될 줄이야! 꿈에도 몰랐다는 것이다. 더군다나 자신의 허물에 대하여 간증 하신 것을 보고, 결심하고 목사님께 사죄를 드리기 위해 찾아 왔노라는 것이다

캄캄한 9척 높이의 담장 안에서 홀로 드리는 예배, 길을 잃어버린 그에게 빛으로 인도하신 하나님, 누가 그를 한얼산기도원으로 인도하

여 주셨는가? 우리를 지키시고 보호하시고 길을 인도하시는 성령님의 역사가 아니신가?

잃어버린 신앙을 회복하고 만나야 할 사람을 기도원에서 만난 임집사, 아무리 큰 실수를 하여도 믿음이 회복되면 언제나 나에 편이 되어주시고 치료해주시는 나에 하나님, 임집사와 다시 만난 회유를 주신 성령님, 할렐루야! 그 밖의 많은 일들이 있지만 다음 책에 소개하기로 하자

아담의 자유의지를 꺾어 버린 뱀은 아담의 최초의 아들 가인에게 들어가 자유의지 즉 행위 언약을 파괴해 버렸다. 사단은 오늘도 죽지 않고 살아서 임집사에게도 들어오고 우리 모두에게도 들어와 생명의 법에서 사망의 법으로 인도해, 결과는 하나님과 원수가 된다.

인류 창조의 시작부터 왜 이런 일이 일어났는가!

육신의 생각은 사망이요 영의 생각은 생명과 평안이니라. 육신의 생각은 하나님과 원수가 되나니 이는 하나님의 법에 굴복치 아니할 뿐 아니라 할 수도 없음이라 육신에 있는 자들은 하나님을 기쁘시게 할 수 없느니라 / 롬 8:6-8

이는 세상에 있는 모든 것이 육신의 정욕과 안목의 정욕과 이생의 자랑이니 다 아버지께로 좇아 온 것이 아니요 세상으로 좇아 온 것이라 / 요일 2:16

아담 안에서 모든 사람이 죽은 것같이 그리스도 안에서 모든 사람이 삶을 얻으리라 / 고전 15:22

기록된바 첫 사람 아담은 산영이 되었다 함과 같이 마지막 아담은 살려 주는 영이 되었나니 / 고전 15:45

아담이 꾀임을 보지 아니하고 여자가 꾀임을 보아 죄에 빠졌음이니라 / 딤전 2:14

너는 흙이니 흙으로 돌아갈 것이니라 하시니라 / 창 3:19

그는 광명 중에서 흑암으로 끌려 들어가며 세상에서 쫓겨날 것이며 / 욥 18:18

하나님이 범죄한 천사들을 용서치 아니하시고 지옥에 던져 어두운 구덩이에 두어 심판 때까지 지키게 하셨으며 / 벧후 2:4

아담으로부터 불순종한 가인은 육신의 정욕과 안목의 정욕과 이생의 자랑이 어디서 왔으며 어디로 가고 있는가를 망각한 채 하나님의 영역을 침범하고 만다.

그러는 동안 가인은 "세월이 지난 후에"(창4:3)라고 하는 말은 "모든 일을 마친 후 상당한 시간이 흐른 후"에 땅에서 난 농산물을 하나님께 드렸다는 것이다. 어쩌면 하나님께 드릴 생각도 까마득히 잊어버리고 있다가 아벨이 하나님께 양의 첫 새끼와 그 기름(창4:4)으로 여호와께 드리는 것을 본 가인은 부랴부랴 드렸는지도 모를 일이다. 생각건대, 허겁지겁 드리는 예물 속에 과연 신앙심이 있었으며 믿음이 있었을까?

하나님은 가인의 정성이 없는 예배를 당연히 받으시지 않으시고, 정성이 담긴 아벨의 예배, 정직한 예배를 드린 아벨의 예배를 받으신 것이다.

이 한 가지 사건으로 자신보다 아벨을 더 사랑 하신다고 생각한 가인은 동생 아벨을 무참히 살해한다(창4:8)

인류 최초의 살인사건은 동생 아벨에 대한 질투심도 있지만 가인의 얼굴에 분노가 생겨 안색이 변했다고(창4:5) 하는 것은 하나님을 향한 불순종을 떠나 인류 최초로 악한 자에 속한 자로 하나님을 대적한 희생 제물이 된 사건이라 할 것이다.

> 가인같이 하지 말라 저는 악한 자에게 속하여 그 아우를 죽였으니 어찌 연고로 죽였느뇨 자기의 행위는 악하고 그 아우의 행위는 의로움이니라 / 요일 3:12

분명 한 것은 하나님은 아벨을 더 사랑한 것이 아니라 하나님을 향한 가인의 잘못된 행위 언약을 지적하신 것이다. 자유의지가 하나님을 향할 때 축복이 오고 자신의 판단이 들어가면 자유의지가 방종이 되고, 불순종을 넘어 대적이 되며, 그 결과 하나님의 진노가 온다는 사실을 가인은 깨닫지 못한 것이다.

다) 가인의 제사는 정성이 없었다.

하나님은 정성이 없는 예배(예물) 자체를 받으시지 아니 하신다는 것이다. 서두에 기록한 것과 같이 세월이 "지난 후"라는 원어는 히: קֵץ(케쯔)라는 뜻은

1. "한정된 시간이 지난 후" 즉, 약속된 시간이 지나가 버렸다는 뜻이다.

2. "과정이 지난 후" 즉, 사람은 먼저 해야 할 일이 있고 나중해야 할 일이 있다. 일에 선후가 있다는 것이다.

3. "극단의 끝 무렵"이라는 뜻인데 이미 기회를 놓쳐 버린 때를 말하는 것으로 소생 불가능할 때를 의미한다.

아벨이 첫 예물로 첫 새끼와 기름으로 여호와께 드리는 것을 보고 빈들거리며 느슨하게 형편을 보면서 계속 시간을 끌다가 어쩔수 없이 극단의 끝 무렵에 드렸다는 것을 말해주고 있다.

오늘날 성도들의 신앙생활을 보자, 가인의 예물을 드리는 성도가 있는가 하면 아벨의 제물을 드리는 성도가 있다. 아니면 이것도 저것도 안하고 성도의 본분을 벗어 버리는 사람들도 있다.

라) 가인은 자신의 믿음을 드리지 못하였다.

〈믿음〉

히 : אֱמוּנָה(에무나) 안전한, 신뢰, 신실.

헬 : 피스티스(πίστις) 신뢰 확신, 정확. 믿음은 과녁을 향해 날아 가는 화살이 명중하는 것을 말한다.

보라 그의 마음은 교만하며 그의 속에서 정직하지 못하니라 그러나 의인은 그 믿음으로 말미암아 살리라 / 합 2:4

믿음으로 아벨은 가인보다 더 나은 제사를 하나님께 드림으로 의로운 자라 하시는 증거를 얻었으니 / 히 11:4

믿음이 없이는 기쁘시게 못하나니 하나님께 나아가는 자는 반드시 그가 계신 것과 또한 그가 자기를 찾는 자들에게 상 주시는 이심을 믿어야 할지니라 / 히 11:6

믿음으로 노아는 아직 보지 못하는 일에 경고하심을 받아 경외함으로 방주를 예비하여 그 집을 구원하였으니 이로 말미암아 세상을 정죄하고 믿음을 좇는 의의 후사가 되었느니라/ 히 11:7

믿음으로 아브라함은 부르심을 받았을 때에 순종하여 장래 기업으로 받을 땅에 나갈 새 갈 바를 알지 못하고 나갔으며 / 히 11:8

악인의 제사는 여호와께서 미워하셔도 정직한 자의 기도는 그가 기뻐하시느니라. / 잠 15:8

그러므로 형제들아 내가 하나님의 모든 자비하심으로 너희를 권하노니 너희 몸을 하나님이 기뻐하시는 거룩한 산제사로 드리라 이는 너희의 드릴 영적 예배니라 / 롬 12:1

예배는 하나님과의 영적으로의 만남이며 이와 같은 만남은 성령의 인도하심으로 오직 믿음으로만 가능한데 가인은 예배에 실패한 자가 되었다.

가인은 믿음으로 예배를 드리지 못함으로 하나님과의 관계에 실패하고 말았다. 오직 믿음은 하나님과의 관계 정상화로 성령님과의 교통에서만 이루어진다는 것이다.

마) 가인은 상한 심령으로 드리지 않았다.

상한심령 / 히: שָׁבַר(솨바르)- 깨지다, 부서지다, 산산조각이 나다, 파괴된 심령

하나님은 거짓이 없는 진실한 예배, 시간 시간 자신을 가루로 부숴 안타깝고 애절한 마음으로 번제를 드리기 위해 상한 심령으로 나온 자를 만나 주신다.

가인은 동생 아벨을 죽인 사건에 대하여 하나님의 진노하심에 내 죄가 너무 중하다고 하였지만 진정한 회개가 전혀 없었다. 오히려 에덴동

산에서 쫓겨 난 것에 대하여 하나님에 대한 분노함 같은 것이 내면으로 자리 잡고 있었을 것이다.

그러므로 하나님 앞에 드리는 예배는 무엇인가?

"나는 죄인입니다, 용서 하옵소서" 하는 상한 심령으로 하나님 앞에 예물을 들고 나온 것이어야 한다는 것이다. 사단의 꾀임에 빠져 세월이 지난 후 자신의 자유의지에 생각나는 대로 행동하는 예배는 하나님의 인류 구속사의 진행에 방해가 되는 사단의 일을 한 것이다.

여호와는 마음이 상한 자에게 가까이하시고 중심에 통회 하는 자를 구원하시는도다 / 시 34:18

주 여호와의 신이 내게 임하셨으니 이는 여호와께서 내게 기름을 부으사 가난한자에게 아름다운 소식을 전하게 하려 하심이라 나를 보내사 마음이 상한 자를 고치며 포로 된 자에게 자유를 갇힌 자에게 놓임을 전파하여 / 사 61:1

그 잃어버린 자를 내가 찾으며 쫓긴 자를 내가 돌아오게 하며 상한 자를 내가 싸매어 주며 병든 자를 내가 강하게 하려니와 살진 자와 강한 자는 내가 멸하고 공의대로 그것들을 먹이리라 / 겔 34:16

바) 가인은 하나님의 은총을 사모하는 마음이 없었다.

사모 / 히 חָפֵץ(카세이프) - 열망하여, 그리워 너무 보고 싶어 창 백 하게 되다

예배는 살아계신 하나님을 대면하는 시간이다. 예배하는 시간은 예수 그리스도의 피가 흐르는 십자가와 부활의 장소다. 예배는 성령님의 인도와 장래 일을 예비해 주시는 하나님과 교통하는 축복의 처소다. 그러므로 매주 매시간 드리는 예배는 열정이 넘치고 사모하는 마음으로

성령님을 사모하며 그리워 하는 열정으로 가득 차 있어야 한다는 것이다.

아담에서 가인으로 이어지는 한사람의 잘못된 생각과 행동으로 인류 역사에서 하나님의 관계가 단절되었으나, 예수 그리스도의 오심으로 하나님과 화목하게 되었으니 이 어찌 말로 할 수 없는 은총인가!

내 영혼이 여호와의 궁정을 사모하여 쇠약함이여 내 마음과 육체가 생존하시는 하나님께 부르짖나이다 / 시 84:2

주의 궁정에서 한 날이 다른 곳에서 천 날보다 나은 즉 악인의 장막에 거함보다 내 하나님 문지기로 있는 것이 좋사오니 / 시 84:10

감사함으로 그 문에 들어가며 찬송함으로 그 궁정에 들어가서 그에게 감사하며 그 이름을 송축할지어다 / 시 100:4

여호와여 내가 주의 구원을 사모하였사오며 주의 법을 즐거워하나이다 /시 119:174

예배는 구원받은 그리스도인들에게 최고의 특권이요 은혜에 대한 감격의 표시이며 하나님 앞에 예배하고 궁정을 사모하는 것은 과거도 현재도 하나님의 은혜 속에 살았고 미래도 이렇게 살겠다는 감격의 표시요 신앙고백인 것이다.

화목예물은 하나님과 나 자신이 가까이 있는 것을 확증하는 증거물의 시간인 것이다. 그러나 아담과 가인은 그토록 아름다운 시간을 자신의 잘못된 자유의지가 시키는 대로 따라 가다가 하나님과의 관계를 단절 시켜 버리고 말았다.

4. 아벨의 예배

아벨은 자기도 양의 첫 새끼와 그 기름으로 드렸더니 여호와께서 아벨과 그 재물은 열납하셨으나 / 창 4:4

아벨이 양의 첫 새끼와 그 기름으로 드렸다고 하는 것은 첫 태생 중 가장 귀하고 살찐 양을 말한다.

1) 아벨은 믿음으로 드렸다.

믿음으로 아벨은 가인보다 더 나은 제사를 하나님께 드림으로 의로운 자라 하시는 증거를 얻었으니 하나님이 그 예물에 대하여 증거 하심이라 저가 죽었으나 그 믿음으로써 오히려 말하느니라 / 히 11:4

믿음이란 무엇인가? 하나님을 사랑하는 증표의 증거물인 것이다.

2) 십자가에 죽으신 어린양 예수 그리스도의 예표였다.

그의 십자가의 피로 화평을 이루사 만물 곧 땅에 있는 것들이나 하늘에 있는 것들을 그로 말마암아 자기와 화목케 되기를 기뻐하심이라 / 골 1:20

3) 말씀에 순종한 사람이다.

이스라엘 자손 중에 사람이나 짐승이나 무론하고 초태생은 다 거룩히 구별하여 내게 돌리라 이는 내 것이라 하시니라 / 출 13:2

모든 만물이 하나님께로 부터 오고 하나님의 것임을 아벨은 인정하였다.

4) 하나님도 아벨의 예배를 기쁘게 받으셨다.

그러므로 절대적 헌신, 절대적 사랑, 절대적 순종, 절대적 헌언, 절대적 헌물, 절대적 헌기 없이는 불가능 하는 것이 예배다. 아벨의 예배를 하나님은 얼마나 기뻐하셨겠는가!

그런 그를 질투의 화신이 된 가인은 아벨을 죽인 것이다. 그러나 아무리 큰 범죄를 지었다 할지라도 하나님은 예배하는 자를 기뻐하신다. 그러기에 형장의 이슬로 사라질 흉악한 범죄자라 할지라도 우리 주님은 "오늘 네가 나와 함께 낙원에 있으리라"고 하시지 않으셨는가! (눅 23:42-43)

5) 사랑하는 마음을 드려라.

아벨은 하나님을 사모하고 사랑하는 마음이 있었기에 양의 첫 새끼와 그 기름으로 드렸다. 사랑하는 마음이 없이는 드릴수가 없는 것이다. 사랑 할 수 있는 마음을 누가 주는가? 성령을 의지하라, 성령의 소리를 들어야 한다.

예수께서 가라사대 네 마음을 다하고 목숨을 다하고 뜻을 다하여 주 너의 하나님을 사랑하라 하셨으니 이것이 크고 첫째 되는 계명이요 둘째는 그와 같으니 네 이웃을

네 몸과 같이 사랑하라 하셨으니 이 두 계명이 온 율법과 선지자의 강령이니라 / 마 22:37-40

사랑한다고 하는 것은 그분이 기뻐하는 Best 즉, 최상의 예배를 드린다는 것이다. 열 번, 백 번, 아니 하루 온 종일 주님을 사랑하는 마음으로 성령의 인도를 받는 것 자체가 온전한 예배라 할 것이다.

필자는 목회 40년 만에 교회를 두 번이나 건축하여 하나님 앞에 봉헌하게 된 것을 한없이 영광으로 생각한다. 서울 인근에서 가장 가난하다는 고강동으로 성전을 옮기고 2년 만에 성전건축(대지200평 지하1층 지상5층 연 건평600백평)을 하나님 앞에 봉헌하고, 다시 그 후 5년 만에(지하3층지상7층의 연건평3560평)을 건축하여 하나님 앞에 봉헌하였다.

이때 가장 가난하면서도 과부의 두렙돈과 같은 헌물을 드려 40년 목회에 기억되는 금 같은 성도들을 이야기 하려고 한다.

차도상 집사 (이순하 권사 남편)

차도상 집사님은 나이 70세에 교회 나오신 분이다. 부인 이순하 권사님은 교회 나오신지 10년 만에 권사님 믿음이 너무 좋아 필자의 교회 권사 직분을 받았다.

1년 365일 하루도 빠짐없이 새벽기도를 나오시고 52주 철야를 빠지지 않는 참으로 귀한 권사님이셨다. 남편 차도상 집사님은 아내 이순하 권사가 교회 가는 것을 반대는 하지 않지만 목사가 심방 오는 것은 절대 반대하는 분이셨다. 그래서 필자는 이순하 권사님이 권사의 직분을 받을 때까지 가정 심방을 해 본적이 없다.

이런 권사님이 어느 날 새벽 기도를 오셔서 그렇게도 슬피 흐느끼는 것이었다. 자초지종 얘기를 듣고 보니 남편 차도상 집사님이 암에 걸리셨다는 것이다. 병원에서 진단 결과가 나왔는데 한 달 밖에 못 사신다는 의사의 진단을 받으시고 집안이 발칵 뒤집혔다. 필자는 그 말을 듣는 순간 심방을 가기로 결심하고, 남편이 집에 계시는 날 밖에 나와 살짝 전화를 주면 즉시 가겠다고 약속을 하였다.

전화를 받고 선물을 사서 심방을 갔다. 차도상 집시님과 처음 상면하는 자리였다. 필자가 불쑥 나타나니 지체 없이 밖으로 나갈려고 하신다. 제일 먼저 선물을 드렸다. 그리고 차집사님이 나가실 기회를 주지 않고 두 손을 붙잡고 기도를 드리기 시작했다. 기도에 아멘은 없어도 수긍하시는 것 같았다.

성경 말씀을 펴들고 천국과 지옥, 그리고 아내 이순하 권사님이 믿는 하나님, 새벽마다 남편이 교회 나오시기를 눈물로 기도하셨다는 얘기를 시간가는 줄 모르고 듣고 계시더니 입을 여신다. “나이 70에 예수 믿어도 천국 갈 수가 있습니까? 목사님” 하시는 것이 아닌가.

그 날 예배는 성공이었다. 주일 아침 곱게 차려 입고 아내 이순하 권사와 함께 생후 70년 만에 교회를 나오시는 차도상 집사님, 태어나서 초등학교에 처음 입학하던 날 어머니 손을 잡고 학교 교문을 들어서던 그런 마음이셨을 것이다. 온 성도들의 박수를 받으며 경서교회(지금의 솔로몬교회) 성도가 되는 날이었다.

필자는 앞으로 30일 밖에 못 사신다는 인생에 허무함을 느낄 차도상 집사님을 위해 40일 작정 심방예배를 드리기로 작정하였다. 차도상 집사님도 흔쾌히 허락 하셨다. 예배 때 마다 찬송가 528장을 불렀다.

주여 나의 병든 몸을 지금 고처주소서

모든 병을 고처주마 주 약속 하셨네

내가 지금 굳게 믿고 주님 앞에 구하오니

주여 크신권능으로 곧 고쳐 주소서

주여 당신 뜻이라면 나를 고처 주소서

머리 위에 기름 붓고 주 앞에 엎드려

모든 것을 다 바치고 간구 하는 나의 몸을

지금 주의 약속대로 곧 고쳐 주소서

주를 위해 살겠으니 나를 고쳐 주소서

네게 속한 모든 것은 다 주의 것이니

성령이여 강림하사 능력 있는 손을 펴서

나의 몸을 어루만져 곧 고쳐 주소서

나의 병을 고쳐주심 내가 믿사옵니다

지금 부터 영원토록 주 찬송 하겠네

나를 구원하신 말씀 어디든지 전하오리

나의 병을 고쳐주심 참 감사합니다. 아멘.

40일 동안 작정심방 기도를 무사히 마쳤다. 의사의 말에 30일을 못 넘긴다는 차도상 집사님은 식사도 잘하시고 활력이 넘쳤다. 세례를 받으시고 집사라는 직분도 기쁨으로 받으셨다. 칠순 잔치를 하고 형제 친척 모두가 드린 축하금 전액을 하나님 성전에 건축헌금으로 드렸다.

목숨보다 더 귀한 예수님 만나고 죽은 목숨 살았으니 무엇이 더 필요 하겠는가! 하나님께 감사, 감사 할뿐이라는 것이다. 어찌 보면 담임목사로서 할 일을 다 했다고나 할까, 이젠 주님께서 치료 하실 차례다. 차도상 집사님이 40일 작정기도를 끝나고 나니 자신은 모두 다 나았다고 하시면서 이순하 권사님에게 리어카를 한 대 사 달라 하신다고 연락이 왔다. 무엇을 하시려고 그러시는지 모르지만 건강상 절대 안 된다고 하였으나, 그 어르신 고집을 꺾지 못하고 사드렸다고 연락이 왔다.

한 두 달이 지났다 집시님은 갈수록 날로 건강이 좋아 지셨다. 그런데 웬일인가? 사 드린 리어카로 폐지를 모으러 다니신다는 것이다. 너무나 놀랐다. 큰일 나니 당장 그만두고 쉬셔야 된다고 하였으나 그는 이렇게 말했다.

"한 달 밖에 못산다는 내가 하나님 은혜로 6개월을 살고 있으니 나는 다 나았습니다. 70년 동안 예수를 안 믿었으니 내가 죽어 예수님 앞에 섰을 때 주께서 제게 무얼 하다가 왔느냐고 물으시면 제가 무엇이라 말씀 드리겠습니까? 그러니 폐지라도 모아 건축헌금으로 드리면 면목이라도 서지 않겠습니까?"

그래서 열심히 폐지 모아 하나님 앞에 건축헌금 드리고 있다는 것이다. 놀랄 일은 하루 온 종일 폐지를 모으러 다니신다는 것이다. 피곤하니 그만하라는 모든 이의 만류에도 그는 이렇게 말했다.

"목사님, 전혀 피곤치 않아요. 이렇게 좋으신 하나님을 70년 전에 안 믿었느니 이제라도 열심히 믿어야 천국 가서 예수님 뵈올 때 기쁨으로 만나지요"

비가 오나, 눈이 오나 변함이 없다. 폐지를 모아오면 축축히 물에 젖은 폐지를 마당에 다가 펴 놓고 말리는 것이다. 내일 모레 죽을 사람이 죽지 않고 살아서 폐지를 줍고 다닌다고 동네방네 소문이 다 났다.

폐지를 주운지 어느덧 2년, 마침내 거금 1천만원을 건축 헌금으로 하나님께 드렸다. 어떻게 모았느냐고 물으니 자식들이 준 용돈 과 폐지 주운 돈을 합쳐 하나님께 드렸다고 했다.

차도상 집사님은 자식들에게 이렇게 유언을 하셨다.

"내가 죽거든 장례식 때 들어온 모든 부조금을 한 푼도 쓰지말고 하나님 앞에 건축헌금으로 드려라"

이렇게 유언을 하고 2년 만인 2002년 12월 16일 조용히 하나님의 부르심을 받았다. 가족들은 차도상 집사님 유언대로 장례식 때 들어온 모든 부조금을 장례식 예식에 사용하지 않고 장례식을 지낸 바로 그 주일 날 하나님 앞에 드렸다.

차도상 집사님! 그분은 참으로 구원 받으신 어른이시다. 성령님의 인도하심대로 사셨던 성령의 사람이셨다. 그 어느 것 보다 주님을 사랑하셨기에 암에 걸린 무거운 몸이지만 성령님은 피곤치 않게 하셨을 것이다.

리어카를 끌 때도 앞에서 차집사님이 끄시면 뒤에서는 우리 주님이 밀어 주셨을 것이니 피곤할리가 없었을 것이다. 차집사님의 생애는 아름답다. 그 어느 누구의 생애보다도 값진 행복한 노년을 사신 분이다. 죽음에 이르렀을 때에도 살아 계실 때 얼굴 보다 더 평안하고 밝은 얼굴로 주님의 부르심을 받았으니, 차도상 집사님 그 분은 참으로 신앙의 성공자시다.

70세 되어 주님을 영접한 차도상 집사님이 암에 걸려 시한부 삶을 사시면서도, 리어카를 끌면서 폐지를 주워 건축헌금 천만원과 임종 직전 모든 조의금을 하나님 전에 건축헌금으로 바치라는 유언을 자녀들이 솔선수범함으로서 경서교회(지금의 솔로몬교회) 모든 성도들의 귀감이 되어 오늘의 솔로몬교회가 세워진 것이다. 40년 목회에 늦게나마 존경하고 사랑하는 차도상 집사님의 영전에 집사님 인생 가운데 참으로 아름다웠던 믿음의 족적을 이렇게 나누고자 한다.

Chapter 4

구약과 신약에 기록된 예배의 용어 의미 (The meanings of the worship terms written in the Old Testament and the New Testament)

예배를 받으실 분은 오직 여호와 하나님 한 분 뿐이시다. 그러므로 예배하는 자는 사람이 마땅히 해야 할 도리로서 오직 하나님만이 영광과 존귀를 받으실 분임을 선포해야만 하는 것이다.

우리 주 하나님이여 영광과 존귀와 능력을 받으시는 것이 합당하오니 주께서 만물을 지으신지라 만물이 주에 뜻대로 있었고 또 지으심을 받았나이다 / 계 4:11

큰 음성으로 가로되 죽임을 당하신 어린 양이 능력과 부와 지혜와 힘과 존귀와 영광과 찬송을 받으시기에 합당하도다 하더라 / 계 5:12

내가 또 들으니 하늘 위에와 땅 아래와 바다 위에와 또 그 가운데 모든 만물이 가로되 보좌에 앉으신 이와 어린 양에게 찬송과 존귀와 영광과 능력을 세세토록 돌릴지어다 / 계 5:13

네 생물이 가로되 아멘 하고 장로들은 엎드려 경배하더라 계 5:14

1. 구약에 기록된 예배 용어 (Terms of the Old Testament)

구약에서는 예배라는 용어를 사용치 않고 경배나 제사, 제단 등으로 사용되어 오다가 신약에 들어와 예배라는 용어를 요한복음에서 사용되게 되었다.

① 경배 : 히 שָׁחָה"(샤하) - "굴복하다. 몸소 머리를 숙이다. 상상도 못할 어떤 힘 앞에 스스로 압도당하여 엎드려 무릎을 꿇다. 경배, 예배드리다"라는 뜻으로 총 106번이나 나온다.

아브람이 엎드린대 하나님이 또 그에게 일러 가라사대 / 창 17:3

날이 저물 때에 그 두 천사가 소돔에 이르니 마침 롯이 소돔 성문에 앉았다가 그들을 보고 일어나 영접하고 땅에 엎드리어 절하여 / 창 19:1

이에 아브라함이 사환에게 이르되 너희는 나귀와 함께 여기서 기다리라 내가 아이와 함께 저기 가서 경배하고 너희에게로 돌아오리라 하고 / 창 22:5

이에 그 사람이 머리를 숙여 여호와께 경배하고 / 창 24:26

너희는 이르기를 이는 여호와의 유월절 제사라 여호와께서 애굽 사람을 치실 때에 애굽에 있는 이스라엘 자손의 집을 넘으사 우리의 집을 구원 하셨느니라 하라 하매 백성이 머리 숙여 경배 하니라 / 출 12:27

여호와께서 그의 앞으로 지나시며 반포하시되 여호와로라 여호와로라 자비롭고 은혜롭고 노하기를 더디하고 인자와 진실이 많은 하나님이로라 / 출 34:6

인자를 천대까지 베풀며 악과 과실과 죄를 용서하나 형벌 받을 자는 결단코 면죄하지 않고 아비의 악을 자여손 삼사 대까지 보응하리라 / 출 34:7

모세가 급히 땅에 엎드리어 경배하며 / 출 34:8

② 제사 : זֶבַח (제베크) - 짐승을 잡아 죽이다. 죽여 제사를드리다

그 일 후에 하나님이 아브라함을 시험 하시려고 그를 부르시되 아브라함아 하시니 그가 가로되 내가 여기 있나이다 / 창 22:1

여호와께서 가라사대 네 아들 네 사랑하는 독자 이삭을 데리고 모리아 땅으로 가서 내가 네게 지시하는 한 산 거기서 그를 번제로 드리라/ 창 22:2

야곱이 또 산에서 제사를 드리고 형제들을 불러 떡을 먹이니 그들이 떡을 먹고 산에서 경야하고 / 창 31:54

아브라함이 눈을 들어 살펴본즉 한 수양이 뒤에 있는데 뿔이 수풀에 걸렸는지라 아브라함이 가서 그 수양을 가져다가 아들을 대신하여 번제로 드렸더라 / 창 22:13

이새를 제사에 청하라 내가 너의 행할 일을 가르치리니 내가 네게 알게 하는 자에게 나를 위하여 기름을 부을찌어다 / 삼상 16:3

③ 장소 : 히מִזְבֵּחַ (미츠 베야크)-제단, 제사 드리기 위해 살육하다. 높은 장소. 제사드리다에서 유래

여호와께서 그 이름을 두시려고 택하신 곳에서 우양으로 네 하나님 여호와께 유월절 제사를 드리되 / 신 16:2

유월절 제사를 네 하나님 여호와께서 네게 주신 각 성에서 드리지 말고 / 신 16:5

그러므로 그곳을 이름하여 보김이라 하니라 무리가 거기서 여호와께 제사를 드렸더라 / 삿 2:5

④ 섬김 : 히 עָבַד(아베드)- 봉사, 섬기다, 축복하다, 납작하게 엎드리다, 노예의 신분이 되다, 종살이.

노아가 여호와를 위하여 단을 쌓고 모든 정결한 짐승 중에서와 모든 정결한 새 중에서 취하여 번제로 단에 드렸더니 / 창 8:20

여호와께서 그 향기를 흠향하시고 그 중심에 이르시되 내가 다시는 사람으로 인하

여 땅을 저주 하지 아니 하리니 이는 사람의 마음의 계획하는 바가 어려서부터 악함이라 내가 전에 행한 것같이 모든 생물을 멸하지 아니하리니 / 창 8:21

하나님이 가라사대 내가 정녕 너와 함께 있으리라 네가 백성을 애굽에서 인도하여 낸 후에 너희가 이 산에서 하나님을 섬기리니 이것이 내가 너를 보낸 증거니라 / 출 3:12

모세가 그 장인 미디안 제사장 이드로의 양무리를 치다가 하나님의 산 호렙에 이르렀을 때의 일이다. 하나님의 산 호렙은 시나이 반도 남서쪽 끝에 위치하고 있는데, 해발 약 2290m 높이의 산으로 오늘날 "예벨무사", 즉 "모세의 산"이란 뜻으로 추정 된다고 한다.

호렙산을 "하나님의 산"이라고 부르게 된 동기는 훗날 모세가 출애굽의 소명을 부여 받을 때 하나님이 현현하셔서 그곳에서 율법을 제정하시고 히브리 민족을 성별하셔서 부른 곳이기에 하나님의 산으로 부르게 되었다고 한다.

출3:2절에 양무리를 치는 모세에게 하나님의 사자가 나타나신다. 실로 몇 년 만인가? 창세기와 출애굽기와는 무려 400-430년의 기나긴 암흑시대가 있었다. 출애굽기 1:1-7은 애굽으로 이주한 1세대들의 명단을 기록하고 있다.

이미 애굽에 있는 요셉까지 야곱의 혈속이 모두 칠십인 이었더라 요셉과 그의 모든 형제와 그 시대 사람은 다 죽었고 이스라엘 자손은 생육이 중다하고 번식하고 창성하고 심히 강대하여 온 땅에 가득하게 되었더라 / 출 1:5-7

이 기록은 4대 족장 아브라함, 이삭, 야곱, 요셉에 이르는 B.C. 2091년(아브라함의 소명 당시 나이75)부터 요셉이 가나안 땅 세겜에서 110세로 생을 끝내고 B.C. 1806년 가나안 땅 세겜에 장사(창50:22) 되었는데 이 말씀은 창 46:8에서 27절까지 기록하고 있다.

창세기와 출애굽기, 레위기, 민수기, 신명기를 가리켜 "모세 5경"이라고 하는 것은 모세가 죽기 전 출애굽 역사를 기록하였다는 것이다.

그러므로, 출애굽은 이스라엘 민족의 오랜 암흑기를 지나 하나님의 산 호렙산 떨기나무 불 꽃 가운데서(출3:1-10절) 이스라엘을 구원하라는 소명을 받는 모세가 하나님에 소명을 받아 미디안 광야에서 40년이라는 영적 훈련을 받게 하시고 B.C. 1446년 출애굽을 시작한다고 봐야 할 것이다. 이 때 모세의 나이 80세였다.

여호와께서 모세에게 이르시되 아침에 일찌기 일어나 바로 앞에 서라 그가 물로 나오리니 그에게 이르기를 여호와의 말씀에 내 백성을 보내라 그들이 나를 섬길 것이니라 / 출 8:20

여호와께서 모세에게 이르시되 바로에게 들어가서 그에게 이르라 히브리 사람의 하나님 여호와께서 말씀하시기를 내 백성을 보내라 그들이 나를 섬길 것이니라 / 출 9:1

밤에 바로가 모세와 아론을 불러서 이르되 너희와 이스라엘 자손은 일어나 내 백성 가운데서 떠나서 너희의 말대로 가서 여호와를 섬기며 / 출 12:31

나이 80세에 소명을 받은 모세의 예배방식은 어떠했는가?오직 하나님께 "나의 모든 것을 창조주 하나님께 돌려드린다"는 의미가 있다.

기독교의 예배는 타종교 와 같이 죽은 사람이나 또는 사람이 손으로 만든 막연한 우상을 찾아가는 것이 아니라, 천지만물의 창조주가 되시며 영원히 살아계셔서 당신이 만든 우주를 통치하시며 인간의 삶을 간섭하시는 전능하신 하나님을 향한 피조물의 절대 절명의 의무를 행위로서 나타내는 것이라 할 것이다.

모세는 하나님의 소명을 받는 날부터 “עָבַד(아베드)” 즉 하나님 말씀이라면 납작하게 바싹 엎드리는 노예의 신분이요. 또 종살이 하는 심정으로 우상을 타파하고 하나님 말씀이 아닌 어떠한 것과도 타협의 대상이 될 수가 없는 철저한 성령의 인도하심을 받는 예배의 신봉자로서 살았다.

※루터는 예배를 “천국을 향해가는 성도들의 행진(삶) 을 축소해 놓은 것”이라 하였다

2. 신약에 기록된 예배 용어 (Terms of the New Testa-ment)

예배는 나를 죽여 하나님 제단에 드리는 것이다. 예배는 내 자신의 안정된 세계를 버리고 예수 그리스도의 부르심을 받고 더 나은 세계를 향해 성삼위 하나님과 함께 순례자의 길을 가는 것이다.

그러기에 모든 피조물은 하나님 발밑에 엎드리는 일로 시작하여 엎드리는 일로 삶을 마감하는 것으로서 나를 구원하신 예수 그리스도의 은총에 대한 감사한 마음으로 드려지게 된다는 것이다. 신약의 용어를 살펴보자.

① ἀλήθεια(알레쎄이아) : 하나 밖에 없는 참 진리

예수께서 가라사대 내가 곧 길이요 진리요 생명이니 나로 말미암지 않고는 아버지께로 올 자가 없느니라 / 요 14:6

진리를 알지니 진리가 너희를 자유케 하리라 / 요 8:32

저는 진리의 영이라 세상은 능히 저를 받지 못하나니 이는 저를 보지도 못하고 알지도 못함이라 그러나 너희는 저를 아나니 저는 너희와 함께 거하심이요또 너희 속에 계시겠음이라 / 요 14:17

내가 아버지께로서 너희에게 보낼 보혜사(παράκλητος) 곧 아버지께로서 나오시는 진리의 성령이 오실 때에 그가 나를 증거하실 것이요 / 요 15:26

※신약에서만 진리, ἀλήθεια(알레쎄이아)란 말씀이 73번이나 나온다.

※보혜사-헬(παράκλητος) : 중보자, 위로자, 법률 대리인

보혜사 곧 아버지께서 내 이름으로 보내실 성령 그가 너희에게 모든 것을 가르치시고 내가 너희에게 말한 모든 것을 생각나게 하시리라 / 요 14:26

② 프로스퀴네오 (προσκυνέω)

프로스(προσ) "~에게"와 퀴네오(κυνεω) "경배하다, 키스하다"의 합성어로서 종이 주인에게 문안할 때, 경의의 표시로 무릎을 꿇다, 부복하다, 개가 주인의 손을 핥는 것에서 유래하며, "예배드리다"라는 뜻으로 최악의 상황 속에서도 오직 하나님만을 경배하고 섬기라는 것을 말한다.

인간이 하나님을 영화롭게 하기 위해 무릎을 꿇어야 된다는 것이다. 종이 주인에게 문안하며 복종의 뜻으로 엎드려 발에 입 맞출 때 쓰이는 단어다.

그런데 사단은 "내게 경배하면 이 모든 것을 네게 주리라"라고 예수님을 유혹을 하면서"프로스퀴네오" 란 단어를 사용한 것은 자신이 하나님처럼 높아지겠다는 말이다.

그러나 하나님께 드리는 예배는 마귀도, 사단도, 귀신에게도 사용되지 않는다. 오직 상천하지에 단 한 분이신 여호화 하나님 앞에만 무릎을 꿇을 때에만 사용하는 단어가 바로 이 "프로스퀴네오"란 단어다.

가로되 만일 내게 엎드려 경배하면 이 모든 것을 네게 주리라 / 마 4:9

예수께서 저희를 만나 가라사대 평안하뇨 하시거늘 여자들이 나아가 그 발을 붙잡고 경배하니 / 마 28:9

예수를 뵈옵고 경배하나 오히려 의심하는 자도 있더라 / 마 28:17

용이 짐승에게 권세를 주므로 용에게 경배하며 짐승에게 경배하여 가로되 누가 이 짐승과 같으뇨 누가 능히 이로 더불어 싸우리요 하더라 / 계 13:4

③ 라트레이아(λατρεια)

하나님께 "봉사, 섬기다, 예배하다"는 뜻. 그러므로 라트레이아는 " 하나님을 섬기며 예배 드린다"는 뜻이다.

이에 예수께서 말씀하시되 사단아 물러가라 기록 되었으되 주 너의 하나님께 경배하고 다만 그를 섬기라 하였느니라 / 마 4:10

저희는 이스라엘 사람이라 저희에게는 양자 됨과 영광과 언약들과 율법을 세우신 것과 예배와 약속들이 있고 / 롬 9:4

이 모든 것을 이같이 예비하였으니 제사장들이 항상 첫 장막에 들어가 섬기는 예를 행하고 / 히 9:6

④ 레이투르기아(λειτουργια)

이 단어는 "고용된 하인"에서 유래된 단어인데 고대 그리스에서 나라와 신들에게 행하는 공적인 봉사에서 유래됐다. 영어의 서비스(service)가 예배로 쓰이는 이유이다.

오직 둘째 장막은 대제사장이 홀로 일년 일차씩 들어가되 피 없이는 아니하나니 이 피는 자기와 백성의 허물을 위하여 드리는 것이라 / 히 9:7

성령이 이로써 보이신 것은 첫 장막이 서 있을 동안에 성소에 들어가는 길이 아직 나타나지 아니한 것이라 / 히 9:8

이 장막은 현재까지의 비유니 이에 의지하여 드리는 예물과 제사가 섬기는 자로 그 양심상으로 온전케 할 수 없나니 / 히 9:9

이런 것은 먹고 마시는 것과 여러 가지 씻는 것과 함께 육체의 예법만 되어 개혁할 때까지 맡겨 둔 것이니라 / 히 9:10

그리스도께서 장래 좋은 일의 대제사장으로 오사 손으로 짓지 아니한 곧 이 창조에 속하지 아니한 더 크고 온전한 장막으로 말미암아 / 히 9:11

염소와 송아지의 피로 아니하고 오직 자기 피로 영원한 속죄를 이루사 단번에 성소에 들어가셨느니라 / 히 9:12

※ 헬라어 "레이 투르기아"에서 영어의 예배 의식에 "예전"이라는 뜻의 "리터지(Liturgy)"라는 단어가 유래된 됐다. 이는 곧

Ⓐ 유일한 예배 대상은 오직 하나님
Ⓑ 심장 속에서 우러나오는 경외심
Ⓒ 하나님의 은총을 높임
Ⓓ 구속의 은혜에 감사
Ⓔ 마음을 열고 받은 은총에 감사
Ⓕ 거듭난 자의 신앙고백
Ⓖ 남은 생애 자신의 가치관을 하나님께 드리겠다는 결단의 표시를 말한다.

하나님은 영이시니 예배하는 자가 신령과 진정으로 예배 할지니라 / 요 4:24

두아디라성의 자주 장사로서 하나님을 공경하는 루디아라 하는 한 여자가 들였는데 주께서 그 마음을 열어 바울의 말을 청종하게 하신지라 / 행 16:14

형제들아 나는 아직 내가 잡은 줄로 여기지 아니하고 오직 한 일 즉 뒤에 있는 것은 잊어버리고 앞에 있는 것을 잡으려고 / 빌 3:13

그러므로 형제들아 내가 하나님의 모든 자비하심으로 너희를 권하노니 너희 몸을 하나님이 기뻐하시는 거룩한 산 제사로 드리라 이는 너희의 드릴 영적 예배니라 / 롬 12:1

Chapter 5

여호와 하나님은 누구신가?
(Who is Jehovah God?)

1. 하나님은 존재 하시는가? (Does God exist?)

많은 사람들은 "하나님은 어떤 분이시며 어디에 계시는가?"가 의문이었고 역사가 시작한 날부터 지금까지 동일한 질문이 이어져 오고 있다. 눈으로 볼 수도, 손으로 만져 볼 수도, 심증 할 수도 없으며 상상 할 수도, 그림을 그릴 수도 없는 것이 하나님의 존재다.

하나님을 만나는 방법은 딱 한 가지, 오직 성경 말씀이다. 그래서 우리는 "땅 끝까지 이르러 나의 증인이 되라"는 성경말씀을 들고 세계의 수십억 인구에게 하나님을 만나도록 하기 위해 이 성경을 들고 지구의 끝까지 복음을 전하고 있다.

세상에는 눈으로 볼 수 있어서 마음으로 확증할 수 있는 것이 있고, 눈으로 볼 수 없으면서도 눈으로 보는 것 보다 더 정확하게 확신할 수 있는 것이 있으니 바로 하나님의 존재인 것이다.

태초에 하나님이 천지를 창조 하시느니라 / 창 1:1

어리석은 자는 그 마음에 이르기를 하나님이 없다 하도다 / 시 14:1

어리석은 자는 그 마음에 이르기를 하나님이 없다 하도다 저희는 부패하며 가증한 악을 행함이여 선을 행하는 자가 없도다 / 시 53:1

태초에 말씀이 계시니라 이 말씀이 하나님과 함께 계셨으니 이 말씀은 곧 하나님이시니라 그가 태초에 하나님과 함께 계셨고 만물이 그로 말미암아 지은바 되었으니 지은 것이 하나도 그가 없이는 된 것이 없느니라 / 요 1:1-3

하늘이 하나님의 영광을 선포하고 궁창이 그 손으로 하신 일을 나타 내는도다 / 시 19:1

중세시대 스콜라주의(scholasticism)자들은 기독교 신앙을 합리적이고 이성과 철학적 논리를 통해 입증해 보려고 이성과 신앙의 일치를 위해 스콜라주의 철학을 발전 시켜 왔다. 그들은

① 하나님의 존재(the existence of God)
- "하나님은 계시는가?"에 대한 의문

② 하나님의 실체(the true nature of God)
- "하나님은 도대체 어떤 분이신가?"에 대한 의문

③ 하나님의 인격(the character of God)
- "하나님은 어떤 품격을 가지고 계시는가?"에 대한 의문

④ 하나님의 계획(God"s plan)
- "하나님은 우리 인간에게 어떤 일을 하고 계시는가?" 에 대한

의문

스콜라 주의자들은 "철학은 하나님의 창조적 진리에 까지는 도달하지 못하지만 다만 하나님은 계시다는 확증에 도달하게 되었다"는 결론이다.

2. 하나님은 어떤 하나님이신가? (What kind of God?)

① 인간의 눈에 보이지 않는 하나님이다. (Invisible God)

하나님은 아무리 보고 싶어도, 귀로 듣고 싶어도, 들리지 않는다. 그러나 우리가 기도하면 우리 가슴에 찾아 오신다. 인간 만사 문제 속에 들어와 해결해 주신다.

또 가라사대 네가 내 얼굴을 보지 못하리니 나를 보고 살 자가 없음이니라 / 출 33:20

그러나 믿음의 눈으로 바라본 자에게는 누구든지 하나님은 정확하게 우리에게 나타나 주신 하나님이시다.

② 하나님은 이름이 없으신 분이다.(God doesn't have a name)

하나님이 모세에게 이르시되 나는 스스로 있는 자니라 또 이르시되 너는 이스라엘 자손에게 이같이 이르기를 스스로 있는 자(I am who I am) 가 나를 너희에게 보내

셨다 하라 / 출 3:14

③ 하나님은 "스스로 계신 자" 이시다.(I amwho I am)

석가모니, 공자도 마호메트도 인간의 모태에서 태어났다. 그러나 예수 그리스도는 인간의 족보를 통해 출생하지 않으셨다. 모든 인간을 창조하시고 역사의 주관자가 되신 창조주시다.

나는 스스로 있는 자니라 / 출 3:14

태초에 하나님이 천지를 창조하시니라 / 창 1:1

땅이 혼돈하고 공허하며 흑암이 깊음 위에 있고 하나님의 신은 수면에 운행하시니라 / 창 1:2

태초에 말씀이 계시니라 이 말씀은 하나님과 함께 계셨으니 이 말씀은 곧 하나님이시니라 / 요 1:1

예수 그리스도의 나심은 이러 하시니라 그 모친 마리아가 요셉과 정혼하고 동거하기 전에 성령으로 잉태된 것이 나타났더니 / 마 1:18

④ 인간의 두뇌로 이해 할 수 없는 분 (God is an incomprehen-sible one)

성경은 인간이 말로 할 수 없는 천재라도 그 지식은 초 등 학문에 불과하다. 하나님은 인간의 이성과 지성으로는 도무지 이해 할 수 없는 분이시며, 오직 믿음 안에서만 이해할 수 있는 분이시다.

누가 철학과 헛된 속임수로 너희를 노략 할까 주의하라 이것이 사람의 유전과 세상

의 초등 학문을 좇음이요 그리스도를 좇음이 아니니라 / 골 2:8

너희가 세상의 〈초등 학문〉에서 그리스도와 함께 죽었거든 어찌하여 세상에 사는 것과 같이 의문에 순종하느냐 / 골 2:20

여기서 초등학문은 헬라어 "스토이테이온(στοιχεῖον)라는 말로, "군대가 발걸음을 맞춰 질서 정연하게 걷는다"는 뜻이다. 이는 곧 세상의 어떤 이치로도 하나님의 진리를 이해 할수 없다는 것을 말한다.

⑤ 영원히 변하지 않는 분이다.(God is the eternal God)

헬라어 עוֹלָם 올람-변개하지 않는, 불변한, 영구 불멸

예수 그리스도는 어제나 오늘이나 영원토록 동일하시니라 / 히 13:8

이스라엘의 지존자는 거짓이나 변개함이 없으시니 그는 사람이 아니시므로 결코 변개치 않으심이니이다 / 삼상 15:29

⑥ 무소부재 하신 하나님 (God is omni-present)

하나님은 이 우주와 우주밖에 어느 곳에도 아니 계신 곳이 없다.

내가 하늘에 올라갈찌라도 거기 계시며 음부에 내 자리를 펼지라도 거기 계시니이다 / 시 139:8

저희가 파고 음부로 들어갈찌라도 내 손이 거기서 취하여 낼 것이요 하늘로 올라갈찌라도 내가 거기서 취하여 내리울 것이며 / 암 9:2

하나님 앞에는 음부도 드러나며 멸망의 웅덩이도 가리움이 없음이니라 / 욥 26:6

⑦ 전지전능하신 하나님이시다. (God is omniscient and omnipotent)

나는 전능한 하나님이라 너는 내 앞에서 행하여 완전하라 / 창 17:1

전능하신 하나님이 네게 복을 주어 너로 생육하고 번성케 하사 너로 여러 족속을 이루게 하시고 / 창 28:3

그에게 이르시되 나는 전능한 하나님이니라 생육하며 번성하라 국민과 많은 국민이 네게서 나고 왕들이 네 허리에서 나오리라 / 창 35:11

내가 아브라함과 이삭과 야곱에게 전능의 하나님으로 나타났으나 (God knows everything / omniscient) / 출 6:3

⑧ 무소불능하신 하나님(God is an impotent God)

주께서는 무소불능하시오며 무슨 경영이든지 못 이루실 것이 없는 줄 아오니 / 욥 42:2

나는 여호와요 모든 육체의 하나님이라 내게 능치 못한 일이 있겠느냐 / 렘 32:27

⑨ 인류를 축복하신 하나님(God blesses mankind)

전능하신 하나님이 네게 복을 주어 너로 생육하고 번성케 하사 너로 여러 족속을 이루게 하시고 아브라함에게 허락하신 복을 네게 주시되 너와 너와 함께 네 자손에게 주사 너로 하나님이 아브라함에게 주신 땅 곧 너의 우거하는 땅을 유업으로 받게 하시기를 원하노라 / 창 28:3-4

내가 너로 큰 민족을 이루고 네게 복을 주어 네 이름을 창대케 하리니 너는 복의 근원이 될찌라 너를 축복하는 자에게는 내가 복을 내리고 너를 저주하는 자에게는 내

가 저주하리니 땅의 모든 족속이 너를 인하여 복을 얻을 것이니라 하신지라 / 창 12:2-3

"이성, 지성, 감성" 등 철학적 논리로는 하나님을 만날 수 없지만. 하나님은 믿음으로 다가온 자를 만나주시고 축복해 주신다.

하나님은 인류의 역사와 우주의 질서, 나라의 국태민안, 개인의 흥망성쇠, 가정의 축복을 지키시고 축복하시는 하나님이시다.

너희가 전심으로 나를 찾고 찾으면 나를 만나리라 / 렘 29:13

3. 하나님과 인간관계는 무엇인가? (What is the relationship between God and humanity?)

① 하나님의 형상을 닮은 특별한 존재로 창조 하셨다

하나님이 가기 형상 곧 하나님의 형상대로 사람을 창조하시되 남자와 여자를 창조하시고 / 창 1:27

여기서 창조라는 말의 뜻은 히브리어 בָּרָא(바라)는 절대권자의 선택, 헬라어 κτίσις (크티시스)는 최초의 창조, 피조물이란 뜻으로 세상에서는 절대 불가능한 것을 절대권자에 의해 새롭게 만들어진 것을 말할 때 쓰인다.

여기서 형상은 צֶלֶם (떼쎄렘)이란 뜻으로 "닮다, 대리인, 착각"이란 뜻이다. 두개의 얼굴, 쌍둥이라는 뜻의 헬라어 "εἰκόνα (에이코나)와 같다. 초상화를 보고 실물을 보는 것 같다"라는 뜻

하나님의 형상과 모양은 영적으로나 도덕적으로 완전하여 인간의 지,정,의 가 하나님의 형상과 모양이 닮도록 창조됨을 강조함으로서 신본주의적 인간론의 선언이라고 하여야 할 것이다.

그런즉 누구든지 그리스도 안에 있으면 새로운 피조물이라 이전 것은 지나갔으니 보라 새것이 되었도다 / 고후 5:17

그는 보이지 아니하시는 하나님의 형상이요 모든 창조물보다 먼저 나신 자니 / 골 1:15

나의 자녀들아 너희 속에 그리스도의 형상이 이루기까지 다시 너희를 위하여 해산하는 수고를 하노니 / 갈 4:19

② 만물을 다스리는 권세를 주셨다

하나님이 가라사대 우리의 형상을 따라 우리의 모양대로 우리가 사람을 만들고 그로 바다의 고기와 공중의 새와 육축과 온 땅과 땅에 기는 모든 것을 다스리게 하자 하시고 / 창 1:26

너희로 내 나라에 있어 내 상에서 먹고 마시며 또는 보좌에 앉아 이스라엘 열두 지파를 다스리게 하려 하노라 / 눅 22:30

여기에 "다스리다"는 히브리어 "רָדָה(라다)는 "정복하라, 부수러트려라, 지배권을 가지라, 통치하라"는 뜻

헬라어"κρίνω(크리노)는 언도, 판결, 선고"라는 뜻으로 하나님의

형상을 닮은 인간에게 이렇게 엄청난 권세를 주셨으나 인간은 권한을 남용하였다.

내가 실로 몸으로는 떠나 있으나 영으로는 함께 있어서 거기 있는 것 같이 이 일 행한 자를 이미 판단하였노라 / 고전 5:3

"다스리라"고 하신 것은 하나님의 형상을 닮고 나왔다는 사실이고, 그러므로 하나님의 창조의 목적에 어긋난 모든 행위는 가차 없이 "부스러뜨리라"는 것이다

여호와 하나님은 첫날부터 여섯째 날까지 창조한 모든 것을 다스리고, 지배하고, 통치하라고 하셨고, 맨 마지막 날 하나님과 닮은 지정의를 주워 하나님의 형상으로 인간을 만드셨다.

③ 흙으로 만드시고 영혼을 불어 넣어 생령이 되게 하셨다

여호와 하나님이 흙으로 사람을 지으시고 생기를 그 코에 불어 넣으시니 사람이 생령이 된지라 / 창 2:7

여기서 "생기를 그 코에 불어 넣으시니"라는 히브리어 단어는 "נִשְׁמַת חַיִּים(니쉐마트 하이임)"으로써 직역하면 "생명의 호흡"이란(breath of life) 뜻이다. 하나님으로부터 나오는 생명의 호흡을 직접 인간의 육신에 집어 넣으셨다는 뜻이다.

또한 "생령이 된지라"라고 번역된 "לְנֶפֶשׁ חַיָּה׃(네페쉬 하야)"는 살아 호흡하는 생명체를 말한다.

하나님이 가라사대 물들은 생물로 번성케 하라땅 위 하늘의 궁창에는 새가 날라 하

시고 / 창 1:20

여기서 생물의 번역을 "נֶפֶשׁ חַיָּה(네페쉬 하야)"로 번역하고 있는데 직역하면 "숨쉬는 생명체"란 뜻이다. "살아있는(alive)"이란 뜻의 "חַי(하야)"와 "숨쉬다(breathe)"라는 뜻의 "נֶפֶשׁ(네페쉬)"를 합친 "네페쉬 하야"는 "살아있는 모든 숨 쉬는 생명체"를 말한다.

④ 다른 동물과 달리 하나님과 교제하도록 만드셨다

너희를 불러 그의 아들 예수 그리스도 우리 주로 더불어 교제케 하시는 하나님은 미쁘시도다 / 고전 1:9

⑤ 만물을 창조하시고 인간에게 4대 복을 주셨다

하나님의 형상으로 만들어진 인간에게 주신 최고의 축복이 어떤 것인가?

※번성하라 ※충만하라 ※정복하라 ※다스리라라는 것이다. 다시 말하면 만물을 지배하는 통치권, 지배권을 주신 것이다.

하나님이 그들에게 복을 주시며 그들에게 이르시되 생육하고 번성하여 땅에 충만하라 땅을 정복하라 바다의 고기와 공중의 새와 땅에 움직이는 모든 생물을 다스리라 하시니라 / 창 1:28

① 번성 "רָדָה(라바)" : 풍성하게 계속 확대하라

② 충만 "מָלֵא(마아레)" : 모든 부분 광범히 하게 채우라

③ 정복 “כָּבַשׁ(카바쉬)” : 복종시켜라, 억압하라, 짓밟다

④ 다스리다 “רָדָה(라다)” : 정복하라, 부스러트려 지배권 을 가지라, 통치 하라는 뜻

헬라어 “κρίνω(크리노)”는 언도, 판결, 선고 하라는 뜻

내가 실로 몸으로는 떠나 있으나 영으로는 함께 있어서 거기 있는 것 같이 이 일 행한 자를 이미 판단하였노라 / 고전 5:3

⑥ 하나님과 인간과의 사이에 중보자로 예수그리스도를보내 주셨다

중보자 : 헬라어 “μεσίτης(메시테스)” - 중개인, 대리자, 화해 중재자

하나님이 세상을 이처럼 사랑하사 독생자를 주셨으니 이는 저를 믿는 자 마다 멸망치 않고 영생을 얻게 하려 하심이라 / 요 3:16

사랑은 여기 있으니 우리가 하나님을 사랑한 것이 아니요 오직 하나님이 우리를 사랑하사 우리 죄를 위하여 화목제로 그 아들을 보내셨음이니라 / 요일 4:10

하나님은 한 분이시요 또 하나님과 사람 사이에 중보도 한 분이시니 곧 사람이신 그리스도 예수라 / 딤전 2:5

이를 인하여 그는 새 언약의 중보니 이는 첫 언약 때에 범한 죄를 속하려고 죽으사 부르심을 입은 자로 하여금 영원한기업의 약속을 얻게 하려 하심이라 / 히 9:15

Chapter 6

삼위일체 하나님의 명칭 (The name of Trinity God)

인간은 성경을 통해서 하나님을 만나고, 하나님은 성경을 통해서 자신의 성품을 개시 하시며, 하나님은 자신에게 스스로 부여하신 이름을 통해서 자신의 존재를 인류 역사 속에 명시적으로 드러내셨다.

하나님의 이름을 묻는 모세에게 출3:14에서 "나는 스스로 있는 자니라(에흐예 아쉐르 에흐예 / אֶהְיֶה אֲשֶׁר אֶהְיֶה)"라고 말씀하심으로 인류 역사(In History) 속에 스스로 나타내시었다.

출 20:7절에서 하나님은 "너는 너의 하나님 여호와의 이름을 망령되이 일컫지 말라 나 여호와는 나의 이름을 망령되이 일컫는 자를 죄없다 하지 아니하리라" 고 말씀하심으로 나라와 인종과 모든 것을 초월 하여 모든 인류는 하나님의 이름을 망령되게 하면 저주를 내릴 것이라 말씀하셨다.

이에 하나님께서 친히 가르쳐 주신 이름의 명칭을 알아보고자 한다.

1. 엘로힘(אֱלֹהִים) : 강하고 전능하신 하나님

엘로힘은 "강하고(storng) 전능하신 분(The Almighty)"이란 뜻을 가진 하나님의 성호이다.

창 1:1에서 "태초에 하나님이 천지를 창조하시느니라"에서의 "엘로힘"은 엘이라는 단수의 복수형을 말한다.

창 1:2에서 "하나님의 신은 수면에 운행 하시니라"에서특별히 "하나님의 신"이라는 명칭이 복수로 되어 있는 점은 "삼위일체 하나님" 되시는 기독교의 전통적 교리를 뒷받침하고 있는 명칭이라 볼 수 있다 / 참조(Luther, Murphy, Matthew Henry, Candlish)

이것은 오늘날 기독교 예배에 있어 사도신경의 첫 마디에 나오는 " 전능하사 천지를 만드신 하나님 아버지"라고 고백한 "루아흐 엘로힘(רוּחַ אֱלֹהִים)"이라는 명칭은 오직 이 세상에서 하나밖에 없는 위엄과 존칭의 대상임을 말한다. 창세기 1장에서만 32회가 나오고 구약에서 약 2600회나 나온다.

2. 여호와(יְהוָה) : 스스로 존재하시는 하나님

야훼는 히브리 민족의 하나님을 나타내는 고유명사로서 "여호와" 또는 "야훼"라고 번역한다.

야훼 하나님이란 이름은 출 3:13에 보면 모세가 하나님께 고하되

“그들이 내게 묻기를 그의 이름이 무엇이냐 하리니 내가 무엇이라고 그들에게 말하리이까” 하고 여쭈니, 하나님은 모세에게 이르기를 “나는 스스로 있는 자니라(I am who I am) (에흐예 아쉐르 에흐예)(אֶהְיֶה אֲשֶׁר אֶהְיֶה)”라고 하신 것에서부터 기인한다.

이는 “나는 어느 누구에게도 구속받지 아니하는 독립적 존재로서 전능자요 지존자임” 을 스스로 밝히신 부분이다. 즉, 하나님은 하나님의 손에 의해 만들어진 인간인 피조물과는 달리, 절대적이며 초월적인 존재로서 영원 전부터 영원까지 스스로 존재하신 분(I am who I am)이라는 뜻으로, 영원하시며 변하지 않는 “영원불변성”을 나타내는 무소불위(omnipotence) 한 말씀이라고 할 수 있다.

하나님은 창세기 1장에서 모든 세상을 창조하시고 이레째 되는 날 안식하셨다고 기록하고 있다. 그리고 창2:4에서 처음 여호와란 이름이 나온다.

창 2:4에서 나온 야훼 하나님은 창세기에서만 146번이나 나온다. 시대적 연수로 따져서 하나님이 천지를 창조한 때부터 계산한다면 구약 전체에서 약 6828번이나 나온다.

출 6:2에서 “하나님이 모세에게 말씀하여 가라사대 나는 여호와로라 내가 아브라함과 이삭과 야곱에게 전능의 하나님으로 나타났으나 나의 이름을 여호와로는 그들에게 알리지 아니하였고”라고 말씀하신다.

출 6:2에서 깊이 생각할 필요가 있는 것은 하나님에게도 이름이 있다는 것이다. 그 이름은 "여호와"라고 말씀하신다. 출 3:2에서도 하나님의 이름이 무엇이냐고 물으면 내가 무엇이라 말하리이까 하는 모세의 말에 "나는 스스로 있는 자니라"고 하셨지 여호와라고는 말씀을 안 하셨다.

> 천사와 힘을 겨루어 이기고 울며 그에게 간구하였으며 하나님은 벧엘에서 저를 만나셨고 거기서 우리에게 말씀하셨나니 / 호 12:4
>
> 저는 만군의 여호와시라 여호와는 그의 기념 칭호니라 / 호 12:5

여기서 "기념 칭호"라고 하는 것은 지존하신 하나님이 인간과 만나는 역사적 장면으로서 모세가 묻는 "당신은 누구십니까"에 대해 여호와 하나님께서 당신의 실체를 인간과 온 인류에게 밝히는 시간이라고 봐야 할 것이다.

"당신은 누구십니까?" 하고 묻는 모세의 질문에 앞서 "내 이름을 묻는 너는 누구냐"라고 물으신다.

"네 이름은 무엇이냐? (what is your name?)" 우리는 여호와 하나님 앞에 이 시간 대답을 해야 한다. "나는 성령의 사람인가, 육의 사람인가!"

※ 히브리어 '70인역'에는 "여호와"라는 단어가 "주님"이라는 헬라어의 "퀴리오스"(κυριος)로 번역되고, 다시 신약에서 "예수"를 나타낼 때 쓰였다고 한다. (The Grand Bible Commentary 주석참조)

3. 루아흐(רוּחַ) : 하나님의 신

"하나님의 신"이란 뜻으로 "불다, 숨을 쉬다, 호흡, 공기, 돌풍, 태풍, 회오리, 바람" 등의 뜻을 가지며, 아람어로는 "영, 마음, 사랑, 하나님의 신" 등으로 쓰인다.

루아흐(하나님의 신)란 단어가 창세기 1:2에서 천지창조 시작과 동시에 최초로 등장한다는 것에 주목해야 한다.

"땅이 혼돈하고 공허하며 흑암이 깊음 위에 있고 하나님의 신은 수면에 운행하시니라" / 창 1:2

여기서 루아흐는 신약에 "성령"을 가리키는 말이다. 신약에서는 "프뉴마(πνεῦμα)"라는 단어가 "숨, 영혼, 그리스도의 영, 호흡" 등으로 사용되어 구약의(ruach 루아흐 - 바람, 호흡, 영)와 똑같이 사용되었다.

욥기 33:4에는 "하나님의 신이 나를 지으셨다."라고 하므로 "루아흐, 엘로힘, 야훼"이 모두가 해당되는 원문을 사용하였다.

하나님의 신은 수면에 운행 하시니 / 창 1:2

하나님이 노아와 그와 함께 방주에 있는 모든 들짐승과 육축을 권념하사 바람으로 땅 위에 불게 하시매 물이 감하였고 / 창 8:1

그 밤에 여호와께서 그에게 나타나 가라사대 나는 네 아비 아브라함의 하나님이니 두려워 말라 / 창 26:24

주께서 주의 바람을 일으키시매 바다가 그들을 덮으니 그들이 흉용한 물에 납같이 잠겼나이다 / 출 15:10

하나님의 신을 그에게 충만하게 하여 지혜와 총명과 지식과 여러 가지 재주로 / 여기서도 하나님의 신으로 말씀 하셨고 / 출 31:3

여기서는 하나님의 신을 '루아흐 엘로힘(רוּחַ אֱלֹהִים)'으로 사용하였고, 출35:31에서는 '엘로힘'으로만 사용하였다.

하나님의 신을 그에게 충만케 하여 지혜와 총명과 지식으로 여러 가지 일을 하게 하시되 / 출35:31

한 영이 나아와 여호와 앞에 서서 말하되 내가 저를 꾀였나이다 / 왕상 22:21

내가 한 영을 저의 속에 두어 저로 풍문을 듣고 그 본국으로 돌아가게 하고 또 그 본국에서 저로 칼에 죽게 하리라 하셨느니라 / 왕하 19:7

생명과 은혜를 내게 주시고 권고하심으로 내 영을 지키셨나이다 / 욥 10:12

내 생명이 한 호흡 같음을 생각하옵소서 나의 눈이 다시 복된 것을 보지 못하리이다 / 욥 7:7

그 호흡이 끊어지면 흙으로 돌아가서 당일에 그 도모가 소멸하리로다 / 시 146:4

시 146:4에서는 호흡으로 사용되어졌다. 출31:3에서는 하나님의 신을 '루아흐 (רוּחַ) 엘로힘 (אֱלֹהִים)'으로 표현하는가 하면 하나님의 칭호를 사용하는 수백 개의 표현도 '루아흐 (רוּחַ) 엘로힘 (אֱלֹהִים)'으로 사용함으로써 하나님의 고유 명사가 단수가 아닌 복수로 사용된다는 것을 알 수 있다. 이는 창1장에서만 '32회'가 나오고 구약에서 약 '2600회'나 사용되고 있다.

그때 그때 형편과 구속 여건에 따라 어느 때는 "여호와" "엘로힘", "야훼", "루아흐" 등으로 사용되고 있는데, 분명한 것은 삼위일체 하나님의 존재라는 것이다.

태초에 말씀이 계시니라 이 말씀이 하나님과 함께 계셨으니 이 말씀이 곧 하나님이시니라 / 요 1:1

하나님의 복음을 / 롬 1:1

하나님이 그에게 주사 / 계 1:1

하나님은 빛이시라 / 요일 1:5

하나님은 영이시니 예배하는 자가 신령과 진정으로 예배할찌니라 / 요4:24

만세의 왕 곧 썩지 아니하고 보이지 아니하고 홀로 하나이신 하나님께 존귀와 영광이 세세토록 있어지이다 아멘 / 딤전 1:17

이 모두가 하나님을 엘로힘(אֱלֹהִים) 또는 여호와의 신 루아흐(רוּחַ)를 사용함으로써 창세 시작을 엘로힘 하나님, 여호와 하나님과 함께 성령님께서 인류 구속사에서 일하고 계신다는 증거가 된다. 이는 하나님이 바로 삼위일체의 하나님이심을 확실하게 우리에게 확증시켜주고 있는 것이다.

4. 엘샤다이 (אֵל שַׁדַּי) 전능하신 하나님

'엘샤다이'란 "전능하신 하나님, 절대적 우주 통치자"란 뜻으로 하나님은 권세와 능력의 하나님이라는 뜻이다. 하나님은 창세기 17장 1절에서 후손의 탯줄이 완전히 끊어진 아브라함에게 나타나시어 "여호와는 능치 못한 일이 없으시니라"는 말씀을 통해 자신의 성호를 나타내셨다. 하나님은 전능하신 하나님이니 불가능이 없으시다는 점을 강조하시며 그러므로 너는 걱정하지 말라는 것이다

아브람의 구십구 세 때에 여호와께서 아브람에게 나타나서 그에게 이르시되 나는 전능한 하나님이라 너는 내 앞에서 행하여 완전하라 / 창 17:1

아브라함이 가나안으로 이주한 지 24년째가 되는 해요. 아브라함이 86세에 이스마엘을 낳았고(창16:16) 이스마엘이 태어난 지 13년째 되는 해인, 아브라함 99세에 여호와 하나님이 '여호와(יְהוָה), 엘로힘

(אֱלֹהִים), 신(루아흐רוּחַ)', 초자연적인 우주의 통치자(전능하신 하나님:엘샤다이)로서 아브라함에게 나타나셨다.

창17:5에는 "이제 후로는 네 이름을 아브람이라 하지 말고, 아브라함이라 하라"고 이름도 개명하여 주시고 창17:15에는 사래의 이름을 "사라"라고 개명하여 주셨다.

70인 역에서는 "엘샤다이"가 헬라어 "판토크라토르(παντοκράτωρ)" 즉 우주적인 통치자, 전능자, 무소 부재자, 주권자 등으로 번역됐다.

※ 참고로 70인역(LXX)이란 기원전 300년경 이집트 알렉산드리아에서 72명의 학자가 고대 그리스어인 코이네(헬라어)로 구약성경을 번역한 헬라어 구약성경을 가리킨다.

멜기세덱은 살렘 왕이요 지극히 높으신 하나님의 제사장이라 여러 임금을 쳐서 죽이고 돌아오는 아브라함을 만나 복을 빈자라 / 히 7:1

창15장에서 아브라함과 여호와 하나님과 맺은 횃불 언약은 아브라함의 나이가 84세 되던 해였다.

아브람의 아내 사래가 그 여종 애굽 사람 하갈을 가져 그 남편 아브람에게 첩으로 준 때는 아브람이 가나안 땅에 거한지 십 년 후였더라 / 창 16:3

아마도 아브람이 가나안에 거한 지 10년쯤 되었을 때

1) 후손에 대한 약속(창15:1-6)과

2) 땅을 기업으로 주어 대대로 축복하시겠다는 언약을 하신지 무려

13년이 지나(창17:5) 아브람의 장막에 나타나시어 이름도 아브라함으로 개명도 해주시고, 아내 사래 이름도 사라로 개명하여 주시며, 약속대로 이삭을 낳아 자자손손 하나님에 구속사를 이루게 하셨다. 때로는 여호와 하나님은 당신이 지으신 우주의 질서를 거슬러서라도 끝까지 약속을 성취하시는 절대 능력의 소유자 이심을 우리는 알아야 할 것이다.

☆ 하나님의 명칭 이외에도 제사장이나 족장, 선지자들이 응답 받았을 때 그곳에 단을 세운다든지, 기념비적 이름을 불렀던 11가지를 알아보자.

족장 시대부터 사사 시대에 이르기까지 하나님은 하나님의 계획 속에서 쉬지 않고 일 하시고 계신다. 결정적일 때 나타나셔서 살아계신 하나님을 그 백성들에게 나타내 주신다.

그리고 그들은 기념비적인 장소에서 여호와 하나님의 이름을 불렀다.

1) 여호와 이레 (יְהוָה יִרְאֶה) : 하나님이 준비하시다 (창22:11)

"여호와 이레"는 아브라함이 붙인 이름이다. 아브라함은 나이 75세에 갈대아 우르를 떠나 갈 바를 알지 못하였지만 말씀에 순종하여 믿음으로 나아갔다. 그는 참으로 아들 이삭을 얻기 위해 얼마나 많은 세월을 보내야 했는가?

갈대아 우르에서 나온 지 25년 되는 백세에 아들 이삭을 낳아 아브라함이 140세에 이삭을 결혼시켰다.

이삭이 사십 세에 리브가를 취하여 아내를 삼았으니 / 창 25:20

이 때는 모리아산 사건이 있은 후 많은 시간이 지나서였다. 창23:1에 이삭의 어머니요 아브라함의 아내 사라가 127세에 세상을 떠났으니 사라는 독자 이삭의 결혼식을 보지 못하고 결혼 3년 전에 죽었다.

모리아산 사건이 있을 당시 이삭의 나이에 대해 학자들의 견해는 다르지만 어떤 학자는 35-40세 정도라고 보기도 한다. 그러나 창22:12에서 여호와의 사자의 말씀 가운데 "그 아이에게 네 손을 대지 말라"고 하셨을 때 "아이"라는 히브리어 단어 "נַעַר(나아르)"는 "소년(활동적인 어린 나이)" 곧 유년기에서 청년기(또는 젊은이로 표현함)까지 임을 감안할 때 당시 이삭의 나이가 20대가 아닌가 하는 추측을 할 수 있다.

이런 어린 아들을 데리고 아브라함은 모리아 산을 향해 3일 길을 걸어갔다.

창세기 22:2~8

2. 여호와께서 가라사대 네 아들 네 사랑하는 독자 이삭을 데리고 모리아 땅으로 가서 내가 네게 지시하는 한 산 거기서 그를 번제로 드리라

3. 아브라함이 아침에 일찌기 일어나 나귀에 안장을 지우고 두 사환과 그 아들 이삭을 데리고 번제에 쓸 나무를 쪼개어 가지고 떠나 하나님의 자기에게 지시하시는 곳으로 가더니

4. 제삼 일에 아브라함이 눈을 들어 그곳을 멀리 바라본지라

5. 이에 아브라함이 사환에게 이르되 너희는 나귀와 함께 여기서 기다리라 내가 아

이와 함께 저기 가서 경배하고 너희에게로 돌아오리라 하고

6. 아브라함이 이에 번제 나무를 취하여 그 아들 이삭에게 지우고 자기는 불과 칼을 손에 들고 두 사람이 동행하더니
7. 이삭이 그 아비 아브라함에게 말하여 가로되 내 아버지여 하니 그가 가로되 내 아들아 내가 여기 있노라 이삭이 가로되 불과 나무는 있거니와 번제할 어린 양은 어디 있나이까
8. 아브라함이 가로되 아들아 번제할 어린 양은 하나님이 자기를 위하여 친히 준비하시리라

갈대아 우르에서 나온 지 25년 만에 100세 낳은 아들 이삭을 다시 하나님께 제물로 바치라는 명을 받고 "모리아산" 정상을 향해 오직 말씀에 순종하는 마음으로 정상을 향해 올라가고 있는 아브라함의 모습을 상상해 보았는가? 얼마나 기도하며 애절하게 기다렸던 노부부의 자식인가! 어쩌면 자식 하나 얻기 위해 전부를 다 바쳤다고 해도 틀린 말이 아닐 것이다. 그런데 난데없이 어느 날 장막 문에 서신 하나님은 아들 이삭을 내놓으라는 것이다.

생각건대, 하루도 아닌 3일 길을 가는 동안 하나님의 명령을 변개하고 싶은 생각이 왜 없었겠는가! 그러나 어린 아들의 질문에 아버지 아브라함의 대답을 보라!

"내 어린 아들아 하나님께서 친히 준비하시느니라.!"

다 큰 아들 이삭인데, 이삭은 자신을 하나님께 번제로 드린다는 사실을 몰랐을까? 아버지 아브라함의 말씀에 묵묵히 올라가는 이삭을 보면 그 아버지의 그 아들이 아닌가, 여기에 놀라운 것은 산 뒤편에서 일어나는 놀라운 기적이다.

아브라함이 하나님의 명을 받들어 아들을 번제로 드리기 위해 가는

3일 동안, 하나님은 이삭을 대신하여 잡을 수양을 데리고 산 뒤편에서 아브라함과 똑같이 3일 길을 올라가고 계신 것이 아닌가.

아브라함이 산 중턱에서 쉬면 하나님도 뒤편 산 중턱에서 쉬시고, 아브라함이 다시 힘을 내어 올라가면 하나님도 다시 올라 가신다. 그리고 정상에서 만난 하나님과 아브라함. 그 대화를 들으라!

"그 아이에게 네 손을 대지 말라 아무 일도 그에게 하지 말라"

그곳에 단을 쌓고 아들 이삭을 결박하여 단 나무 위에 놓고 (창 22:9) 손을 내밀어 칼을 잡고 그 아들을 잡으려 하는 순간, 아브라함에게 하늘의 음성이 들린 것이다.

여호와의 사자가 하늘에서부터 그를 불러 가라사대 아브라함아 아브라함아 하시는지라 아브라함이 가로되 내가 여기 있나이다 하매

사자가 가라사대 그 아이에게 네 손을 대지 말라 아무 일도 그에게 하지 말라 네가 네 아들 네 독자라도 내게 아끼지 아니하였으니 내가 이제야 네가 하나님을 경외하는 줄을 아노라 / 창 22:11-12

여호와 하나님 말씀이 떨어지기가 바쁘게 아브라함이 뒤를 돌아보니 한 수양이 수풀에 걸린 것을 확인하고 아브라함은 가서 그 수양을 가져다가 아들을 대신하여 번제로 드렸다고 하였다.

이때 하나님께서 이삭을 대신하여 숫양을 희생 제물로 준비하신 그 곳에 아브라함은 "하나님께서 친히 준비 하셨다"고 하여 그 장소를 기념하여 "여호와 이레"라고 이름을 붙였다.

하나님과 아브라함의 대화는 지금도 살아계셔서 나와 당신에게 말씀하시고 계신다. 이 시간 우리가 "하나님"과 "선택 받은 나"를 생각할 때, 우리의 이 믿음이 얼마나 아름답고 멋진 믿음인가! 아브라함의 모리아산 사건을 통해 우리에게 주는 교훈은 하나님과 아브라함의 믿음에 신뢰 관계를 오늘 나와 하나님과의 믿음의 관계에서 찾아보자는 것이다.

아무리 힘들고 어려운 환경이라 할지라도, 인생의 고난의 행군이 지속된다 할지라도, 우리 믿음이 하나님을 향한 변함 없는 사랑과 믿음으로 하나님과의 신뢰가 있다면 하나님은 반드시 우리를 구원해 주실 것이다.

여호와 하나님께서 아브라함의 믿음을 보시고 얼마나 기뻐 하셨으면 후대에 솔로몬을 통해 이 모리아산에 예루살렘 성전을 건축하게 하셨겠는가!

솔로몬이 예루살렘 모리아 산에 여호와의 전 건축하기를 시작하니 그곳은 전에 여호와께서 그 아비 다윗에게 나타나신 곳이요 / 대하 3:1

아브라함의 이삭을 번제로 드리려 했던 모리아산 정상에 이천년의 세월이 흐른 후 그의 후손 솔로몬 왕이 예루살렘 성전을 지은 것은 어찌 보면 이 모든 것이 구속사 가운데 예정된 하나님의 계획이라고 할 것이다.

아브라함이 어린 이삭을 데리고 3일 길을 갔던 모리아산 정상에서 이삭이 아브라함에게 물었다.

"아버지 번제로 드릴 양은 어디에 있습니까?"

이 때 아브라함이

"아들아 하나님께서 친히 준비 하실 것이다."

어린 아들 앞에서 이 말을 해야 했던 아브라함을 생각해보라. 참으로 소름이 돋는 말이 아닌가. 그럼에도 아브라함은 묵묵히 하나님 아버지 말씀만 믿고 3일 동안의 순종의 길을 갔던 것이다.

우리도 이처럼 아브라함의 본을 받아 천국을 향해 순례자의 길을 가는 여호와 이레의 삶을 살아야 할 것이다.

아브라함이 그 땅 이름을 "여호와 이레"라 하였으므로 오늘까지 사람들이 이르기를 여호와의 산에서 준비되리라 하더라 / 창 22:14

"여호와 이레" 곧 "여호와 하나님께서 친히 준비 하신다."는 이 말씀은 한 치의 앞도 내다 볼 수 없는 오늘의 이 시대를 살아가는 나와 당신에게 주시는 하나님의 메시지라는 사실을 명심하자.

2) 엘 로이(אֵל רֳאִי) : 감찰 하시는 하나님 (God, the inspector)

하갈이 붙인 이름이다. (창세기 16:3-16)

3. 아브람의 아내 사래가 그 여종 애굽 사람 하갈을 가져 그 남편 아브람에게 첩으로 준 때는 아브람이 가나안 땅에 거한 지 십 년 후이었더라

4. 아브람이 하갈과 동침하였더니 하갈이 잉태하매 그가 자기의 잉태함을 깨닫고 그 여주인을 멸시한지라

5. 사래가 아브람에게 이르되 나의 받는 욕은 당신이 받아야 옳도다 내가 나의 여종

을 당신의 품에 두었거늘 그가 자기의 잉태함을 깨닫고 나를 멸시하니 당신과 나 사이에 여호와께서 판단하시기를 원하노라

6. 아브람이 사래에게 이르되 그대의 여종은 그대의 수중에 있으니 그대의 눈에 좋은 대로 그에게 행하라 하매 사래가 하갈을 학대하였더니 하갈이 사래의 앞에서 도망 하였더라

7. 여호와의 사자가 광야의 샘 곁 곧 술 길 샘물 곁에서 그를 만나

8. 가로되 사래의 여종 하갈아 네가 어디서 왔으며 어디로 가느냐 그가 가로되 나는 나의 여주인 사래를 피하여 도망 하나이다

9. 여호와의 사자가 그에게 이르되 네 여주인에게로 돌아가서 그 수하에 복종하라

10. 여호와의 사자가 또 그에게 이르되 내가 네 자손으로 크게 번성하여 그 수가 많아 셀 수 없게 하리라

11. 여호와의 사자가 또 그에게 이르되 네가 잉태하였은즉 아들을 낳으리니 그 이름을 이스마엘이라 하라 이는 여호와께서 네 고통을 들으셨음이니라

12. 그가 사람 중에 들나귀 같이 되리니 그 손이 모든 사람을 치겠고 모든 사람의 손이 그를 칠찌며 그가 모든 형제의 동방에서 살리라 하니라

13. 하갈이 자기에게 이르신 여호와의 이름을 감찰하시는 하나님이라 하였으니 이는 내가 어떻게 여기서 나를 감찰하시는 하나님을 뵈었는고 함이라

14. 이러므로 그 샘을 브엘라해로이라 불렀으며 그것이 가데스와 베렛 사이에 있더라

15. 하갈이 아브람의 아들을 낳으매 아브람이 하갈의 낳은 그 아들을 이름하여 이스마엘이라 하였더라

16. 하갈이 아브람에게 이스마엘을 낳을 때에 아브람이 팔십륙 세이었더라

아브람이 갈대아 우르를 떠날 때 75세였으니(창12:4) 그 후 10년이 지났으므로 86세가 되었을 것이다. 갈 바를 알지 못한 채 하나님의 부르심을 받고 정든 고향을 떠난 지 벌써 10년, 아브람은 늙어가고 있으

나 자식이 없으니 얼마나 초조 했겠는가?

아내 사래는 견디다 못해 자신의 몸종인 하갈을 남편 아브람의 첩으로 주고 하갈을 통해서라도 자식을 얻어 후사를 얻기를 소망했다.

그러나 막상 하갈을 아브람에게 주고 난후 아브람의 사랑을 받는 하갈의 모습을 보니 선천적인 여자의 질투심에 사래는 결국에는 하갈을 쫒아낸다.

주인 사래의 낯을 피해 애굽으로 도망가던 길 광야의 샘 곁 곧 술 길 샘물 곁에서(창16:7) 도망가는 하갈에게 나타나신 하나님의 사자(God's Messenger)가 나타난다. 그는 누구신가? 바로 성령 하나님, 즉 삼위의 하나님이시다. 하갈은 그 곳에서 성령님의 음성을 듣는다.

"하갈아 네가 어디서 왔으며 어디로 가느냐?"

하갈이 대답하기를

"나는 나의 여주인 사래를 피하여 도망 하고 있나이다"

이 때 여호와의 사자는 명하기를 여주인 사래에게로 돌아가서 그 수하에 복종하라고 하였다. "내가 네 자손으로 크게 번성하게 해 주겠다"는 약속까지 해 주신다. 이때 하나님의 사자는 하갈이 임신 중이라는 사실도 하갈에게 알려 주신다. 하갈은 여기서 여호와는 "감찰하시는 하나님(God, the inspector)" 즉, "엘 로이 (אֵל רֳאִי)"라고 고백한다. 직역하면 "자신을 눈에 띄게 보이게 하시는 하나님"이란 뜻이다.

그리고 그 샘을 브엘라헤로이 곧 "살아계셔서 감찰하시는 자의 우물"이라 불렀다.

사라에게 버림받아 광야에서 탄식하는 하갈에게 난데없이 나타나 주시고. "사라에게로 돌아가라 너도 사라와 같이 큰 민족을 이루고 축복해 주리라 그러니 사라에게로 가서 복종하라"는 성령의 음성을 듣고, 하갈은 "자기를 지켜주시고 감찰하시는 하나님 곧 "엘 로이 (אֵל רֳאִי)"라고 부른 것이다.

그렇다. 하나님은 내가 어느 곳에서 무엇을 하더라도 나를 지켜보고 계시는 하나님이시다. 하나님은 사라에게 쫓겨나 인생의 천길 만길 낭떨어지 사막에서 어린자식 이스마엘과 함께 방황하는 하갈에게도 찾아오셔서 위로해 주시는 하나님이시다.

성령님은 우리의 눈에 보이시지는 않지만 성령님께서 우리와 함께 하시는 순간 우리는 성령님의 온기를 느낀다.

그리고 금방 고통과 좌절 근심에서 벗어나게 하시고 우리 마음속에 알 수 없는 희망과 희미하면서도 밝은 빛으로 인도하여 주신다. 참으로 성령 하나님은 "육의 눈을 뜨게 하여 영적으로 보이게 하시는 하나님" 이시다. 그 분이 바로 지금 내가 믿고 있는 하나님, 곧 나를 감찰하시는 "루아흐 엘로힘"이 아니시던가!

3) 엘엘로헤 이스라엘(אל אלהי ישראל) : 하나님, 이스라엘의 하나님!

야곱이 붙힌 이름이다 (창 33:17-20)

17. 야곱은 숙곳에 이르러 자기를 위하여 집을 짓고 짐승을 위하여 우릿간을 지은 고로 그 땅 이름을 숙곳이라 부르더라

18. 야곱이 밧단 아람에서부터 평안히 가나안 땅 세겜 성에 이르러 성 앞에 그 장막을 치고

19. 그 장막 친 밭을 세겜의 아비 하몰의 아들들의 손에서 은 일백 개로 사고

20. 거기 단을 쌓고 그 이름을 엘엘로헤이스라엘이라 하였더라

여기서 우리는 파란 만장한 야곱의 나그네 인생길을 알기 위해서 그의 아버지 이삭의 생애와 더 나아가 할아버지 아브라함의 생애까지를 다시 한 번 연구해 보도록 하자. 그래야만 선민 이스라엘을 택하신 하나님의 구속사의 의미를 되새길 수가 있다.

뿐만 아니라 아브라함과 사라의 후계자로서 하나님께서 아브라함에게 명령한 구속사의 언약을 어떻게 계승 보존하며 역사를 진행하셨는지를 알게 될 것이다.

이삭은 아내 리브가와 40세에 만나 결혼한 지 20년 되던 해 60세가 되어도 자식이 없자 그들은 하나님께 기도하기 시작하였고 하나님께서는 그들의 기도를 들으시고 에서와 야곱이라는 쌍둥이 아들을 주셨다.

이삭은 사십 세에 리브가를 취하여 아내를 삼았으니 리브가는 밧단 아람의 아람 족속 중 브두엘의 딸이요 아람 족속 중 라반의 누이였더라 / 창 25:20

이삭이 그 아내가 잉태하지 못하므로 그를 위하여 여호와께 간구하매 여호와께서 그 간구를 들으셨으므로 그 아내 리브가가 잉태하였더니 / 창 25:21

리브가가 그들을 낳을 때에 이삭이 육십 세이었더라. / 창 25:26

> 이렇게 태어난 야곱과 에서는 성장하는 과정에서부터 서로가 상반된 길을 걷게 된다.
>
> 그 아이들이 장성하매 에서는 익숙한 사냥꾼인 고로 들사람이 되고 야곱은 종용한 사람인 고로 장막에 거하니 / 창 25:27

에서는 사냥을 다녀와 순간 배고픔을 참지 못하고 단팥죽 한 그릇으로 장자의 명분을 야곱에게 팔아버린다. 이로써 에서는 하나님의 선택한 신성한 주권을 하나님의 허락 없이 팔아버림으로 그때부터 하나님의 손에서 떠나게 된다.

하나님은 선택적 절대적 권한자이다. 미워할 수도, 사랑 할 수도, 선택 할 수도, 버릴 수도 있는 것은 오직 주권자이신 하나님만이 하실 수 있는 권한임에도, 에서는 자신의 축복을 스스로 포기해 버림으로 하나님의 선택권에 도전한 것이다.

하나님께서 야곱보다 에서를 왜 1분 일찍 세상의 빛을 보게 하여 장자로 출생케 하셨을까? 생각해본 일이 있는가? 애서는 스스로 하나님이 주시는 장자의 축복을 내 팽개쳐버린 것이다.

> 22. 아이들이 그의 태 속에서 서로 싸우는지라 그가 가로되 이 같으면 내가 어찌할꼬 하고 가서 여호와께 묻자온대
>
> 23. 여호와께서 그에게 이르시되 두 국민이 네 태중에 있구나 두 민족이 네 복중에서부터 나누이리라 이 족속이 저 족속보다 강하겠고 큰 자는 어린 자를 섬기리라 하셨더라 / 창 25:22-23

두 민족이 서로 나뉘어 싸우고 큰 자가 작은 자를 섬기리라고 하셨다. 아브라함과의 언약을 맺으셨던 하나님의 치밀하시고도 빈틈없는 구속사는, 앞으로 전개될 이삭과 야곱의 생애를 통하여 더 깊게 펼쳐지

고, 이로써 우리는 하나님의 계획을 알 수 있게 된다.

토기장이가 진흙 한 덩어리로 하나는 귀히 쓸 그릇을 하나는 천히 쓸 그릇을 만드는 권이 없겠느냐 / 롬 9:21

너희의 패리함이 심하도다 토기장이를 어찌 진흙 같이 여기겠느냐 지음을 받은 물건이 어찌 자기를 지은 자에 대하여 이르기를 그가 나를 짓지 아니하였다 하겠으며 빚음을 받은 물건이 자기를 빚은 자에 대하여 이르기를 그가 총명이 없다 하겠느냐 / 사 29:16

깨 버릴 수도 있고, 다시 만들 수도 있는 권한이 오직 그 그릇을 만든 토기장이에게 있는 것처럼, 하나님께서 인생의 주관자가 되시기에 우리의 모든 생사화복이 하나님 손안에 있다는 것이다.

장자의 명분을 야곱에게 판지라, 야곱이 떡과 팥죽을 에서에게 주매 애서가 먹으며 마시고 일어나서 갔으니 에서가 장자의 명분을 경홀히 여김이었더라 / 창 25:34

야곱은 아버지 이삭과 형 에서를 속이고 별미를 만들어 아버지를 드린 것이 탄로가 나자 정처 없는 유랑의 길을 떠난다. 야곱의 파란만장한 인생길은 이때부터 시작되지만 모든 것을 아시는 하나님, 인생의 주관자가 되시는 하나님은 하나님을 지극히 사랑하는 야곱의 행로를 지켜보고 계셨던 것이다.

아브라함의 동생 나홀은 동생 하란의 딸인 조카 밀가(※본토 갈대아 우르에서 먼저 죽은 동생 하란의 딸)를 아내로 맞이했으니 밀가는 삼촌과 결혼하였다.

그리고 이삭은 40세에 나홀과 밀가의 아들 브두엘의 딸이요 라반의 여동생인 리브가를 만나 결혼하게 된다. 이삭과는 5촌간의 혼인으로서 결혼한 지 20년이 되어, 이삭이 나이 60세가 되던 해 야곱과 에서 쌍둥이를 낳았다. 당시 할아버지인 아브라함의 나이가 160세인데 아브라함이 175세에 하나님의 부르심을 받았으니 아브라함과 이삭과 야곱은 3대가 함께 거주하였다는 것을 히 11:9에서 증명하고 있는 것으로 보아 확인 할 수 있다.

> 믿음으로 저가 외방에 있는 것 같이 약속하신 땅에 우거하여 동일한 약속을 유업으로 함께 받은 이삭과 야곱으로 더불어 장막에 거하였으니 / 히 11:9

아브라함이 175세에 하나님의 부르심을 받았으니 아버지 아브라함과 함께 이삭은 75년 동안 함께 동거 하였으며 야곱과 에서는 15년 동안 한 장막에서 거하였다. 야곱과 에서가 어린 나이에 할아버지 아브라함으로부터 무엇을 배웠겠는가? 할아버지 아브라함은 어린 손자들을 앉혀놓고 하나님께서 약속하신 구속사 이야기와 갈대아 우르에서 나온 이야기, 모리아산에서 아들 이삭을 번제로 드렸던 이야기며, 하나님이 함께하신 믿음의 조상 노아의 홍수에 대한 이야기들을 들려주었을 것이다. 그렇게 야곱과 에서는 하나님께서 친히 "부르시고 선택하시며 인도하셨던 언약의 약속들"을 들었을 것이다.

야곱은 그렇게 그 마음 속에 믿음이 자리 잡고 있었다. 야곱의 인생에 노정을 보면 모태 신앙으로서 넘어질 듯, 넘어질 듯 하면서도 위기가 찾아 올 때마다 하나님께 부르짖는 습관적 기도가 있지 않았는가! 우리는 믿음으로 정면 돌파하여 승리하는 야곱의 모습을 배워야 할 것이다.

그는 외삼촌 라반의 집에서 양떼를 치며 타양 살이 20년을 보내고, 밧단 아람의 생활을 마치고 출세하여 금의환향하며 고향으로 돌아오는데 반겨줄 사람은커녕, 20년 전 단팥죽 한 그릇으로 장자의 지위를 빼앗긴 에서의 추격을 받을 줄이야! 그러나 이러한 위기 속에서도 얍복강 나루터에서 기도하는 야곱의 모습을 보라!

야곱은 홀로 남았더니 어떤 사람이 날이 새도록 야곱과 씨름하다가 / 창 32:24

그는 얍복강 나루터 언덕 편에 홀로 남았다. 자신과 씨름한 어떤 사람의 정체를 30절에 보면 "하나님"이라고 기록하고 있다. 어떤 사람과 씨름하였다고 하는 것은 육체적인 씨름이 아니라 영적 씨름을 말한다. 하나님께 뼈가 부서지도록 기도했던 기도를 통해 그는 영적으로 교통하고 성령 하나님의 얼굴을 뵈웠을 것이다. 밤이 맞도록 울부짖으며 몸부림친 야곱의 모습을 상상해보라.

내 맘대로 자행자지(自行自止)하며 살아왔던 젊은 날의 나의 모습을 그려보자. 하나님을 믿는다고 하면서도 내가 필요 할 때만 손 내밀고 주님이 필요할 땐 외면하지는 않았는가!

오늘 야곱의 기도는 "끝장 기도"이다. 어쩌면 내일은 없다는 마음과 생의 마지막을 정리하는 듯한 심정으로 하나님 앞에 엎드린 저 처절한 얍복강의 기도를 보라!

그 사람이 자기가 야곱을 이기지 못함을 보고 야곱의 환도뼈를 치매 야곱의 환도뼈가 그 사람과 씨름할 때에 위골되었더라 그 사람이 가로되 날이 새려 하니 나로 가게 하라 야곱이 가로되 당신이 내게 축복하지 아니하면 가게 하지 아니하겠나이다 / 창 32:25-26

끝까지 붙들고 늘어진 야곱의 기도는 "내게 축복 하지 아니하면 가게 하지 아니 하겠나이다!"는 끝장 기도였다. 이 같은 야곱의 피나는 기도는 하나님을 감동시키시고 움직이기에 충분하였을 것이다.

여호와 하나님이 묻는다.

그 사람이 그에게 이르되 네 이름이 무엇이냐 그가 가로되 야곱이니이다 / 창 32:27

야곱(יַעֲקֹב)이 어떤 이름인가? 속이는 사기꾼, 거짓말쟁이, 빼앗는 자, 발뒤꿈치를 잡는자 등의 부정적인 뜻을 가졌다. 그런 야곱을 하나님은 축복하시어 얍복강에서 이스라엘이라 부르시며 새 이름을 주셨다.

그 사람이 가로되 네 이름을 다시는 야곱이라 부를 것이 아니요 이스라엘이라 부를 것이니 이는 네가 하나님과 사람으로 더불어 겨루어 이기었음이니라 / 창 32:28

지난 날 자신의 지략과 책략 등 고도의 셈법으로 살아온 야곱이 아니던가! 그런 그가 이스라엘로 바꾸어지는 순간 그는 언약의 상속자로써 합법적인 축복을 받을 수 있는 자가 된 것이다. 창15장에서 하나님과 아브라함간에 맺었던 횃불 언약의 뒤를 이은 당당한 언약의 상속자 이스라엘로 바뀐 것이다.

이스라엘(יִשְׂרָאֵל)이란 이름은 "하나님과 겨루어 이긴 자" 또는 "하나님과 씨름하는 자"라는 뜻이다.

인간이 하나님과 겨루어 이긴 자가 없기 때문에 "Lange, Kurtz, Keil, Furst" 등 신학자들은 하나님과 씨름하는 자라고 하였다.

구체적으로 야곱이 하나님과 씨름하여 어떻게 이겼는가?

① 홀로 남아 기도를 드렸다.

아마도 야곱은 형 에서가 쫓아온다는 소식에 정신이 나갔을 것이다.

재산과 아내, 그리고 자녀와 종들을 미리 얍복강 건너편으로 다 보내놓고 지난날 파란 만장했던 자신의 과거의 행적을 돌아보며 하나님에게 용서의 결재를 기다리는 순간이었을 것이다.

② 목숨을 담보로 하는 기도를 드렸다.

③ 밤이 맞도록 몸부림치는 기도를 드렸다.

④ 환도뼈가 부러지도록 기도를 드렸다.

기도의 결과는 무엇인가? 야곱의 기도에 감동을 받은 하나님은 야곱의 이름을 바꾸어 주셨다. "이제 너는 야곱이 아니라 이스라엘이라 부를 것이라" 하룻밤 사이 "절망이 희망"으로 "불가능이 가능"으로, "패배가 승리"로, "사망에서 생명"으로 바뀌어 졌다.

그렇다 사망에서 생명으로 오신 예수 그리스도! 얍복강 야곱의 사건은 오늘 우리들의 삶에 모델이요 자화상일 것이다. 현대인들의 삶이 매시간 절규의 삶이 아닌가? "못 살겠다, 힘들다, 외롭다, 죽겠다" 이름도 야곱처럼 거짓말쟁이, 사기꾼, 무정한 자, 부모를 거역한 자, 간음한 자, 미워하고, 증오하고, 살인한 자 등 하나님과 자신만이 아는 수많은 별명을 가진 자들이 많이 있을 것이다.

그러나 그 어느 누구보다 억세게 하나님을 사랑한 야곱의 삶에서 우리는 인간의 자화상을 보아야 할 것이다. 야곱은 창28장에서 에서의 추격을 받을 때 루스 광야에서 하나님의 은총을 받는다. 그리고 이름하여 벧엘이라 하였다. 하나님께 응답받는 그 자리 벧엘에서 서원을 했다.

19. 그곳 이름을 벧엘이라 하였더라 이 성의 본 이름은 루스더라

20. 야곱이 서원하여 가로되 하나님이 나와 함께 계시사 내가 가는 이 길에서 나를 지키시고 먹을 양식과 입을 옷을 주사

21. 나로 평안히 아비 집으로 돌아가게 하시오면 여호와께서 나의 하나님이 되실 것이요

22. 내가 기둥으로 세운 이 돌이 하나님의 전이 될 것이요 하나님께서 내게 주신 모든 것에서 십분 일을 내가 반드시 하나님께 드리겠나이다 하였더라 / 창 28:19-22

성공하여 다시 돌아온 그날 기도하는 이곳 벧엘에서 하나님 앞에 제단을 쌓고 기념비를 세우겠다고 굳게 굳게 서원한 벧엘이 아니던가! 성공하여 돌아 올 때 제단을 쌓겠다고 그렇게도 부르짖었던 벧엘을 뒤로하고, 어쩌자고 벧엘을 그냥 지나쳐 숙곳으로 간단 말인가! 20년 전 야곱이 형 에서의 추격을 받고 도망가던 절망의 때를 생각해보자.

야곱이 조상과 함께했던 고향인 가나안 땅 브엘세바를 뒤로하고, 76세의 나이에 머나먼 외삼촌 라반이 사는 받단아람(Paden-Aram)으로 도망가는 나그네의 삶을 상상해보라 약 725Km(1700리) 떨어진 동방사람의 땅 메소포타미아까지 약 15일간 여행 끝에 라반의 집에 도착하여 7년이라는 기간 동안 외삼촌 라반과의 약조를 맺는다.

83세가 되어 레아와 결혼을 한다. 그리고 또다시 7년을 봉사하고 라헬과 결혼하고 시녀인 빌하와 실바를 취하여 합12명의 자녀와 딸 디나를 낳고 삼촌 라반에게 6년을 봉사하는 등 야곱은 받단아람에서 무려 20년의 세월을 하루같이 보냈다.

그러다 마침내 도망자의 신세였던 야곱이 이젠 96세라는 노인이 되어 한 가족의 족장으로서 받단아람(Paden-Aram)에서 아내와 첩 그리고 양 떼와 모든 재산을 이끌고 약속의 땅이자 축복과 언약의 땅인 가나안으로 들어오게 된다. 그런데 20년 전 자기를 죽이려 했던 형 에서가 압복강 건너편에서 군사를 이끌고 자기를 죽이려 한다는 소식을 접하게 될 때, 밤이 맞도록 환도뼈가 부러지는 기도를 통하여 하나님의 용안을 뵈옵고 이름도 야곱에서 이스라엘로 바꾸는 축복을 받는 야곱의 모습을 상상 해보라.

야곱이 청하여 가로되 당신의 이름을 고하소서 그 사람이 가로되 어찌 내 이름을 묻느냐 하고 거기서 야곱에게 축복한지라 그러므로 야곱이 그곳 이름을 브니엘이라 하였으니 그가 이르기를 내가 하나님과 대면하여 보았으나 내 생명이 보전되었다 함이더라 / 창 32:29-30

여기서 브니(Peni)라는 말의 뜻은 엘(El)의 합성어로서 하나님의 얼굴(The face of God)이라는 뜻이다. 야곱이 하나님을 대면하여 축복을 받았고 오히려 죽지 않고 살아 남았다 하여 붙인 이름이다.

그렇다. 어느 누가 하나님을 대면하고 살아남을 자가 있겠는가!

출33:20에 모세에게 말씀하시기를 "또 가라사대 네가 내 얼굴을 보지 못하리니 나를 보고 살자가 없음이니라 고 말씀 하시고, 출32:23손을 거두리니 네가 내 등을 볼 것이요 얼굴은 보지 못하리라 하셨다.

"하나님은 영이시니"라는 말씀과 같이 야곱이 지금 본 것은 여호와의 사자 즉 그의 신 은 창세기1:1에 나오는 루아흐 엘로힘 (하나님의 신(רוּחַ אֱלֹהִים))을 본 것 이므로 야곱은 죽지 않았을 것이다 그 사람이 야곱의 환도뼈 큰 힘줄을 친고로 이스라엘 사람들이 지금까지 환도뼈 큰 힘줄을 먹지 아니하더라 / 창 32:31

원수가 사랑으로 변한 아름다운 현장을 상상해보라! 야곱은 형 에서와 20년만의 아름다운 형제애의 사랑을 나누며 지난 20년 동안의 모든 오해와 가슴에 맺혔던 원한을 다 풀고 아름다운 화해를 한 후 숙곳에 도착한다.

9. 에서가 가로되 내 동생아 내게 있는 것이 족하니 네 소유는 네게 두라
10. 야곱이 가로되 그렇지 아니하니이다 형님께 은혜를 얻었사오면 청컨대 내 손에서 이 예물을 받으소서 내가 형님의 얼굴을 뵈온즉 하나님의 얼굴을 본 것 같사오며 형님도 나를 기뻐하심이니이다
11. 하나님이 내게 은혜를 베푸셨고 나의 소유도 족하오니 청컨대 내가 형님께 드리는 예물을 받으소서 하고 그에게 강권하매 받으니라
12. 에서가 가로되 우리가 떠나가자 내가 너의 앞잡이가 되리라
13. 야곱이 그에게 이르되 내 주도 아시거니와 자식들은 유약하고 내게 있는 양떼와 소가 새끼를 데렸은즉 하루만 과히 몰면 모든 떼가 죽으리니
14. 청컨대 내 주는 종보다 앞서가소서 나는 앞에 가는 짐승과 자식의 행보대로 천천히 인도하여 세일로 가서 내 주께 나아가리이다
15. 에서가 가로되 내가 내 종자 수인을 네게 머물리라 야곱이 가로되 어찌하여 그리 하리이까 나로 내 주께 은혜를 얻게 하소서 하매
16. 이 날에 에서는 세일로 회정하고
17. 야곱은 숙곳에 이르러 자기를 위하여 집을 짓고 짐승을 위하여 우릿간을 지은 고로 그 땅 이름을 숙곳이라 부르더라
18. 야곱이 밧단 아람에서부터 평안히 가나안 땅 세겜 성에 이르러 성 앞에 그 장막을 치고

19. 그 장막 친 밭을 세겜의 아비 하몰의 아들들의 손에서 은 일백 개로 사고

20. 거기 단을 쌓고 그 이름을 엘엘로헤이스라엘이라 하였더라

/ 창 33:9-20

야곱이 벧엘에서 서원한지 20년, 하나님은 야곱과 맺은 언약의 약속을 지키셨고, 앞으로도 지켜 나가실 것이다. 그런데 야곱은 하나님과의 약속을 까마득하게 잊어버리고 있었다. 가나안에 돌아 왔으면 제일 먼저 벧엘로 올라가 하나님 앞에 단을 쌓았어야 했다.

가장 힘들 때, 가장 고독할 때, 가장 무섭고 두려움에 쌓였을 때 야곱에게 나타나신 분이 누구였던가? 아버지 이삭도, 할아버지 아브라함도 아니었다. 칠흑같이 어두운 밤에 그와 함께 하신 분은 오직 한 분, 태양보다 더 강한 빛으로 홀로 나타나신 전능자이신 여호와 하나님(루아흐 엘로힘)바로 그분이셨다. 그분이 절망에 빠진 야곱을 위로하여 주시지 않았던가!

야곱은 제일 먼저 만사를 뒤로 하고 벧엘로 올라가 목이 터져라 "감사. 감사 또 감사하며, 여기까지 인도하신 에벤에셀의 여호와 하나님께 찬양을 올렸어야 마땅했었다.

그런데 그는 전능자를 목숨 바쳐 사랑 하고 할아버지로 부터 선택받아 자신에게 이어온 약속의 유업을 지키겠노라고 칠흑 같이 어두운 밤에 여호와 하나님께 약속했던 그 "사닥다리 언약"을(창28:13-15) 20년 만에 허물어 버렸다. 이유가 뭘까? 인간의 본성이 나타났던 것이다.

o 빈털터리가 부자가 되었다

o 아내와 자식을 얻었다

o 노비가 많아졌다

o 가축이 많아졌다

o 원수 돼서 그 동안 껄끄러웠던 형 에서와의 관계가 얍복강에서 완전히 해결됐다.

세상 말로 "가난뱅이 야곱"이 아니라 "성공자 야곱"이 되었다. 너무 편안해졌다. 과거를 잊어버린 것이다. 개구리가 올챙이 시절을 잊어버린 것과 같다.

야곱은 자신이 이렇게 성공한 것이 어디서부터 왔는지 B.C. 를 생각지 아니하고 A.D.에 충족해 있었다. 이 때 여호와 하나님의 음성이 야곱을 스친다.

"야곱아... 야곱아..."

13. 또 본즉 여호와께서 그 위에 서서 가라사대 나는 여호와니 너의 조부 아브라함의 하나님이요 이삭의 하나님이라 너 누운 땅을 내가 너와 네 자손에게 주리니
14. 네 자손이 땅의 티끌 같이 되어서 동서남북에 편만할찌며 땅의 모든 족속이 너와 네 자손을 인하여 복을 얻으리라
15. 내가 너와 함께 있어 네가 어디로 가든지 너를 지키며 너를 이끌어 이 땅으로 돌아오게 할찌라 내가 네게 허락한 것을 다 이루기까지 너를 떠나지 아니하리라 하신지라 / 창 28:13-15

이 말씀은 20년 전 형 에서에게 쫓길 때 나타나셔서 하신 말씀인데 20년 후 성공하여 다시 이 말씀을 듣게 될 줄이야! 야곱도 지칠 대로 지쳐있었을 것이다. 지난 20년 동안 삼촌 라반에게서 온갖 굴욕을 참고 견디었던 일, 형 에서와 얍복강 가에서 일촉즉발의 사연 등으로 피

곤해 있었을 것이다. 이에 형 에서와 화해하고 얍복강을 건넌 후 숙곳에 이르렀을 때 그는 자신을 위하여 집을 짓고, 짐승을 위하여 우릿간도 짓고, 은 일백개로 세겜의 아비 하몰의 손에서 밭도 사서 가나안으로 돌아온 것을 기념하기 위하여 숙곳에 단을 쌓았다. 그리고 그 이름을 엘엘로헤 이스라엘(אל אלהי ישראל)이라 하였다.

이 말은 "하나님, 이스라엘의 하나님"이란 뜻으로서 자신이 역경 가운데 헤매일 때 자신을 지켜주시고 "이스라엘"이라는 새 이름까지 주신 하나님께 감사 찬송하는 신앙고백이라 할수 있다.

그러나 야곱이 하는 행위는 사람들이 보기에 이해가 될지 몰라도 하나님이 보시기에는 달랐다. 야곱은 "세겜"이 아닌 "벧엘"로 찾아가 그곳에서 단을 쌓아야 했다. 그래서 엉뚱한 곳에서 단을 쌓았던 야곱을 하나님이 깨우신 것이다 하나님은 이런 야곱을 찾으시기 시작하셨다.

창34장의 디나 사건을 통하여 또 한번 교훈을 주시고 창35장에서 잃어버린 신앙을 회복하기 위해 20년 전 사닥다리 언약을 상기하며 서원했던 벧엘로 올라가라는 것이다.

1. 하나님이 야곱에게 이르시되 일어나 벧엘로 올라가서 거기 거하며 네가 네 형 에서의 낯을 피하여 도망하던 때에 네게 나타났던 하나님께 거기서 단을 쌓으라 하신지라
2. 야곱이 이에 자기 집 사람과 자기와 함께한 모든 자에게 이르되 너희 중의 이방 신상을 버리고 자신을 정결케 하고 의복을 바꾸라
3. 우리가 일어나 벧엘로 올라가자 나의 환난 날에 내게 응답하시며 나의 가는 길에서 나와 함께하신 하나님께 내가 거기서 단을 쌓으려 하노라 하매 / 창 35:1-3

마침내 야곱은 하나님의 말씀을 듣고 젊은 날 응답 받았던 축복의 장소로 올라갔다. 우리도 잃어버린 신앙을 회복하기 위해 하나님의 집 "벧엘"로 올라가자!

잃어버린 나의 믿음, 잃어버린 나의 눈물, 잃어버린 나의 열정, 잃어버린 나의 헌신을 회복하기 위해 벧엘로 올라가자! 하나님은 야곱에게 그리하셨듯이 우리를 용서하시고 감싸주시며 우리의 믿음을 시작했던 그 곳 벧엘에서 우리를 축복해 주실 것이다.

이 시간 "일어나 벧엘로 올라가라"는 성령의 음성이 들리는가? 야곱처럼 주저하지 말고 즉각 믿음으로 순종하라. 성령의 세밀한 그러나 분명한 그 음성을 듣고 순종할 때 당신을 향한 하나님의 위대한 역사는 또 다시 시작될 것이다.

4) 엘벧엘(אל בית־אל)의 하나님(창35:1-7)
: 하나님의 집(The House of God). 야곱이 붙인 이름이다.

벧엘은 어디인가? 벧엘은 야곱의 생애에 어떠한 영향을 미쳤는가?

후에 나온 아우는 손으로 에서의 발꿈치를 잡았으므로 그 이름을 야곱이라 하였으며 리브가가 그들을 낳을 때에 이삭이 육십 세였더라 / 창 25:26

쌍둥이로 태어난 야곱과 애서는 성장하는 과정에서 부터 서로가 상반된 길을 걷게 된다.

그 아이들이 장성하매 에서는 익숙한 사냥꾼인 고로 들사람이 되고 야곱은 조용한 사람인 고로 장막에 거주하니 / 창 25:27

야곱이 떡과 팥죽을 에서에게 주매 에서가 먹으며 마시고 일어나 갔으니 에서가 장자의 명분을 경홀히 여김이었더라 / 창 25:34

야곱은 아버지 이삭과 형 에서를 속이고 별미를 만들어 아버지를 드린 것이 탄로가 나자 정처 없는 유랑의 길을 떠난다. 그리고 브엘세바를 떠나 루스라는 들판에서 유숙를 하게 되는데, 그 곳에서 꿈을 통해 하나님을 만나게 된다.

12. 꿈에 본즉 사닥다리가 땅 위에 섰는데 그 꼭대기가 하늘에 닿았고 또 본즉 하나님의 사자가 그 위에서 오르락 내리락하고
13. 또 본즉 여호와께서 그 위에 서서 가라사대 나는 여호와니 너의 조부 아브라함의 하나님이요 이삭의 하나님이라 너 누운 땅을 내가 너와 네 자손에게 주리니
14. 네 자손이 땅의 티끌 같이 되어서 동서 남북에 편만할찌며 땅의 모든 족속이 너와 네 자손을 인하여 복을 얻으리라
15. 내가 너와 함께 있어 네가 어디로 가든지 너를 지키며 너를 이끌어 이 땅으로 돌아오게 할찌라 내가 네게 허락한 것을 다 이루기까지 너를 떠나지 아니하리라 하신지라
16. 야곱이 잠이 깨어 가로되 여호와께서 과연 여기 계시거늘 내가 알지 못하였도다
17. 이에 두려워하여 가로되 두렵도다 이곳이여 다른 것이 아니라 이는 하나님의 전이요 이는 하늘의 문이로다 하고
18. 야곱이 아침에 일찍이 일어나 베개 하였던 돌을 가져 기둥으로 세우고 그 위에 기름을 붓고
19. 그 곳 이름을 벧엘이라 하였더라 이 성의 본 이름은 루스더라

/ 창 28:12-19

성공하여 다시 돌아오는 날 이 곳 벧엘에서 다시금 하나님 앞에 제단을 쌓고 기념비를 세우겠다고 굳게 굳게 서원하고, 벧엘을 뒤로 한 채 도망가는 야곱을 상상해 보라! 머나먼 외삼촌 라반이 사는 밧단아

람(Paden-Aram)으로 도망갔던 그 때 그의 나이는 76세였다.

브엘세바에서 삼촌 라반의 집까지 거리는 약 725Km(1700리)로 동방사람의 땅 메소포타미아까지 약 15일간 여행 끝에 라반의 집에 도착하였다.

※참고(Lange,Keil)창세기 주석

그로부터 20년 브엘세바를 출발할 때 76세였던 야곱이 이젠 96세라는 노인이 되어 한 가족의 족장으로서 밧단아람(Paden-Aram)에서 아내와 첩 그리고 양 떼와 노비 등 모든 재산을 이끌고 약속의 땅이자 축복과 언약의 땅인 가나안으로 돌아왔다.

숙곳에 자기를 위하여 집을 짓고, 우릿간도 지었다는 것을 보면 야곱이 가나안에 들어와 상당 기간 오래 있었음을 말해 주고 있다.

이때 야곱의 나이가 96세인데 어쩌면 나그네 생활 20년은 단 하루도 쉴 수 없는 전투와도 같은 시간 이였을 것이다.

① 뼈가 빠지도록 20년을 한결같이 라반을 섬겨온 일 (창30:29)

② 라반과 헤어질 때 마지막이 깔끔하지 못했던 부분 (창31:19)

③ 얍복강 나루터에서 밤이 맞도록 천사와 씨름한 일(창32:22)

④ 형 에서와의 만남으로 극도로 불안 했던 일(창33:1)

이에 심신이 쇠약할 대로 쇠약해진 야곱은 삶 자체가 긴장의 연속이였을 것이기에 96세라는 나이에 몸과 마음이 지칠 대로 지쳐 건강상 쉬고 싶었을 것이다.

17. 야곱은 숙곳에 이르러 자기를 위하여 집을 짓고 짐승을 위하여 우릿간을 지은 고로 그 땅 이름을 숙곳이라 부르더라

18. 야곱이 밧단아람에서부터 평안히 가나안 땅 세겜 성에 이르러 성 앞에 그 장막을 치고

19. 그 장막 친 밭을 세겜의 아비 하몰의 아들들의 손에서 은 일백 개로 사고

20. 거기 단을 쌓고 그 이름을 엘엘로헤 이스라엘이라 하였더라 / 창33:17-20

형 에서와 화해하고 얍복강을 건너자마자 상당 기간 동안 오래 머물러 살면서 마음의 안정을 찾아가고 있을 무렵 또 하나의 사건이 생긴다. 야곱이 레아에게서 난 딸 디나가 강간을 당한 것이다.

히위 족속 중 하몰의 아들 그 땅 추장 세겜(창10:6 함의 후손)이 그를 보고 끌어들여 강간하여 욕되게 하고 / 창 34:2

여기에서 학자들의 여러가지 학설이 있다. 야곱이 가나안 땅 숙곳에 도착 했을 때 당시 디나의 나이를 6-7세 정도(창33:17)로 가정하면 강간을 당한 나이는 성숙한 처녀로서 12-15세로 추정한다.[5)] 하나님은 야곱이 20년 전 하나님과의 잃어버린 벧엘의 약속을 딸 디나의 사건을 통해 다시 물으신다. 20년 전 나와의 약속을 잊었는냐며 20년 전 말씀을 다시 상기 시키신다.

20. 야곱이 서원하여 가로되 하나님이 나와 함께 계시사 내가 가는 이 길에서 나를 지키시고 먹을 양식과 입을 옷을 주사

21. 나로 평안히 아비 집으로 돌아가게 하시오면 여호와께서 나의 하나님이 되실 것이요

22. 내가 기둥으로 세운 이 돌이 하나님의 전이 될 것이요 하나님께서 내게 주

5) ※참고 (Tuch,Bohlen,6-7세),(Kurtz16-17)(당시 결혼 정련기12세로봄;Delitzsch)그러므로 당시 디나의 나이 12세에서 15세정도로 봐야한다(keil, Lange, Murphy, Kalisch,창세기주석)

신 모든 것에서 십분 일을 내가 반드시 하나님께 드리겠나이다 하였더라 / 창 28:20-22

“야곱아! 지금 네가 어디에 누웠느냐, 어디에 네 자리를 폈느냐?” 하시며 일어나라고 하신 것이다. 하나님은 야곱을 통해 원인을 찾고 계신 것이다.

하나님께서 아담에게 “아담아 네가 어디 있느냐?” 하고 물으신 말씀은 범죄한 가인에게도 물으셨고, 야곱에게도 물으셨다. 그리고 이 시간 우리에게도 “네가 지금 어디 있느냐? 어디 가느냐? 무엇을 하고 있느냐?” 하시며 행선지를 물으신다. 우리는 아주 정직하게 하나님의 물으심에 대답을 해야 한다.

야곱은 심신이 피로하다는 이유로 잠에 취해 있었다. 육신의 안일에 빠져 남은 여생을 숙곳에서 보내려고 우릿간도 짓고, 자신의 남은 생애에 살 집도 준비했으니 앞으로는 형통의 길 만 예비 된 줄로 생각했던 야곱이 아니던가! 그러나 하나님은 원인을 찾고 계셨다. 그리고 야곱을 다시 호출하신다.

하나님은 모든 사람에게 쉽게 잊어버리는 망각의 은사도 주셨을까? 우리는 때때로 환경이 변할 때마다 쉬 잊어버리는 망각 증세로 ‘내가 언제 그랬던가?’라고 할 때가 있다. 그러나 세상 모든 약속은 잊어 버려도 하나님과의 약속은 잊어서는 안 될 것이다. 하나님은 우리가 나그네 생활을 끝내고 천국 문에 이르러서도 반드시 찾을 것이기 때문이다.

천국 문에 이르러서 찾으시면 이미 늦다. 나그네 생활을 청산하기 전. 그것도 할 수만 있다면 건강 할 때, 시간을 주셨을 때 순종해야 그 사명을 감당 할 수 있을 것이다.

성경에 보면 하나님께서 아밋대의 아들 요나(요나1:1)를 부르신 이유가 무엇인가?

너는 일어나 저 큰 성읍 니느웨로 가서 그것을 쳐서 외쳐라 / 요 1:2

요나는 "순풍에 돛단 듯" 미끄러져 가는 배를 타고 하나님이 지시하신 니느웨로 가지 않고, 하나님의 낯을 피하여 다시스로 도망 하지 않았는가?

결과는 요나가 탄 배가 파선의 위기를 당하고, 요나는 물고기 뱃속에 들어갔다. 그리고 하나님이 다시 살리신 후에야 마침내 니느웨 성읍 60만 명에게 복음을 전하여 그들을 구원하지 않았는가!

야곱은 형 에서에게 쫓겨 도망가다가 광야에서 깊은 잠에 빠졌을 때가 있었다. 야곱이 밧단아람(아람의 평화라는뜻)에서 돌아온 후 광야에서 만난 하나님의 은혜를 생각하면서 지난 날 벧엘에 세운 단에 기둥(מַצֵּבָה, 마체바)[6]에 기념비를 세우고 붙인 이름이엘 벧엘(אל בית־אל) 즉" 벧엘의 하나님" 이었다.

그가 거기서 단을 쌓고 그곳을 엘벧엘이라 불렀으니 이는 그 형의 낯을 피할 때에 하나님이 그에게 거기서 나타나셨음이더라/ 창 35:7

에서는 이삭의 장자인 것만은 틀림없다. 그러나 그는 장자의 명분을 소홀히 여겼다. 야곱이 에서를 속인 것은 인간적으로는 분명 잘못

6) 기둥에 대해 종교개혁자 Calvin은 어떤 사람 혹은 사건을 기념하기 위하여 세우는 기념비를 말한다 하였고 어떤 신학자들은 (Keil과 Murphy) 하나님을 만난 사실과 하나님께로부터 받은 언약을 기념하기 위한 기념비라고 하였다.

된 것이나, 그의 축복권을 사모하는 모습을 보라! 야곱의 출발점이 무엇인가? 그는 하나님의 존재를 깨달은 것이다. "여호와께서 과연 여기 계시거늘 내가 알지 못하였도다. 하늘의 전이요 하늘의 문이로다" (창 28:16-17)고 외친 야곱의 신앙고백을 보라!

야곱은 하나님이 기뻐하시는 것이 무엇인줄 아는 멋진 남자 였다. 전능자인 하나님에게만이 오직 인생의 축복권이 있다는 사실을 알게 된 야곱의 서원을 보라

20. 야곱이 서원하여 가로되 하나님이 나와 함께 계시사 내가 가는 이 길에서 나를 지키시고 먹을 양식과 입을 옷을 주사

21. 나로 평안히 아비 집으로 돌아가게 하시오면 여호와께서 나의 하나님이 되실 것이요

22. 내가 기둥으로 세운 이 돌이 하나님의 전이 될 것이요 하나님께서 내게 주신 모든 것에서 십분 일을 내가 반드시 하나님께 드리겠나이다 하였더라 / 창 28:20

여기서 서원한다는 뜻의 히브리어 "네데르(נֶדֶר)"는 "자신의 입술을 통해 하나님께 자신을 바친다"는 행위를 말한다.

야곱은 에서의 분노를 사게 되고 도망자의 신세가 되었지만 하나님은 야곱을 버리지 아니하셨다. 야곱이 도망할 때 비록 장자의 명분을 빼앗았다는 죄 때문에 도망간 야곱이지만. 장자의 명분을 버린 애서보다는 장자가 되어 하나님의 사랑과 아버지 이삭의 사랑을 받겠다는 욕심 많은 야곱을 하나님은 선택하시고 함께 가셨다는 것이다.

또한 하나님은 한곳에 머무르는 분이 아니시라 온 세상에 편재 하심을 알 수 있다. 슬픈 곳에도, 절망과 좌절이 있는 현장에도, 불안과 공

포의 현장에도, 천길 만길 낭떨어지에서도, 통곡하는 인생에게도, 가난과 굶주림에 허덕이는 인생의 가정에도 하나님은 그 곁에 함께 계신다.

그러므로 우리의 영원하신 삼위 일체 하나님(Only God. Jesus only, Only the Holy Spirit)을 불려야 한다. 열정적인 자세로, 적극적인 방법으로 하나님을 찾았던 야곱의 모습을 하나님은 귀히 여기셨다. "너희가 전심으로 나를 찾고 찾으면 나를 만나리라(렘 29:13)"의 말씀대로 하나님은 우리가 설령 감당하지 못할 죄를 졌다고 할지라도 하나님 품에 안기며 들어오는 자를 사랑하시고 축복하여 주신다. 인간의 모든 용서와 화해는 오직 전능하신 하나님만이 하실 수 있기 때문이다.

야곱은 사랑하는 어린 딸 디나의 강간 사건으로 인하여 '왜 내게 이런 일이 왔는가?', 하나님은 지금껏 나를 도와주시지 않았는가! 에서의 손에서도, 라반의 손에서도, 광야에서 양떼를 칠 때 만났던 맹수의 손에서도 나를 지켜주셨는데, 왜 지금 모든 고생이 끝나고 노년을 즐겁게 보내려고 하니, '왜? 갑자기 이런 일이 생겼는가?'하며 갈등했을지도 모른다.

이 때 여호와 하나님"(루아흐)엘로힘)"은 창35:1에서 자신의 평강과 안이함에 도취되어 있는 야곱을 깨우신다.

1. 하나님이 야곱에게 이르시되 일어나 벧엘로 올라가서 거기 거하며 네가 네 형 에서의 낯을 피하여 도망하던 때에 네게 나타났던 하나님께 거기서 단을 쌓으라 하신지라
2. 야곱이 이에 자기 집 사람과 자기와 함께한 모든 자에게 이르되 너희 중의 이방 신상을 버리고 자신을 정결케 하고 의복을 바꾸라

3. 우리가 일어나 벧엘로 올라가자 나의 환난 날에 내게 응답하시며 나의 가는 길에서 나와 함께하신 하나님께 내가 거기서 단을 쌓으려 하노라 하매

4. 그들이 자기 손에 있는 모든 이방 신상과 자기 귀에 있는 고리를 야곱에게 주는지라 야곱이 그것들을 세겜 근처 상수리나무 아래 묻고

5. 그들이 발행하였으나 하나님이 그 사면 고을들로 크게 두려워하게 하신 고로 야곱의 아들들을 추격하는 자가 없었더라

6. 야곱과 그와 함께한 모든 사람이 가나안 땅 루스 곧 벧엘에 이르고

7. 그가 거기서 단을 쌓고 그곳을 엘벧엘이라 불렀으니 이는 그 형의 낯을 피할 때에 하나님이 그에게 거기서 나타나셨음이더라

8. 리브가의 유모 드보라가 죽으매 그를 벧엘 아래 상수리나무 밑에 장사하고 그 나무 이름을 알론바굿이라 불렀더라

9. 야곱이 밧단아람에서 돌아오매 하나님이 다시 야곱에게 나타나사 그에게 복을 주시고

10. 그에게 이르시되 네 이름이 야곱이다마는 네 이름을 다시는 야곱 이라 부르지 않겠고 이스라엘이 네 이름이 되리라 하시고 그가 그 의 이름을 이스라엘이라 부르시고

야곱이 이스라엘로 바뀌진 사건은 창32:28절에서 야곱이 하나님과 씨름할 때에 여호와께서 "네 이름이 무엇이냐?" 하시고 "네 이름을 야곱이라 하지 말고 이스라엘이라 하라" 하시고 이미 개명을 하여 주셨다.

디나 사건 이후 부르지 않던 이름을 다시 하나님께서 이스라엘이라 상기 시키시고 확증해 주신 것이다

11. 그에게 이르시되 나는 전능한 하나님이니라 생육하며 번성하라 국민과 많은 국민이 네게서 나고 왕들이 네 허리에서 나오리라

12. 내가 아브라함과 이삭에게 준 땅을 네게 주고 내가 네 후손에게도 그 땅을 주리라 하시고

13. 하나님이 그와 말씀하시던 곳에서 그를 떠나 올라 가시는지라

14. 야곱이 하나님의 자기와 말씀하시던 곳에 기둥 곧 돌기둥을 세우고 그 위에 전제물을 붓고 또 그 위에 기름을 붓고

15. 하나님이 자기와 말씀하시던 곳의 이름을 벧엘이라 불렀더라 / 창 35:1-15

젊은 날 하나님 앞에 서원의 장소요, 축복의 장소요, 은총의 장소였던 벧엘을(창28:10~22절)잊어 버리고 망각과 나태의 잠에 빠져 있던 야곱을 다시 깨워 "벧엘로 올라가라"고 명령 하신 것이다.

창22:2에서 아브라함은 아들 이삭을 데리고 브엘세바에서 모리아산까지 약 70km가 되는 곳을 3일 동안 걸어갔다. '세겜에서 벧엘까지' 거리가 약 48km가 된다고 하니 120리나 되는 거리를 이동한 것이다. 짐승들과 노비들 그리고 세겜에서 사로잡은 포로들과 가족까지 합쳐 대 가족을 이끌고 갔으니 족히 3일은 걸렸을 것이라 생각된다.

야곱 역시 마찬가지로 하나님의 명령이 떨어지기가 무섭게 온 가족에게 동원령을 내린다.

우리가 일어나 벧엘로 올라가자 나의 환난 날에 내게 응답하시며 나의 가는 길에서 나와 함께하신 하나님께 내가 거기서 단을 쌓으려 하노라 / 창 35:3

여기서 나타나신 하나님은 창세기 1:1-2에서 우주를 창조 하실 때 나타나신 엘로힘 즉 복수의 하나님인 "루아흐 엘로힘(רוּחַ אֱלֹהִים)"이 나타나신 것이다. 야곱은 벧엘로 올라가기에 앞서 온 가족들을 모아 놓고 비장한 결단과 각오를 다짐한다.

첫째, 이방 신상을 버리라는 것이다.

하나님 외에 그 어떤 다른 신도 용납 될 수가 없다는 것이다. 라헬이 밧단아람 친정을 떠나 올 때(창31:19) "드라빔[7]"과 같은 우상들은 모두 버리라는 것이다.

둘째, 자신을 정결케 하라는 것이다.

하나님 앞에 단을 쌓기 위해서는 무조건 깨끗해야 되고 정결 하라는 것이다. 요4:24에서 "하나님은 영이시니 예배하는 자가 신령과 진정으로 예배할찌니라"는 말씀은 모든 예배의 중심이요 전부라 할 것이다.

여기서 정결하다는 히브리어 "타헤르(טָהֵר)"라는 말은 육체적, 도덕적, 윤리적으로 "깨끗하라, 흠 없이 순결하라, 때 묻은 것을 씻어라"라는 뜻이다. 이는 결국 오늘로서 새롭게 거듭나라는 것이다. 과거의 때 묻은 것들, 지저분한 것들은 모두 씻어내고, 하나님을 만났던 그 곳 "벧엘로 올라가자"라는 것이다.

셋째, 의복을 바꾸라는 것이다.

의복을 바꾸라는 것은 지금까지 지나온 과거를 없애 버리라는 것이다. "의복을 바꾸라"라는 히브리어는 "씸라(שִׂמְלָה)"인데 여성에 해당

7) 사람 형상의 우상인데 족장시대에는 가정 수호신으로 당시 사회에 널리 숭배되어 왔다고 한다

되는 속옷, 덮개를 새 것으로 바꾸라는 뜻이다. 여자의 속옷은 얼마나 깊고 비밀에 쌓인 곳인가? 그 속옷을 바꾸라는 것은 인간의 깊은 내면 자신의 자화상을 완전히 드러 내놓으라는 것이다. B.C. 에서 A.D. 로 바꾸라는 것이다.

하나님 외에 다른 것을 마음 속 깊이 가지고 있었다면 그 모든 것들을 하나님 앞에 털어 놓고 새 것, 즉 하나님이 좋아하는 것으로 바꾸라는 것이다.

또한 의복을 바꾸라는 것은 "지금까지의 네 주인이 누구였느냐?"는 것이다. 곧 새 주인으로 바꾸라는 것이다. 지금까지는 내가 나의 주인이었고, 지금까지는 "안목의 정욕, 육신의 정욕, 이생의 자랑"과 같은 세상의 물질과 재능과 명예 등 세속적인 것들이 모두 나의 주인이 되었다면, 지금부터는 그 모든 것들을 땅 속에 묻으라는 것이다.

그리고 하나님의 집 벧엘로 올라가라는 것이다. 오직 유일신이신 하나님 한 분으로 바꾸라는 명령이었다. 야곱은 이 말씀이 떨어지기가 무섭게 지금 모두를 벗어 던지고 결단하고 행동하라는 것이다. 이는 모든 삶의 우선순위를 오직 하나님 한 분으로 바꾸겠다는 신앙고백이다.

아브라함과 하나님이 맺은 언약의 후손으로서, 여호와 하나님이란 유일신을 믿는 후손으로서, 그는 믿음의 결단을 하였던 것이다. 그러한 믿음의 결단이 있기까지 그는 분명 젊은 날 벧엘에서 하나님 앞에 서원했던 약속들(창28:18-22)이 전광석화처럼 떠올랐을 것이다.

고대인들은 손에 있는 신상과 귀에 있는 것, 목에 거는 것 등은 고대 사회에서 모두가 악귀를 쫒아내는 우상으로 보았다. 이 모든 것들을 세겜 근처 상수리 나무 밑에 묻었다는 것은 그날 이후로 다시는 하나님 외에는 눈에 보이는 모든 우상들과 보이지 않는 모든 생각의 우상까지도 버리겠다는 또 한 번의 야곱의 신앙고백이라고 할 수 있을 것이다.

"일어나 벧엘로 올라 가라, 거기서 단을 쌓으라"는 말씀 한마디에 결단하는 야곱의 "오직 여호와 신앙"을 보라.

벧엘로 올라온 야곱, 그는 돌기둥을 세우고 그 위에 전제물을 붓고, 또 그 위에 기름을 붓고, 벧엘이라 기념비를 동일한 장소에 두 번씩이나 세웠다.

야곱과 그와 함께한 모든 사람이 가나안 땅 루스 곧 벧엘에 이르고 그가 거기서 단을 쌓고 그곳을 엘벧엘이라 불렀으니 이는 그 형의 낯을 피할 때에 하나님이 그에게 거기서 나타나셨음이더라 / 창 35:6-7

"전제물"이라는 히브리어 "네세크(נֶסֶךְ)"는 쏟아 붓는 것, 거룩히 성별 하는 것, 받은 은혜를 철철 넘치게 쏟아 붓는 것이라는 뜻이 있다. 그는 하나님의 말씀을 다시는 변개치 아니하겠다는 결단으로 전제물 곧 "네세크(נֶסֶךְ)"를 쏟아 부었다. 일생동안 받은 은혜를 기억(think)하고, 감사(thank)하며, 한꺼번에 철철 넘치도록 쏟아 부었다.

그리고, 파란만장한 야곱의 나그네 인생길을 마치고 애굽에 거주한지 17년 만인 147세에 그의 열조에게로 돌아갔다.

29. 그가 그들에게 명하여 가로되 내가 내 열조에게로 돌아가리니 나를 헷 사람 에브론의 밭에 있는 굴에 우리 부여조와 함께 장사하라

30. 이 굴은 가나안 땅 마므레 앞 막벨라 밭에 있는 것이라 아브라함이 헷 사람 에

브론에게서 밭과 함께 사서 그 소유 매장지를 삼았으므로

31. 아브라함과 그 아내 사라가 거기 장사되었고 이삭과 그 아내 리브가도 거기 장사되었으며 나도 레아를 그곳에 장사하였노라

32. 이 밭과 거기 있는 굴은 헷 사람에게서 산 것이니라

33. 야곱이 아들에게 명하기를 마치고 그 발을 침상에 거두고 기운이 진하여 그 열조에게로 돌아갔더라 / 창 49:29-33

할렐루야! 야곱의 장례는 그야말로 한 나라의 왕의 장례 행렬보다도 빛났던 거대한 장례식이었다. 애굽에서 야곱의 유해를 싣고 가나안 땅까지 가는 행렬을 상상해보라.

당시 야곱의 아들 요셉이 애굽의 총리였음으로 바로 왕의 은혜를 입은 요셉은 아버지 야곱의 장례를 그야말로 성대히 거행하였을 것이다. 40일간 야곱의 시신을 미라로 보존하였고 70일 동안 애굽의 모든 백성들이 야곱의 죽음을 애도하였다고 하니 그 때의 그 장면을 상상해 보라. (창50:12-13)

요셉은 야곱의 유해를 싣고 할아버지 아브라함이 준비해 둔 막벨라 굴에 안치하였다. 이렇게 하여 마침내 야곱은 147년의 생애를 마치고 잠들게 되었다.

야곱은 죽기 전 열두 아들을 부른다. 야곱이 죽은 후 400년후에는 모두가 12지파로 왕정시대를 이룰 주인공들을 축복한다. 이 때 야곱은 창48:2절에 보면 운명 직전 병석에 누워있다가 아들 요셉이 왔단 말을 듣고 힘을 내어 벌떡 일어나 침상에 앉아 요셉과 그 아들들과 12지파에게 맑은 정신으로 축복하는 모습을 본다.

그는 무기력한 모습을 자녀들에게 보여 주는 것이 아니라 언약의 계승자로서 12자녀들에게 언약을 전수해야 했기 때문이다. 축복기도를 할 때 그는 야곱이 아니라 이스라엘로서 하나님의 언약과 구속사의 계승자임을 상기시키고. 신앙의 사람. 성령의 사람의 자세를 잃지 않았다.

실로 야곱의 12아들들은 12지파로 이스라엘 구속사를 계승하고, 예수그리스도의 12제자인 12사도로 이어져 마침내는 하늘나라 모형의 12기초석으로 발전한다. 끝내는 장차 구원받을 영적 이스라엘의 완전한 수를 예표 하고 있다.

그 성에 성곽은 열두 기초석이 있고 그 위에 어린양의 십 이 사도의 열두 이름이 있더라 / 계 21:14

내가 인 맞은 자의 수를 들으니 이스라엘 자손의 각 지파 중에서 인 맞은 자들이 십사만 사천이니 / 계 7:4

야곱은 한 시대의 족장으로서 실수도 하면서 내면의 인간미를 갖춘. 참으로 인간미가 넘치는, 눈물과 감성 넘치는 휴머니즘의 사람이었다. 하나님 앞에서는 언제나 죄인이요, 땅 끝까지 낮아지는 성령의 인도를 받은 참으로 성령의 사람이었다.

파란 만장한 인생의 노정에서 인간이 인간다운 실수도 하면서, 인생의 환난의 때엔 하늘의 음성을 듣고, 성령의 인도함을 받으며 순종했던 하나님의 사람, 그는 성령의 사람이었다. 그는 아브라함 할아버지와 아버지 이삭의 대를 이어 횃불언약의 계승자요 구속사의 주인공이었다.

이제 12지파의 영적인 구속사는 이제 예수그리스도로 이어져 오직 예수님을 믿는 자만이 선민의 주인공이 되어 구원을 얻는 축복을 누리게 됐다. 예수 그리스도의 구원의 능력과 사랑으로 영생에 이르게 하는 영원한 축복을 허락하신 하나님께 영광을 돌리자.

5) 여호와 라파(יְהוָה רֹפְאֶךָ׃) : 치료하는 여호와 / 출 15:26,모세가 붙인 이름이다.

> 가라사대 너희가 너희 하나님 나 여호와의 말을 청종하고 나의 보기에 의를 행하며 내 계명에 귀를 기울이며 내 모든 규례를 지키면 내가 애굽 사람에게 내린 모든 질병의 하나도 너희에게 내리지 아니하리니 나는 너희를 치료하는 여호와임이니라 / 출 15:26

모세가 이스라엘 백성을 이끌고 애굽을 나와 라암셋을 출발하여 BC1446년 1월 15일 목요일에 숙곳을 통과하고(16일), 에담(18일)을 거쳐 일주일 만인 1월21일(수) 홍해를 건너 수르 광야로 들어갔다. 거기서 사흘 길을 지나도 물이 나오지 않아 백성은 무론하고 소 떼와 양 떼들까지도 고통을 당하게 된다.

마라에 도착 하였으나 물이 써서 마시지 못하게 되니 모세에게 불평과 원망이 터져 나오고, 모세가 곤경에 처할 무렵 하나님이 모세에게 명한 나뭇가지를 물에 던지니 쓴 물이 변하여 단물로 바뀌어 졌다.

이때 여호와 하나님은 친히 "나는 너희를 치료하는 여호와"라고 하신 말씀이 바로 "여호와 라파"이다.

"나는 너희를 치료하는 여호와"라고 하시기까지 이스라엘에게 어떤 과정이 있었는지를 살펴보자.

여호와 라파(야훼-יְהוָה 라파-רָפָא)라는 말은 "온전하게 꿰매어 고치다, 완전하게 하다"라는 뜻이다.

여호와 하나님은 누구신가? 나의 아버지 되신 여호와, 그분은 우리의 육체적 질병인 오장육부 뿐 아니라 정신적, 영적 질병(허물과 죄악, 고통과 근심, 고난과 좌절)과 같은 생각까지도 꿰매어 완전하게 고쳐주시는 하나님이시다.

이스라엘의 출애굽(exodus)사건은 아브라함에게 말씀하신 여호와 하나님의 구속사를 이삭과 야곱 그리고 요셉에 이르기까지 성취해가는 새로운 새 시대, 새 역사라고 할 것이다. 430년의 노예생활에서 벗어나 하나님께서 예비하신 가나안 복지로 가는 첩경이기 때문이다.

여호와 하나님은 출애굽을 성취하기 위해 이스라엘 백성으로 하여금 애굽에서 마지막 밤을 보내게 하고 출12장에서 유월절 절기를 가르치신다.

① 흠 없는 어린양을 일년 된 수컷으로 취하고 (출12:5)

② 어린양을 잡고 (출12:6)

③ 피를 문설주에 바르고 (출12:7)

④ 그 밤에 고기는 불에 구워 무교병과 쓴 나물과 아울러먹고 (출12:8)

⑤ 허리에 띠를 띠고

⑥ 발에 신을 신고

⑦ 지팡이를 잡고

⑧ 급히 먹으라 이것이 유월절이니라(출12:11)

이 사건은 하나님의 구속사에서 전무후무한 사건이다. 단 한 번의 일회적 사건으로 아브라함과 이삭, 야곱, 요셉으로 이어지는 4대 족장 시대를 지나 모세의 탄생과 출애굽으로 이어진 것이다. 다시 말해, 인류 역사상 단 한 차례도 체험해 본 적이 없고 상상도 할수 없는 하나님의 구속사라 할 것이다.

아빕월 14일 밤에 진행되는 유월절과 곧이어 7일 동안 누룩 없는 떡을 먹는 무교절 규례는 앞으로 이스라엘 백성이 선민으로서 영원히 대대로 지켜 행할 것을 명령하심으로 여호와의 절기를 영원히 기념하라는 것이다.

정월에 그 달 십사일 저녁부터 이십일일 져녁까지 너희는 무교병을 먹을 것이요 / 출 12:18

그들이 가지고 나온 발교되지 못한 반죽으로 무교병을 구웠으니 이는 그들이 애굽에서 쫓겨남으로 지체 할 수 없었음이며 아무 양식도 준비하지 못하였음이였더라 /출 12:39

출 7장에서 첫 번째 재앙인 아론이 지팡이를 바로 앞에 던지니 뱀이 되고 바로는 애굽의 술객들을 통해 똑같은 수법으로 행하기를 반복하다가 마지막 열 번째 재앙을 애굽 전역에 내리신다.

밤중에 여호와께서 애굽 땅에서 모든 처음 난 것 곧 위에 앉은 바로의 장자로부터 옥에 갇힌 사람의 장자까지 생축의 처음 난 것을 다치시매 / 출 12:29

그 밤에 바로와 그 모든 신하와 모든 애굽 사람이 일어나고 애굽의 큰 호곡이 있었으니 이는 그 나라에 사망치 아니한 집이 하나도 없었음이었더라 / 출 12:30

마지막 재앙을 애굽에 내리시니 바로는 하나님 앞에 항복 선언을 하고 거꾸로 "나를 위하여 축복하라 우리가 다 죽은 자가 되었도다" 하고 그 밤에 백성을 재촉하여 속히 보낸다.

31. 밤에 바로가 모세와 아론을 불러서 이르되 너희와 이스라엘 자손은 일어나 내 백성 가운데서 떠나서 너희의 말대로 가서 여호와를 섬기며

32. 너희의 말대로 너희의 양도 소도 몰아가고 나를 위하여 축복하라 하며

33. 애굽 사람들은 말하기를 우리가 다 죽은 자가 되도다 하고 백성을 재촉하여 그 지경에서 속히 보내려 하므로 / 출 12:31-33

이스라엘 자손이 라암셋에서 발행하여 숙곳에 이르니 유아 외에 보행하는 장정이 육십만 가량이요 / 출 12:37

홍해라는 거대한 물결을 헤치고 하나님이 예비하신 가나안으로 가는 구속사의 주인공들인 히브리 민족 전체가 수장되느냐, 아니면 구원을 받느냐는 아브라함을 통해 여호와 하나님의 구속사적 예언의 말씀이 현실화 되는 과정이었다.

이제는 홍해 이전의 과거(B.C.)는 죽고 새로운 땅 가나안에서 펼쳐질 새로운 삶(A.D.)이 시작 된다.

더불어 홍해 사건은 예수그리스도를 통해 구원을 얻는 우리 크리스천들이 홍해(A.D.)라는 거듭난 영적인 강을 반드시 건너야만 된다는 구속사적 교훈을 주고 있는 것이다.

여호와 하나님은 아브라함을 통해 400년 동안 이방의 객이 되리라는 예언의 말씀대로 애굽의 객이 되었다가 이제 새로운 시대를 맞이하려 하고 있다.

13. 여호와께서 아브람에게 이르시되 너는 정녕히 알라 네 자손이 이방에서 객이 되어 그들을 섬기겠고 그들은 사백년 동안 네 자손을 괴롭게 하리니

14. 그 섬기는 나라를 내가 징치할찌며 그 후에 네 자손이 큰 재물을 이끌고 나오리라

15. 너는 장수하다가 평안히 조상에게로 돌아가 장사될 것이요

16. 네 자손은 사대 만에 이 땅으로 돌아오리니 이는 아모리 족속의 죄악이 아직 관영치 아니함이니라 하시더니

17. 해가 져서 어둘 때에 연기 나는 풀무가 보이며 타는 횃불이 쪼갠 고기 사이로 지나더라 / 창 15:13-17

히브리 민족은 젖과 꿀이 흐르는 미지의 땅 가나안으로 가기 위해 얼마나 많은 고초를 겪어야만 했는가! 그러다 마침내 400년이라는 "세대의 세대를 넘는 애굽의 종살이"라는 피와 한이 서린 역사를 뒤로하고, 이스라엘은 바로의 공갈과 학정에도 하나님의 위대한 수레바퀴를 통해 되돌릴 수 없는 새로운 시대를 맞이하게 된다.

여호와 하나님은 미디안 광야에서 40년을 훈련시킨 모세를 통하여 이스라엘 민족 200만 명을 이끌고 B.C. 1446년 원년인 1년 1월(아빕월)15일, 이스라엘 백성이 애굽으로 내래간지 430년이요, 요셉이 죽은지 360년 만에 라암셋을 발행하여 역사적인 출애굽을 하게 된다.

창 15:14에 보면 여호와 하나님은 많은 재물을 가지고 나오리라고 약속해 주셨다.

그 섬기는 나라를 내가 징치할찌며 그 후에 네 자손이 큰 재물을 이끌고 나오리라/ 창 15:14

하나님께서 아브라함과 이미 400년 전 약속하신 말씀대로 그 약속이 라암셋을 출발하는 지금 이루어지고 있는 것이다.

20. 내가 내 손을 들어 애굽 중에 여러가지 이적으로 그 나라를 친 후에야 그가 너희를 보내리라
21. 내가 애굽 사람으로 이 백성에게 은혜를 입히게 할찌라 너희가갈 때에 빈손으로 가지 아니하리니
22. 여인마다 그 이웃 사람과 및 자기 집에 우거하는 자에게 은 패물과 금 패물과 의복을 구하여 너희 자녀를 꾸미라 너희가 애굽 사람의 물품을 취하리라 / 출 3:20-22

라암셋을 출발한지 하루 만에 숙곳에 도착하였다. 그리고 이스라엘 숫자를 계산해 보니 20세 이상 장정만 "육십만 삼천 오백 오십명"이라 하였으니 아이들을 합치면 약 200만에 달하는 숫자라고 보아야 할 것이다.

이스라엘 자손이 라암셋에서 발행하여 숙곳에 이르니 유아 외에 보행하는 장성이 육십 만 가량이요 / 출 12:37

이미 애굽에 있는 요셉까지 야곱의 혈속이 모두 70인이었더라 / 출 1:5

위 말씀을 비추어 볼 때 애굽으로 들어간 때가 B.C. 1876년이고, 출애굽의 때가 1446년이니 무려 430년 만에 200만 명이나 되는 후손으로 번성하였다는 것을 알 수 있다.

창1:28에서 여호와 하나님 말씀에 "생육하고 번성하여 땅에 충만케 하라" 하신 하나님의 특별하신 은총을 우리는 기억 하여야 할 것이다.

※ "발행"은 머물고 있던 곳을 떠나 새로운 목적지를 향해 가는 것을

의미 한다.

※ "숙곳"은 오두막집(booths)이란 뜻

이 달로 너희에게 달의 시작 곧 해의 첫 달이 되게 하고 / 출 12:2

아빕월 이 날에 너희가 나왔으니 / 출 13:4

중다한 잡족과 양과 소와 심히 많은 생축이 그들과 함께 하였으며 그들이 가지고 나온 발교되지 못한 반죽으로 무교병을 구웠으니 이는 그들이 애굽에서 쫓겨남으로 지체할 수 없었음이며 아무 양식도 준비하지 못하였음이었더라 이스라엘 자손이 애굽에 거주한 지 사백 삼십년이라 사백 삼십년이 마치는 그 날에 여호와의 군대가 다 애굽 땅에서 나왔은즉/ 출 12:38-41

그들이 정월 십오일에 라암셋에서 발행하였으니 곧 유월절 다음 날이라 이스라엘 자손이 애굽 모든 사람의 목전에서 큰 권능으로 나왔으니 / 민 33:3

이스라엘 백성이 B.C. 1446년 원년인 1년 1월 15일 여호와의 명령하신 유월절행사를 마치고 라암셋을 발행하여 그 다음날 도착한 곳이 숙곳에(출12:37) 도착(1월 16일)하여 이스라엘 숫자를 계수 한다. (20세 이상 장정만 육십만 삼천 오백 오십 명)

계수함을 입은 자의 총계가 육십만 삼천 오백 오십명이었더라 / 민 1:46

20. 그들이 숙곳에서 발행하여 광야 끝 에담에 장막을 치니

21. 여호와께서 그들 앞에 행하사 낮에는 구름 기둥으로 그들의 길을 인도하시고 밤에는 불기둥으로 그들에게 비취사 주야로 진행하게 하시니

22. 낮에는 구름 기둥, 밤에는 불기둥이 백성 앞에서 떠나지 아니하니라 / 출 13:20-22

원년 정월 15일에 라암셋을 출발한 이스라엘 백성은 다음날 16일에 숙곳을 도착하여 18일 일요일에 에담에 도착한다. 에담은 "둠(Tum)의

집"이란 뜻인데 민33:8은 에담 광야 창16:7에서는 "술 광야"라 기록 하고 있고, 출13:20은 "광야의 끝"이라 기록 하고 있다.

> 이스라엘 진 앞에 행하던 하나님의 사자가 옮겨 그 뒤로 행하매 구름 기둥도 앞에서 그 뒤로 옮겨 / 출 14:19
>
> 애굽 진과 이스라엘 진 사이에 이르러 서니 저 편은 구름과 흑암이 있고 이 편은 밤이 광명하므로 밤새도록 저편이 이편에 가까이 못하였더라 / 출 14:20

출13:21절의 여호와를 출14:19절에서는 "하나님의 사자"라고 기록 하고 있다. 출23:20에서도 "내가 사자를 네 앞서 보내어 길에서 너를 보호하여 너로 내가 예비한 곳에 이르게 하리니"라고 기록하고 있고, 출 32:34에서는 "내 사자가 네 앞서 가리라"고 기록하고 있다.

이스라엘 백성을 모세의 인도 하에 홍해 앞 에담까지 인도하신 여호와 하나님을 "하나님의 사자" 혹은 "하나님의 신"이라고 기록 하고 있는데, 이 뜻은 히브리어의 "루아흐 엘로힘(אֱלֹהִים רוּחַ)"이라는 단어와 같은 의미로 "루아흐"는 구약성경 전체에 걸쳐 약 387회가 사용되였으며,[8] 하나님의 신 곧 성령님은창 1:1에서 "하나님은(엘로힘(אֱלֹהִים), 능력의힘")은 태초(베레쉬트רֵאשִׁית)에 (시간의 개시에)천(שָׁמַיִם솨마임) 지(אֶרֶץ에레쯔)를 창조(בָּרָא바라) 하셨다" 는 선포와 하나님의 신도 수면에 운행하심과 동시에 천지 창조가 시작 되셨다는 것을 말씀 하신다"라고 말씀함으로 처음부터 삼위일체 하나님이심을 말씀하고 계시하고 계신다.

성령은 곧 "바람, 영, 마음, 생명, 호흡, 숨"이라는 뜻 Blue Letter

---

8) 카리스 종합주석, 창세기 1장 원어강해, p177 〈기독지혜사〉

Bible "Lexicon : Strong's H7307 - ruwach"으로 사용되기도 하는데 출애굽 하는 이스라엘 백성들이 광야의 끝이라 불리는 에담에서 홍해 도하를 앞두고 "루아흐 엘로힘(רוּחַ אֱלֹהִים)"이라는 단어를 사용함으로서, 창1:26에 "하나님이 가라사대 우리의 형상을 따라 우리의 모양대로"라는 말씀과 같이 성령께서 구속사의 주체가 되어 이스라엘 민족의 중심에 서 계신 것을 볼 수 있다.

삼위일체 하나님이 구름 기둥과 불기둥으로 나타나시어 4대 족장에게 말씀하심으로 430년 후에도 변함없이 이스라엘 백성들을 지키고 계신 알파와 오메가가 되시는 하나님이심을 밝히고 있다.

'라암셋'을(1446년 1월 15일, 목요일) 출발하여 숙곳을 통과하고 (16일)에 담(18일)을 거처 일주일 만인 1월21(수) 홍해를 건너는 대역사를 이룬다.

22. 모세가 홍해에서 이스라엘을 인도하매 그들이 나와서 수르 광야로 들어가서 거기서 사흘길을 행하였으나 물을 얻지 못하고

23. 마라에 이르렀더니 그곳 물이 써서 마시지 못하겠으므로 그 이름을 마라라 하였더라

24. 백성이 모세를 대하여 원망하여 가로되 우리가 무엇을 마실까 하매

25. 모세가 여호와께 부르짖었더니 여호와께서 그에게 한 나무를지 시하시니 그가 물에 던지매 물이 달아졌더라 거기서 여호와께서그들을 위하여 법도와 율례를 정하시고 그들을 시험하실쌔

26. 가라사대 너희가 너희 하나님 나 여호와의 말을 청종하고 나의보기에 의를 행하며 내 계명에 귀를 기울이며 내 모든 규례를 지키면 내가 애굽 사람에게 내린 모든 질병의 하나도 너희에게 내리지 아니하리니 나는 너희를 치료하는 여호와임이니라 / 출15:22-26

이스라엘 백성이 바로의 추격에도 불구하고 홍해를 건넌 것은 인류 역사상 전무후무한 사건임에도, 이스라엘 백성들은 그 은택을 잊어버리고 불평과 원망을 하고 있을 때, 여호와 하나님이 "나는 치료의 하나님(라파 רָפָא)"이라고 나타나 주셨다.

불평과 원망 속에서 쓴물이 단물로 변하고 나는 너희를 치료하는 여호와라고 응답을 받은 후 도착한 곳이 '엘림' 이었다.

엘림은 홍해를 건넌 후 두 번째 휴식을 취한 장소로서 '큰 나무'라는 뜻이다. 그곳에 물 샘 12개와 종려나무 70주가 있었는데, 물 샘12개는 이스라엘 12지파에게 하나씩 돌아갔고 종려나무는 이스라엘 70 장로 장막에 하나씩 돌아갔다.

'엘림'이라는 말 그대로 하나님의 축복이 이스라엘에게 있었고, 다음 행군을 위해 모처럼 휴식을 취한 곳이기도 하다.

6) 여호와 닛시(יְהוָה נִסִּי) : 여호와는 나의 깃발(출 17:15) – 아말렉과의 전투를 끝내고 모세가 붙인 이름이다.

모세가 단을 쌓고 그 이름을 여호와 닛시라 하고, 가로되 여호와께서 맹세하시기를 여호와가 아말렉으로 더불어 대대로 싸우리라 하셨다 하였더라 / 출 17:15-16

430년의 유랑생활을 끝낸 이스라엘 백성은 천신만고 끝에 홍해를 건넜다. 아론과 모세의 누이(출15:20) 선지자 미리암이 손에 소고를 잡으매 모든 여인도 그를 따라 나오며 소고를 잡고 춤을 추었다.

아론의 누이 선지자 미리암이 손에 소고를 잡으매 모든 여인도 그를 따라 나오며 소고를 잡고 춤추니 미리암이 그들에게 화답하여 가로되 너희는 여호와를 찬송하라 그는 높고 영화로우심이요 말과 그 탄 자를 바다에 던지셨음이로다 하였더라 / 출 15:20-21

※선지자 미리암

① 아론과 모세의 누이(출2:4,8)

② 애굽 땅에서 종노릇 할 때 모세와 아론과 미리암을 함께 불러내어 이스라엘 백성 앞서 가게 하심(미 6:4)

③ 여 선지자로 하나님이 사용하셨다(민12:4)

④ 소고와 춤으로 여자 성가대를 이끈 사람(출15:20)

애굽에서 살아남아 여호와의 은혜를 찬송으로 보답 하였음에도 3일 길의 수르 광야 행군으로 마실 물이 없자 불평과 원망으로 모세에게 달려든 이스라엘의 모습을 보라.

작심삼일이란 말이 무색할 정도로 은총을 입은 지 만 3일 만에 한 입에서 찬양과 원망이 나온다. 쓴물과 단물이 나온다.이스라엘 백성들이 홍해를 건넌 후 3일 만에 마라에 도착한다. (원년 B.C. 1446년 1월 24일 토요일) 사막 길을 하루도 아닌 3일 길을 걸어왔으니 얼마나 지쳐 있었겠는가? 사람뿐만이 아니라 모든 짐승들도 마실 물이 없으니 얼마나 갈증이 났었겠는가?그런데 그 때 갈증과 기갈에 치쳐 있는 이스라엘 백성들에게 샘물이 솟았으니 얼마나 기뻤겠는가? 그러나 막상

물을 먹어보니 써서 도무지 먹을 수가 없었다.

작심삼일이라 받은 은총은 온데간데 없고, 불평 원망을 쏟아내는 이스라엘 백성들... 그러나 하나님은 쓴물을 단물로 바꿔 주시고 하나님의 품으로 안아 주신다. 허물과 죄뿐인 우리 인간이 얼마나 간사한 가를 지금 나 자신이 목도 하고 있다. 바람만 불어도 놀래고 낙엽 떨어지는 소리에도 놀라 하나님을 원망하고 부정 하려 했던 내가 아닌가! 마라를 뒤로하고 또 다시 힘을 낸 이스라엘 백성은 엘림(2월2일)에 도착하여 첫 번째 마라 휴식 후 두 번째 휴식을 취한다.

> 그들이 엘림에 이르니 거기 물샘 열둘과 종려 70주가 있는지라 거기서 그들이 그 물 곁에 장막을 치니라 / 출 15:27

물 샘 열둘은 12지파와 종려나무 70주는 이스라엘의 70장로들을 의미하는데 물 샘 열둘은 이스라엘 12지파에게 각각 하나씩 돌아가고 종려나무 70주는 이스라엘 70인 장로들의 장막 하나에 하나씩 돌아 갈 수 있었다고 한다. 그러므로 엘림은 이스라엘 전체를 위해 예비된 곳이라 하였다.

이스라엘 민족의 애굽에서의 40년은 억압과 한숨의 시간이요, 노예생활에서 언제 해방 될지 모르는 기약 없는 '고난의 시간' 이었다면, 출애굽하여 가나안으로 가는 여정도 어쩌면 '더 큰 고난의 시간'이었을지도 모른다.

그러나 애굽의 고난은 절망이요 미래에 대한 희망이 없는 고난이라면. 가나안으로 가는 고난은 비록 사막의 한복판에서 길을 잃고 헤멘다 하더라도 더 넓은 미래를 위한 꿈이 있는 고난이였기에, 그들에게는 희망이 있었다.

애굽에서 나온 지 정확히 한 달이 되었다. 1446년1월15일목요일 라암셋을 떠나 2월15일 토요일에 즉 한 달만에 신광야에 도착힌 것이다.

> 이스라엘 자손의 온 회중이 엘림에서 떠나 엘림과 시내산 사이 신 광야에 이르니 애굽에서 나온 후 제 이월 십오일이라 / 출 16:1

마라에서 쓴물 때문에 불평하다가 단물로 변하는 기적을 체험한지 20여일 후, 엘림에서 물 샘 열둘과 종려나무 70주에 축복을 받은 지 약 보름만인 2월15일 신 광야에 도착한 이들의 모습을 보자.

> 이스라엘 온 회중이 그 광야에서 모세와 아론을 원망하여 그들에게 이르되 우리가 애굽 땅에서 고기 가마 곁에 앉았던 때와 떡을 배불리 먹던 때에 여호와의 손에 죽었더면 좋았을 것을 너희가 이 광야로 우리를 인도하여 내어 이 온 회중으로 주려 죽게 하는도다 / 출 16:2-3

영육 간에 위기가 닥쳐 올 때 마다 하나님의 특별하신 사랑과 보호하심을 체험 하면서도 조그만 틈만 생기면 불평과 원망을 한 이스라엘 백성에게 자비하신 여호와 하나님은 "만나와 메추라기"라는 특별한 고기와 떡을 보내주신다.

코로나로 인한 질병이 온 세상을 뒤덮으니 교회를 등지는 현대인 크리스천들을 보라! 과연 그들이 구원받은 백성인가 말이다. 지금으로부터 3500년전의 이스라엘 백성들이 하나님을 불신하는 그 모습은 오늘 현대를 살아가는 현대인들의 생활속에 그들의 생각과 마음 속에 불신이 내제 하고 있다는 사실이다. 그러나 불신하는 이스라엘 백성들에게 하늘의 양식을 비같이 내려주시겠다고 말씀하시지 않았는가!

때에 여호와께서 모세에게 이르시되 보라 내가 너희를 위하여 하늘에서 양식을 비같이 내리리니 백성이 나가서 일용할 것을 날마다 거둘 것이라 이같이 하여 그들이 나의 율법을 준행하나 아니 하나 내가 시험하리라 / 출 16:4

저녁에는 메추라기가 와서 진에 덮이고 아침에는 이슬이 진 사면에 있더니 그 이슬이 마른 후에 광야 지면에 작고 둥글며 서리 같이 세미한 것이 있는지라 / 출 16:13-14

이스라엘 자손이 사람 사는 땅에 이르기까지 사십년 동안 만나를 먹되 곧 가나안 지경에 이르기까지 그들이 만나를 먹었더라 / 출 16:35

출애굽을 기념한 아빕월 14일 밤에 진행되는 유월절과 곧이어 7일 동안 누룩 없는 떡을 먹는 무교절 규례는 부패된 옛 습관, 관습, 세상에 얽매이었던 과거(B.C.)에 대해 인생의 홍해를 건너기 앞서 반드시 청산하라는 것이다. 과거 애굽의 생활에서 돌아서야만 가나안(A.D.) 복지로 갈 수 있다는 것이다.

그러므로 무교절 규례와 유월절은 이스라엘 백성이 선민으로서 다시는 돌아 올수 없는 '홍해'라는 강을 건너기에 앞서 여호와 하나님 앞에서 심오한 결단을 하고. 그 규례를 대대로 지켜 여호와의 절기를 영원히 기념하라는 것이었다.

너희는 무교절을 지키라 이 날에 내가 너희 군대를 애굽 땅에서 인도하여 내었음이니라 그러므로 너희가 영원한 규례를 삼아 이 날을 대대로 지킬찌니라 정월에 그 달 십사일 저녁부터 이십일일 저녁까지 너희는 무교병을 먹을 것이요 / 출 12:17-18

B.C. 1446년 1월 15일(목요일) 라암셋을 떠나 2월 15일(토요일),

즉 한달 만에 신 광야에 도착한 후 부터(출16:1) 시작한 만나와 메추라기는 요단을 건너기 직전까지 계속되었고, 마침내 40년이 되던 해 길갈에 진을 치게 될 때 멈추었다.

출애굽 한지 41년 째 되던 해 1월15일 유월절 직후에 만나와 메추리기 공급이 멈추었다. 그러므로 실제 만나가 내린 정확한 기간은 39년 11개월 동안 주신 것이다.

10. 이스라엘 자손들이 길갈에 진 쳤고 그 달 십 사일 저녁에는 여리고 평지에서 유월절을 지켰고

11. 유월절 이튿날에 그 땅 소산을 먹되 그 날에 무교병과 볶은 곡식을 먹었더니

12. 그 땅 소산을 먹은 다음 날에 만나가 그쳤으니 이스라엘 사람들이 다시는 만나를 얻지 못하였고 그 해에 가나안 땅의 열매를 먹었더라 / 수 5:10-12

40년간 매일 변함없이 메추라기와 만나를 공급해 주셨다고 하는 것은 인류를 사랑하신 하나님의 보편적 사랑이었다. 또한 아브라함과의 맺은 횃불 언약이었으며, 특히 선택한 개인이나 가정, 백성, 국가는 하나님의 말씀대로 끝까지 지키시고 보호 하시겠다는 언약의 약속인 것이다.

하나님은 인생이 아니시니 식언치 않으시고 인자가 아니시니 후회가 없으시도다 어찌 그 말씀하신 바를 행치 않으시며 하신 말씀을 실행치 않으시랴 / 민 23:19

또한 하나님은 40년 동안 광야생활에 공급하여 주신 만나를 항아리에 넣어 보관토록 명령하셨다.

33. 또 아론에게 이르되 항아리를 가져다가 그 속에 만나 한 오멜을 담아 여호와 앞에 두어 너희 대대로 간수하라

34. 아론이 여호와께서 모세에게 명하신 대로 그것을 증거판 앞에 두어 간수하게 하였고

> 35. 이스라엘 자손이 사람 사는 땅에 이르기까지 사십년 동안 만나를 먹되 곧 가나안 지경에 이르기까지 그들이 만나를 먹었더라 / 출 16:33-35

불평과 원망 가운데서도 하나님의 사랑과 은총을 받으면 회개하고 좋아서 어린애처럼 어쩔 줄 몰라 하고, 또 다시 시간이 지나면 '작심삼일'이라 또 불평으로 하나님을 향한 원망을 하는 이스라엘 백성들을 볼 때마다, 참으로 오늘 우리들의 모습을 보는 것 같아 참으로 민망하기 그지없다.

마라의 쓴물이 단물로 변하고 거기다가 보너스로 평생을 고생하지 않고 먹을 수 있는 일용할 양식 메추라기와 만나를 주시지 않았는가! 3일 동안 수르 광야를 거쳐 오는 동안 갈증과 기갈에 지쳐 있는 이스라엘 자손들을 보시는 하나님의 마음은 어떠하셨을까? 그들이 목말라 할 때 하나님도 갈증이 나셨을 것이고 그들이 배고파 할 때 하나님도 허기가 지셨을 것이다.그들이 더위에 지쳐 있을 때 하나님도 지쳐 계셨을 것이다.

그런데 왜 하나님은 홍해를 빠져 나온 이스라엘 백성들에게 3일 길을 걷게 하셨으며, 지칠 대로 지친 백성들에게 처음부터 단물을 주시지 않고 왜 쓴물을 주셨냐는 것이다.

첫째, 변하라는 것이다.

'변하다'라는 말의 히브리어 "할라크(חָלַף"는 "뒤짖어 놓다, 왔던 길로 되돌아가라, 다시 시작하라"는 뜻이 있다. 또한 헬라어로는 "메타

모르파오(μεταμορφοῦσθε)"라는 말로 "바꾸어 버리다, 새롭게 만들어 버리다"라는 뜻이 있다.

이는 신본주의로 바꾸라는 것이다. 여호와께 돌아오라는 것이다. 변해야 산다는 것이다. 변해야 기적이 일어나고, 변해야 능력이 나타나게 된다는 것이다.

변해야 새사람이 된다. 물이 변하여 포도주(요2:1-10)가 되듯이 변해야 예수의 사람이 된다는 것이다. 변하여 성령의 사람이 되라(Change and Be a man of the Holy Spirit)는 것이다.

삼상 10:6에서 "여호와의 신이 크게 임하리니 너도 그들과 함께 예언하고 변하여 새사람이 되리라"라고 했고, 또 엡 2:24에서 "하나님을 따라 의와 진리의 거룩함으로 지음심을 받은 새사람을 입으라"라고 했다. 곧 마라의 쓴물이 단물로 변하기 위해서는 변화를 받으라는 것이다. 변화를 받아 새사람이 되라는 것이다. 철저한 변화 없이 가나안에 들어갈 수 없다는 것이다.

25. 모세가 여호와께 부르짖었더니 여호와께서 그에게 한 나무를 지시하시니 그가 물에 던지매 물이 달아졌더라 거기서 여호와께서 그들을 위하여 법도와 율례를 정하시고 그들을 시험하실쌔

26. 가라사대 너희가 너희 하나님 나 여호와의 말을 청종하고 나의 보기에 의를 행하며 내 계명에 귀를 기울이며 내 모든 규례를 지키면 내가 애굽 사람에게 내린 모든 질병의 하나도 너희에게 내리지 아니하리니 나는 너희를 치료하는 여호와임이니라

27. 그들이 엘림에 이르니 거기 물샘 열둘과 종려 칠십 주가 있는지라 거기서 그들이 그 물 곁에 장막을 치니라 / 출 15:25-27

어떻게 변해야 새사람을 입을까?

두 번째로 하나님의 손(The Hand of God)에 붙잡히라는 것이다. "여호와의 신(루아흐 엘로힘(רוּחַ אֱלֹהִים))"에 사로잡히라는 것이다.

겔 37:1 에 보면 여호와의 권능이 에스겔에게 임하여 여호와의 신이 골자기로 에스겔을 데리고 가서 뼈가 가득한 장면을 보여주시는 장면이 나온다. 그리고 하신 말씀이 여호와의 권능(겔37:1)으로 임하여 "인자야 이 뼈들이 능히 살아 나겠느냐(겔37:3)" 하니 에스겔은 "내주 여호와여 주께서 아시나이다"라고 대답을 한다.

여기서 여호와의 권능이란 히브리어에 야드(יָד)는 손이라는 뜻인데 카프(ד)라는 기본어에서 나온 말로 "오목한 손", "하나님의손(The hand of the Lord)"이라는 뜻이다.

5절에 "주 여호와께서 이 뼈들에게 말씀하시기를 내가 생기로 너희에게 들어가게 하리니 너희가 살리라(생령)"라고 말씀하신다.

생기는 무엇을 말하는가? 창2:7절에 태초에 사람을 만드실 때 생기를 그 코에 불어 넣으시니 생령이 되었다고 하신 말씀대로 하나님께서 생기를 불어넣어 주시면 살아있는 사람이 되고, 하나님이 생기를 가져가시면 인간은 다시 한줌의 흙으로 돌아 가버린다는 것이다.

오직 사람은 다른 동물과 달리 하나님의 형상을 닮도록 하나님의 생기를 불어 넣으셔서 만드셨다는 사실을 기억해야 될 것이다. 이는 다시 말해, 누구든지 하나님의 성령에 사로잡히지 아니 하고서는 변화를 받을 수 없다는 것이다.

인간은 이성으로서 변화 할 수는 있으나 그것은 겉 사람의 변화요, 속사람이 변화를 가져 오는 것이 아니다.

“새사람”이라는 히브리 원문 카이노스(καινὸν)는 전혀 새로운 것으로라는 뜻의 현재 진행형이고 미래 진행형이다. 헬라어 “메타모르파오(μεταμορφοῦσθε)”는 “바꿔 버리다, 새롭게 만들어 버리다”라는 뜻과 일치하다.

요한복음 3장에서 예수님께 밤중에 찾아온 니고데모와 예수님과의 대화에서 찾아보자.

> 예수께서 대답하시되 진실로 진실로 네게 이르노니 사람이 물과 성령으로 거듭나지 아니하면 하나님 나라에 들어갈 수 없느니라 육으로 난것은 육이요 성령으로 난 것은 영이니 내가 네게 거듭나야 하겠다는 말을 기이히 여기지 말라 / 요 3:5-7
>
> 그런즉 누구든지 그리스도 예수 안에 있으면 새로운 피조물이라 이전 것은 지나갔으니 보라 새것이 되었도다 / 고후 5:17

거듭남이라는 헬라어 단어 “게나오 아노센(γεννάω ἄνωθεν)은 근원부터, 처음부터, 완전히, 철저히 영과 육이 거듭남을 말한다. 그런데 이스라엘 백성은 어떠 했는가 430년이라는 애굽의 학정에 시달리다 보니 하나님 나라를 그리워하고 사모하는 것만은 틀림이 없었을 것이다. 그러나 만반의 준비 없이 하나님의 명에 의하여 밤중에 애굽을 나와야 했다.

하나님께서 얼마나 급하셨으면 밤중에 애굽을 나오라고 하시면서 다음과 같이 말씀하셨겠는가?

1. 허리에 띠를 띠라

- 결단이다. 각오다. 미래에 어떤 일이 일어날지 모르니 각오와 긴장을 하고 믿음으로 나설 준비를 하라는 것

2. 발에 신을 신어라

- 머뭇거리지 말라. 황급히 행동할 준비를 하고 출발할 준비를 하라는 것.

3. 손에 지팡이를 잡으라

- 허둥대지 말고 안전하게 가라는 것.

4. 급히 먹으라

- 게으르지 말라. 인생은 전쟁이라는 것. 이스라엘 백성 모두가 가족의 일원이자 신앙의 공동체라는 것이다. 그러므로 각자 개인 행동은 있을 수가 없다는 것이다. 한 사람의 낙오자도 생겨서도 안 된다는 것이다.

어찌 보면 '아닌 밤중에 홍두깨'요 날벼락 같은 소리가 아닌가! 그러나 하나님 편에서 보면 최고의 비밀을 요하셨을 것이다. 무언가에 쫓기듯 황급히 할 것을 명령 하신다. 얼마나 급하셨으면 완전 무장을 명령 하셨겠는가!

> 너희는 이것을 이렇게 먹을 지니 허리에 띠를 띠고 발에 신을 신고 손에 지팡이를 잡고 급히 먹으라 이것이 여호와의 유월절이니라 / 출 12:11

신약에도 똑같은 말씀을 에베소 교인들을 향해 사도 바울이 말씀 하셨다.

> 그런즉 서서 진리로 너희 허리띠를 띠고 의의 흉배를 붙이고 평안의 복음의 예비한 것으로 신을 신고 모든 것 위에 믿음의 방패를 가지고 이로서 능히 악한자의 모든 화전을 소멸하고 구원의 투구와 성령의 검 곧 하나님의 말씀을 가지라 / 엡 6:14-17

출애굽 당시 이스라엘 백성들은 야곱이 정착한지 430년이라는 긴 시간 흘렀고, 그래서 많은 세대가 지난 뒤였다. 출1:6-8절에 보면 요셉을 알지 못하였고, 그 시대 사람은 다 죽었다고 하였으니 졸지에 출애굽을 하고 나서야 광야에서 유월절을 지내고 법도와 규례를 가르치면서 40년의 광야 길을 갔을 것이다.

하나님 말씀이 참인 줄 알면서도 현실을 견디지 못하고 작심삼일일 수 밖에 없었을 것이다. 물이 써서 먹지 못 하였을 때 상처난 목을 치료하여 주셨을 것이다.

그리고 "여호와 라파"라 "나는 너희를 치료하는 여호와"라 말씀하지 않으셨겠는가? 이제 신광야를 지나 르비딤에 장막을 쳤다.

※ 르비딤은 "평야, 쉬는 장소"라는 뜻인데 현재는 "와디 페이(Wadi Feiran)"로 불린다 한다.

B.C.1446년 1월 15일(목요일) 라암셋을 떠나 2월15일(토요일) 즉 한달 만에 신 광야에 도착한 후 다시 10일 만에 르비딤에 도착 하였다. 르비딤은 신 광야와 시내광야 사이에 위치하고 있는 연중 내내 물이 많고 기름진 평야라고 한다.

그런데 이상하게 이스라엘 자손이 도착하니 그렇게 물이 좋은 평야에 물이 말라 있어서 또 한 번의 고통을 겪어야 했고, 백성들은 또 다시 불만을 토로하기 시작했다.

그가 그곳 이름을 맛사라 또는 므리바라 불렀으니 이는 이스라엘 자손이 다투었음이요 또는 이들이 여호와를 시험하여 이르기를 여호와께서 우리 중에 계신가 아닌가 하였음이더라 / 출 17:7

모세는 이 곳 이름을 맛사(מַסָּה)라 하였다. 맛사는(시험) "나사"라는 말에서 파생된 단어로 "시련, 유혹"이라 하고 또는 므리바(מְרִיבָה) "불평, 원망, 다툼"이라고 불렀는데, 이는 백성들이 하나님의 능력과 힘을 부정하는 빈도가 갈수록 심해지고 있다는 것을 알 수 있는 대목이다. 홍해를 건너기 전 모세를 향해 불평하던 백성들이 건넌 후에는 여호와를 찬양했었다.

이스라엘이 여호와께서 애굽 사람들에게 베푸신 큰일을 보았으므로 백성이 여호와를 경외하며 여호와와 그 종 모세를 믿었더라 / 출 14:31

그랬던 그들이 홍해를 건넌지 3일 만에 다시 마라에서 쓴물이 나오자 모세를 향하여 불평과 원망을 내 뱉은 것이다. 그리고 또 약 한 달의 시간이 지나 르비딤에서 또 다시 기갈이 되자 이제는 모세를 향하던 원망이 드디어 여호와 하나님을 향한 원망으로 표출되었다. 출 17:7에는 “우리 중에 하나님이 계신가, 아닌가”라고 따지고 하나님을 모독하는 시험을 하게 된다.

> 이스라엘 자손이 여호와와 다투었으므로 이를 므리바 물이라 하니라 여호와께서 그들 중에서 그 거룩함을 나타내셨더라 / 민 20:13
>
> 모세와 아론이 총회를 그 반석위에 모으고 모세가 그들에게 이르되 패역한 너희여 들으라 우리가 너희를 위하여 이 반석에서 물을 내랴 하고 / 민 20:10
>
> 그 손을 들어 그 지팡이로 반석을 두 번 치매 물이 많이 솟아 나오므로 회중과 그들의 짐승이 마시니라 / 민 20:11
>
> 여호와께서 모세에게 이르시되 백성 앞을 지나가서 이스라엘 장로들을 데리고 하수를 치던 네 지팡이를 손에 잡고 가라 / 출 17:5
>
> 내가 거기서 호렙산 반석 위에 너를 대하여 서리니 너는 반석을 치라 그것에서 물이 나리니 백성이 마시리라 모세가 이스라엘 장로들의 목전에서 그대로 행하니라 / 출 17:6

갈증 때문에 불평과 원망을 쏟은 이스라엘 자손들을 바라보면서 모세를 향하여 말씀하신다.

“내가 네 앞에 서리라(I will stand there before you)”

> 내가 거기서 호렙산 반석 위에 너를 대하여 서리니 너는 반석을 치라 그것에서 물이 나리니 백성이 마시리라 모세가 이스라엘 장로들의 목전에서 그대로 행하니라 / 출 17:6

마침내 가뭄으로 메말랐던 호렙산 기슭으로부터 이스라엘 백성 200만 명이 넉넉히 마실 물이 쏟아졌다. 아마 상상컨대 목마른 대지 위에 시냇물을 이루는 폭포수와 같은 생수가 솟구 쳤으리라.

르비딤의 반석이 우리에게 주는 교훈이 무엇인가? 반석은 생수의 근원이신 우리의 주님 예수 그리스도를 말씀하고 있다.

> 내가 주는 물을 먹는 자는 영원히 목마르지 아니 하리니 나의 주는 물은 그 속에서 영생하도록 솟아나는 샘물이 되리라 / 요 4:14

> 다 같은 신령한 음료를 마셨으니 이는 저희를 따르는 신령한 반석으로 부터 마셨으매 그 반석(Petra)은 곧 그리스도시라 / 고전 10:4

르비딤 반석의 생수가 터져 나와도 이스라엘 백성들은 전능자이시오, 무소부재하신 하나님을 시험하고 있지는 않는가, 언제까지 못 믿을 건가 주님은 말씀하신다.

음지에서 하나님의 음성을 기다리고 있는 영혼들에게, 좌절과 낙심으로 절망에 빠져있는 인생들에게, 헤어 나올 수 없는 질병에서 신음하고 있는 인생들에게 하신 말씀이다.

전 세계가 지금 코로나19로 인하여 공포와 공황에 해결책을 찾지 못하고 있는 지금 이 시점에서 각국의 지도자들이 꼭 반드시 들어야 할 하나님의 말씀이다.

"I will stand before you (내가 네 앞에 서리라)"

치료자가 되신 여호와 하나님, 치료의 생수가 되시는 우리의 구원자 이신 예수 그리스도를 의지 하여야만 된다는 교훈을 우리에게 주고 계신다.

지금이라도 반석에서 생수가 터져 나오기만 하면 코로나가 아니라 그 어떤 질병도 치료가 될 것을 확신 한다.

갈증과 기갈에 놓인 당신의 자녀들이 반석에서 나오는 시냇물과 같은 생수를 마음껏 마시기만 하면 질병이 문제겠는가? 생수의 근원이신 예수 그리스도, 반석이신 예수 그리스도를 의지하여 모든 지도자들이 손들고 "천부여 의지 없어서 손들고 옵니다"라고 무릎을 꿇으면 역병은 한길로 왔다가 천길 만길 낭떠러지로 도망 갈 것이다.

아론이 모세의 명을 좇아 향로를 가지고 회중에게로 달려 간 즉 백성 중에 염병이 시작 되었는지라 이에 백성을 위하여 속죄하고 죽은 자와 산자 사이에 섰을 때에 염병이 그치니라 / 민 16:47-48

르비딤에서 기갈을 만난 이스라엘이 불평과 원망을 할 찰나 호렙산 기슭에서 쏟아지는 폭포수와 같은 생수를 주시고 추상같은 호령이 떨어진다.

"너희는 가나안으로 들어가지 못하리라"

여호와께서 모세와 아론에게 이르시되 너희가 나를 믿지 아니하고 이스라엘 자손의 목전에 나의 거룩함을 나타내지 아니한 고로 너희는 이 총회를 내가 그들에게 준 땅으로 인도하여 들이지 못하리라 하시니라/ 민 20:12

너는 여리고 맞은편 모압 땅에 있는 아바림 산에 올라 느보산에 이르러 내가 이스라엘 자손에게 기업으로 주는 가나안 땅을 바라보라 / 신 32:49

하나님을 부정하는 어떠한 사람도 하나님은 용서치 않으신다는 교훈을 우리에게 주는 것이라 할 수 있다. 므리바 사건으로 진노하신 하나님은 모세와 아론은 물론 함께한 모든 백성도 가나안을 바라볼 뿐 들어가게 하지 않겠다고 선언을 하신 것이다. 불평과 원망으로 모세와 다툼이 끝나기가 무섭게 당시 최고의 강대한 아말렉이 기다리고 있었다.

네 형 아론이 호르산에서 죽어 그 조상에게로 돌아간 것 같이 너도 올라가는 이 산에서 죽어 네 조상에게로 돌아 가리니 / 신 32:50

이는 너희가 신 광야 가데스의 므리바 물가에서 이스라엘 자손 중 내게 범죄 하여 나의 거룩함을 이스라엘 자손 중에서 나타내지 아니한 연고라 / 신 32:51

내가 이스라엘 자손에게 주는 땅을 네가 바라보기는 하려니와 그리로 들어가지는 못하리라 하시니라 / 신 32:52

1910년 8월 29일은 한일 합병조약에 의해 역사상 처음으로 국권을 찬탈당한 치욕의 날이라면 2020년 8월 23일은 하나님의 일을 방해하는 사단에 의해 하나님의 교회가 문을 닫는 초유의 사태로 기독교 역사에 영원히 치욕의 날로 기록될 것이다

필자는 검은 넥타이를 차고 텅텅 빈 성전을 향해 3000여 석의 우리 교회에 천사들이 앉아서 예배드리는 환상을 보았다. 무엇을 의미하는가? 너희는 총칼이 무서워 성전을 비워두지만 나는 핏값으로 사신 교회를 지킨다는 성령의 음성이 들리질 않는가?

그 자리에서 주저앉아 통곡하고 싶었다. 때 묻은 기성세대 아버지의 모습을 보는 어린 아들, 오직 예수만 아는 홍성익 목사가 모태신앙으로 자라 엄격한 아버지의 신앙을 본 받고 자란 내 아들이 아버지를 어떻게 보았을까? '오직 예수! 나는 성령의 사람이다!'라고 평생을 외치며 40여년 동안 성령 충만으로 부흥회를 인도하였던 나의 모습, 내 아들에

게 필자는 평소 신앙의 멘토가 누구냐고 물으면 당연히 내 아버지 홍재철 목사라고 말할 것이라고 생각하였으나 오늘로서 하나님의 성호를 짓밟히고 예수 그리스도의 십자가가 사단에 의해 훼방을 받는데도 항거하지 못하는 내 모습을 보면서 나의 목회에 스스로 자괴감을 느꼈다. 나의 아들에게 부끄러울 뿐이었다. 어디 이것이 비단 필자뿐이겠는가? 한국교회 자칭 지도자들이 재를 뒤집어쓰고 하나님 앞에 회개의 날로 영원히 기록하여야 할 것이다.

코로나를 빙자해 한국교회가 모욕을 당하고 사단의 조롱거리가 되어도 말 한마디 할 지도자가 없으니 통탄할 일이다.

신명기 32:50-52 말씀처럼 영원한 천국으로 들어갈 수 있을까 하는 생각을 하니 두려움마저 든다. 이 글을 쓰는 오늘 밤은 참으로 회개의 시간이다.

* 아말렉은 어떠한 민족인가?

9. 세일산에 거한 에돔 족속의 조상 에서의 대략이 이러하고

10. 그 자손의 이름은 이러하니라 에서의 아내 아다의 아들은 엘리바스요 에서의 아내 바스맛의 아들은 르우엘이며

11. 엘리바스의 아들들은 데만과 오말과 스보와 가담과 그나스요

12. 에서의 아들 엘리바스의 첩 딤나는 아말렉을 엘리바스에게 낳았으니 이들은 에서의 아내 아다의 자손이며 /창 36:9-12

에서의 손자로서 당시 용맹을 떨친 아말렉의 후손을 가리킨다. 우리가 알다시피 에서는 이삭의 쌍동이 아들로서 동생 야곱에게 장자의 명분을 빼앗겨 그때부터 변방으로 전락하고, 4대족장의 서열에서 물러나

게 되며, 그때부터 홀로서기를 하다 애돔 족속의 조상이 된다.

인간은 누구의 도움도 없이 홀로서기를 할 때 연약하여 자취를 감추던지, 아니면 더욱 강인한 세력이 되든지 둘 중에 하나일 것이다. 에서는 얍복강 나루터에서 20년 묵은 형제의 감정을 모두 씻었다고는 하지만 그 후손들은 형제간의 영원한 원수 아닌 원수가 되어 싸우게 된다.

여호와께서 맹세 하시기를 여호와가 아말렉으로 더불어 대대로 싸우리라 하셨다 하였더라 / 출 17:16

① 육적인 전투였다

이스라엘 백성들은 애굽에 라암셋을 출발하여 일주일 만에 홍해를 건너야 했고 지친 몸으로 3일간 수르광야를 걸어와 마라의 쓴물을 맛보았다.

또 다시 한 달 만에 신광야를 떠나 40여일 만에 르비딤에 장막을 쳤으나 또다시 사막의 더위와 싸워야 했고 갈증으로 피곤에 지쳐 뒤에 떨어져 오는 약한 자들을 공격하는 아말렉과 싸워야 했다.

너희가 애굽에서 나오는 길에 아말렉이 네게 한 일을 기억하라 곧 그들이 하나님을 두려워하지 아니하고 너를 길에서 만나 너의 피곤함을 타서 네 뒤에 떨어진 약한 자들을 쳤느니라 / 신 25:17-18

모세는 아말렉과 싸우는 전투 야전 사령관으로 여호수아를 전쟁의 최전방에 앞세운다. 이때 모세의 나이는 80세 고령이고 여호수아는 54세 정도의 나이니 장수로서의 기운이 펄펄 날리는 나이였을 것이다.

아말렉은 이스라엘의 후미를 공격해 왔다. 태산이라도 무너 트릴만 한 정렬의 나이에 여호와의 신에 감동된 여호수아를 보라. 모세는 "내가 하나님의 지팡이를 손에 잡고 산꼭대기에 내가 서리라(I will stand on top of the hill with the staff of God in my hands)"고 말한다.

여호와의 지팡이가 무슨 지팡이인가? 홍해를 쪼갠 지팡이가 아닌가! 애굽의 바로를 굴복시킨 지팡이가 아닌가!, 여호와의 신(루아흐 엘로힘)에 감동된 여호수아의 믿음은 하늘 보좌를 움직이고도 남음이 있었을 것이다.

세 사람의 기도가 어쩌면 별 볼일 없는 기도처럼 들릴지 모르지만 세 사람의 몸과 마음을 다 바친 합심기도는 넉넉히 수 백만의 기도 이상으로 하늘보좌를 울렸을 것이다.

기도로 승리한 결과에 대해 모세는 여호와 닛시, 곧 여호와는 나의 깃발(출17:15)이라고 명명했다.

※ 여호수아의 이름 : 여호와는 구원이시다

가나안 땅을 정탐하여 보고하라고 이스라엘의 12지파 족장 한 사람씩을 뽑아 보낼 때 유다지파의 여분네의 아들 갈렙과 에브라임 지파의 눈의 아들로서 여호수아(본명은 호세아)가 족장으로 뽑힌다(민 13:1-16)

모세는 여호수아를 이때부터 미래에 이스라엘의 지도자 감으로 염두에 두었을 것이다. 여호와 하나님께서도 갈렙과 여호수아만이 가나안에 들어갈 것이라고 하셨지 않으셨는가?

여분네의 아들 갈렙과 눈의 아들 여호수아 외에는 내가 맹세하여 너희로 거하게 하리라 한 땅에 결단코 들어가지 못하리라 / 민 14:30

여호수아는 모세의 후계자로서 이스라엘 백성을 가나안 땅으로 인도하였다. 또 모세가 시내산에서 하나님께 계시를 받을때 모세의 시종으로서 함께 올라갔다.

40년 광야 생활을 마칠 때 싯딤에서 만백성과 제사장 엘르아살이 지켜보는 가운데 "여호와의 신(루아흐 엘로힘 רוּחַ אֱלֹהִים)"에 감동된 여호수아를 안수하고 후계자로 선포하였다.

여호와께서 모세에게 이르시되 눈의 아들 여호수아는 신에 감동된 자니 너는 데려다가 그에게 안수하고 / 민 27:18

모세가 여호와께서 자기에게 명하신대로 하여 여호수아를 데려다가 제사장 엘르아살과 온 회중 앞에 세우고 / 민 27:22

그에게 안수하여 위탁하되 여호와께서 자기에게 명하신대로 하였더라 / 민 27:23

그 땅을 탐지한 자 중 눈의 아들 여호수아와 여분네의 아들 갈렙이 그 옷을 찢고 / 민 14:6

오직 여호와를 거역 하지 말라 또 그 땅 백성을 두려워하지 말라 그들은 우리에 밥이라 그들의 보호자는 그들에게서 떠났고 여호와는 우리와 함께 하시느니라 그들을 두려워 말라 하나 / 민 14:9

모세가 눈의 아들 여호수아에게 안수 하였으므로 그에게 지혜의 신이 충만하니 이스라엘 자손이 여호와께서 모세에게 명하신대로 여호수아의 말에 순종 하였더라 / 신 34:9

여호수아는 여리고 성을 점령하고 아이성을 멸하였고 가나안 땅을 점령하여 12지파에게 분배하였다.

하나님께서 아브라함에게 약속하신 가나안 복지의 유업을 달성한 지도자가 되었다.

② 영적인 전투였다

여호와께서 모세에게 이르시되 눈의 아들 여호수아는 "여호와의 신(루아흐 엘로힘 רוּחַ אֱלֹהִים)" 감동된 자니 너는 데려다가 그에게 안수하라 / 민 27:18

모세는 아말렉과의 작전계획을 세운다. 모세와 아론과 훌은 산꼭대기로 올라간다. 졸지에 하나님의 명령으로 애굽을 나왔지만 적과 싸울 변변한 무기가 없었다. 오합지졸의 군대이기에 그들은 하나님의 명령에 의해 죽고 사는 길 밖에 없었다.

영적으로 보면 이 싸움은 사단과의 싸움이었다. 인류역사에서 유일신으로 하는 구속사의 역사는 하나님의 창조 질서 그 자체였다. 아담과 셋 그리고 노아를 통해 인류 재창조를 하시고 아브라함으로 이어서 430년 동안 애굽의 종살이를 거쳐 이제 하나님에 의해 발견된 아브라함처럼 모세를 앞세워 하나님의 구속사를 진행하고 계신 것이다. 아말렉과의 전쟁은 바로 그 구속사에서 모세와 이스라엘이 직면한 전쟁의 최대 관문이었다.

이때 이스라엘 백성들에게 가장 큰 무기가 무엇인가? 바로 기도였다. 하나님께 의지 하지 않고는 절대 불가능한 전쟁이었기 때문이다.

그 기도에 힘입은 여호수아 군대는 용맹 바로 그 자체였다. “하나님이 지켜주신 우리는 반드시 승리한다”는 확신이 그들에게 있었다.

③ 하나님을 전적으로 의지하였다.

여호와 하나님은 여호수아를 가리켜 여호와의 신에 감동 된자라고 말씀 하고 있다.

믿음이 없이는 기쁘시게 못하나니 하나님께 나아가는 자는 반드시 그가 계신 것과 또한 그가 자기를 찾는 자들에게 상 주시는 이심을 믿어야 할찌니라 / 히 11:6

믿음은 바라는 것들의 실상이요 보지 못하는 것들의 증거니 / 히 11:1

내가 너희에게 다만 이것을 알려 하노니 너희가 성령을 받은 것은 율법의 행위로냐 듣고 믿음으로냐 / 갈 3:2

너희에게 성령을 주시고 너희 가운데서 능력을 행하시는 이의 일이 율법의 행위에서냐 듣고 믿음에서냐 / 갈 3:5

그러므로 믿음으로 말미암은 자는 믿음이 있는 아브라함과 함께 복을 받느니라 / 갈 3:9

이외에도 믿음이 있어야만 복을 받는다는 말씀이 220번이나 나온다.

아말렉과의 싸움은 하나님의 신에 감동된 성령의 사람과 하나님을 대적하는 이방신과의 싸움이었다. 이는 마치 신앙의 대열에서 이탈하여 낙오자가 된 성도들은 언제 어느 때라도 사단 마귀의 공격이 대상이 될 수 있음을 암시한다. 더 나아가 앞으로 공격해 오는 것이 아니라 우리의 가장 연약한 약점을 이용해 뒤로 공격 받을 수 있다는 경고의 메시지라고 봐야 할 것이다.

필자는 2020년 1월 코로나가 전 세계적으로 퍼져 나갈 징조를 보일 때에 예언하기를 이 질병은 하나님이 마곡이라는 사단(중국)을 통해 발언지 중국에서 시작하여 전 세계가 공황 상태에 빠질 날이 금년에 올 것이다라고 예언한 바가 있다. 이때 1차적으로 유럽이 회개해야 한다고 하였다. 왜 유럽이 회개해야 하는가? 노아의 후손들인 셈과 야벧의 후손들이 아닌가!

히브리 민족들은 택한 백성들로서 하나님의 위대한 구속사를 이끌어 온 장 본인들이었지만, 수천 년의 세월 속에서 하나님과의 행위 언약을 깨버리고, 인간의 자유의지로 알지 못하는 신을 만들어 우상을 섬겼다.

그러다 마침내 인류의 구원이 절망에 이르러 말세라고 하는 때에 메시아이신 예수 그리스도께서 이 땅에 오신 것이다. 이방인의 구원을 위해 부름 받아 그리스도의 제자가 된 바울은 성령의 명령을 받들고 당시 유럽으로 복음을 전하게 된다.

우상의 지역으로 변해 버린 유럽을 성령은 바울을 통해 그리스도의 복음을 전하게 하셨다. 그 후 유럽은 몇 세기를 통해 복음이 유럽나라 전체에 들어가 명실 공히 찬란한 기독교의 발상지요, 세계최고의 문명국가가 된다.

결국 수천 년 동안 받은 축복이 어디서 왔는가? 세계 인류 문명국가가 된 근본이 어디서 왔는가? 그들이 이러한 사실을 망각해 버리고 있는 이 때, 하나님이 손을 대기 시작한 것이다. 욥기 1장을 읽어보라. 사단과 하나님의 대화가 나온다.

6. 하루는 하나님의 아들들이 와서 여호와 앞에 섰고 사단도 그들 가운데 왔는지라
7. 여호와께서 사단에게 이르시되 네가 어디서 왔느냐 사단이 여호와께 대답하여 가로되 땅에 두루 돌아 여기 저기 다녀 왔나이다
8. 여호와께서 사단에게 이르시되 네가 내 종 욥을 유의하여 보았느냐 그와 같이 순전하고 정직하여 하나님을 경외하며 악에서 떠난자가 세상에 없느니라
9. 사단이 여호와께 대답하여 가로되 욥이 어찌 까닭 없이 하나님을경외하리이까
10. 주께서 그와 그 집과 그 모든 소유물을 산울로 두르심이 아니니이까 주께서 그 손으로 하는 바를 복되게 하사 그 소유물로 땅에 넘리게 하셨음이니이다
11. 이제 주의 손을 펴서 그의 모든 소유물을 치소서 그리하시면 정녕 대면하여 주를 욕하리이다
12. 여호와께서 사단에게 이르시되 내가 그의 소유물을 다 네 손에 붙이노라 오직 그의 몸에는 네 손을 대지 말지니라 사단이 곧 여호와 앞에서 물러가니라 / 욥 1:6-12

여호와 하나님은 아무런 죄가 없는 욥, 하나님도 욥을 향해 의인이라고 할 정도로 깨끗하고, 정직하고, 순전하고, 하나님을 경외하며 악에서 떠난자라고 하는 욥을 사단을 통해 치는 것을 허락하셨다. 하물며 하나님의 은혜를 잊어버리고 은택을 쉬 망각한 자들을 그대로 두실리가 만무하다.

하나님은 아담을 통한 인류 창조를 한탄 하시고 노아를 통해 제2창조를 하시지 않으셨는가!

그리고 또 다시 아담의 20대 손이요 노아의 10대 손인 아브람을 통

해 구속사의 역사를 진행하신다. 이와 같이 어떤 국가도 민족도 지형도 하나님의 구속사에 어긋나는 모든 것을 쓸어버리셨다. 이제 코로나라는 인류의 질병을 통해 구속사의 새로운 세상을 만드시려고 하시는 것이다.

다음은 미국이 회개해야 한다.

200년 동안 미국은 세계역사상 가장 짧은 역사를 가지고 세계 최강국이 되었다. 육적으로도 강하였지만 영적으로 최고의 지도자 국가가 되었다.

미국은 오직 여호와 하나님만을 앞세우는 세계 최고의 청교도 신앙을 통해 지도력을 발휘하였다. 오직 신본주의로서 성령의 인도를 받는 지상유일의 신앙의 국가였다. 초등학교에서 대학에 이르기까지 주기도문을 하고 신앙고백을 하고 수업을 시작했던 바로 그 청교도들이 세운 나라가 바로 미국이다. 그들에게는 신앙심이 곧 애국이었다.

세계 최고 1위의 명문 학교라고 하는 하버드대학교의 신입생을 뽑는 기준 역시 개인의 실력이 제일 우선시 되는 것이 아니라 신앙에 바탕을 둔 사회봉사, 예수 그리스도의 사랑과 약자를 위한 배려와 그리스도의 사상이 기준이 되는 애국심이었다.

그리하여 하버드는 지금껏 세계적 최고의 명문 대학의 명성을 잃지 않고 있다. 이러한 역사를 지탱하고 있는 것은 바로 200년 동안 미국을 이끄는 성령님의 인도인 것이다.

그러한 미국은 지금 현실이 어떤가. 코로나로 인하여 몸살을 앓고 있다. 충분히 대처 할 수 있었는데도 미국 지도자들이 하나님께 의지하지 않고 인간의 수단과 방법으로 대처 하려는 데서 기회를 놓치고 말았다.

욥을 시험하기 위해 사단을 사용하신 것처럼, 하나님은 그렇게 미국을 테스트 하셨다. 그러나 그동안 미국은 청교도 국가의 명성을 뒤로 한 채 에이즈를 양산한 나라가 되었고, 히피족이 일어나 마약과 음란과 광기의 대륙이 되었다.

하나님의 은혜를 입고 가장 짧은 기간에 지구에서 인류 역사상 가장 많은 축복을 받는 나라로 누가 만들어 주었는지를 그들은 잊고 말았다.

선조들(청교도)의 신앙을 잃어버린 저들을 하나님은 그대로 보고만 계시지 않으셨다. 9.11 테러 사건이 바로 그 대표적인 예이다. 9.11테러 사건은 말 그대로 전대미문의 참담한 참사였다. 많은 사람들은 미국이 드디어 망하는 줄로 착각할 정도로 전세계적인 충격이었다.

이 때 미국인들은 축구장에서 야구장에서 농구장에서 모든 경기를 시작할 때와 국가의 모든 관공서에서 업무를 시작할 때 가정과 직장에서 그들은 하나님의 두려움과 책망을 깨닫고 하나같이 회개하며 무릎을 꿇고 찬송을 불렀다. 그 찬양은 바로 '나 같은 죄인 살리신' 곧 'Amazing Grace(어메이징 그레이스)' 였다.

나 같은 죄인 살리신 주 은혜 놀라와
잃었던 생명 찾았고 광명을 얻었네.

큰 죄악에서 건지신 주 은혜 놀라와
나 처음 믿은 그 시간 귀하고 귀하다.

이제껏 내가 산 것도 주님의 은혜라
또 나를 장차 본향에 인도해 주시리.

거기서 우리 영원히 주님의 은혜로
해처럼 밝게 살면서 주 찬양 하리라.

Amazing Grace, how sweet the sound,
That saved a wretch like me...
I once was lost but now am found,
Was blind, but now, I see.

T'was Grace that taught...
my heart to fear.
And Grace, my fears relieved.
How precious did that Grace appear...
the hour I first believed.

The Lord has promised good to me...
His word my hope secures.
He will my shield and portion be...
as long as life endures.

When we've been here ten thousand years...
bright shining as the sun.
We've no less days to sing God's praise...
then when we've first begun.

이 찬송은 미국 국민들의 영적인 국가로 부르는 대표적인 찬송가중의 하나이다. 영국 성공회의 사제였던 존 뉴턴(1725-1807)이 과거 흑인 노예무역을 하였을 때 흑인을 학대 하였던 것을 참회하며 1772년 이 가사를 쓴 것으로 알려져 있다.

이 찬송은 1789년 미국의 인디언들이 서로에게 힘을 주고 위로해 주면서 불렀고, 남북 전쟁 때도 남과 북 할 것 없이 모두가 불러 미국의 영적인 국가로 알려져 있다. "하나님의 놀라운 은총이 나를 여기까지 인도 하여 주셨다"는 의미에서 미국인들의 신앙을 느낄 수 있다.

이러한 관점에서 9.11테러는 나태한 미국인들과 타락한 미국인들에게 특별한 교훈을 주면서, 'Amazing Grace' 곧 놀라우신 하나님의 은혜를 깨닫고, 다시금 가슴을 찢으며 주님 앞에 돌아오는 결정적 계기가 되었다.

아직도 늦지 않았다. 대통령을 비롯한 백악관 기도실에서, 미국 국회의사당 기도실에서, 직장인들의 일터와 학교 운동장에서 집집마다 회개운동이 일어나 창조주 하나님께 무릎을 꿇고 통회하며 기도해야 한다. 미국 전역에 'Amazing Grace(어메이징 그레이스)'가 울려 퍼질 때, 그 때 비로소 하나님이 허락하신 역병 코로나는 멈추게 될 것이고, 자동으로 전 세계에 어메이징 그레이스를 찬양 할 날이 오게 될 것이다. 그때 마곡(중국)은 예수의 이름으로 흑암에서 결박을 당하게 될 것이다.

하나님을 아버지라고 부르는 예수의 사람. 성령의 사람은 오직 믿음으로 기도하면 천하무적 아말렉이라 할지라도 그 누구도 당할 자가 없다는 교훈을 줄 것이다.

7) 여호와 삼마(יְהוָה שָׁמָּה) : 여호와께서 거기 계신다 (겔 48:35)

> 그 사면의 도합이 일만 팔천 척이라, 그날 후로는 그 성읍의 이름을 여호와 삼마라 하리라 / 겔 48:35

에스겔서는 선지자 에스겔이 하나님께로부터 환상을 통해 받은 계시를 B.C. 593~ B.C. 571년까지 약 22년간 기록한 예언서이다.

이 시기는 북왕국 이스라엘이 B.C. 722년에 중동의 최강국이었던 앗수르에 의해 멸망 당한지 130년이 지난 시기이다. 그 후 이스라엘을 멸망시켰던 강대국 앗수르 역시 B.C. 612년에 바벨론 왕 나보폴라살에 의해 멸망 당하였다.

에스겔이 처음 예언을 시작한 B.C. 593년은 바벨론에 의해 제1차 포로(B.C. 605)와 제2차 포로(B.C.597)가 있었던 시기이며, 추후 발생할 제3차 포로(B.C.586)보다는 조금 앞선 시기였다.

1. 제 삼십년 사월 오일에 내가 그발 강가 사로잡힌 자 중에 있더니 하늘이 열리며 하나님의 이상을 내게 보이시니
2. 여호야긴왕의 사로잡힌지 오년 그 달 오일이라

3. 갈대아 땅 그발강 가에서 여호와의 말씀이 부시의 아들 제사장 나 에스겔에게 특별히 임하고 여호와의 권능이 내 위에 있으니라

4. 내가 보니 북방에서부터 폭풍과 큰 구름이 오는데 그 속에서 불이 번쩍번쩍하여 빛이 그 사면에 비취며 그 불 가운데 단쇠 같은 것이 나타나 보이고

5. 그 속에서 네 생물의 형상이 나타나는데 그 모양이 이러하니 사람의 형상이라 / 겔 1:1-5

때에 주의 신이 나를 들어 데리고 여호와의 전 동문 곧 동향한 문에 이르시기로 본즉 그 문에 이십 오인이 있는데 내가 그 중에서 앗술의 아들 야아사냐와 브나야의 아들 블라댜를 보았으니 그들은 백성의 방백이라 / 겔 11:1

여호와의 신이 내게 임하여 가라사대 너는 말하기를 여호와의 말씀에 이스라엘 족속아 너희가 이렇게 말하였도다 너희 마음에서 일어나는 것을 내가 다 아노라 / 겔 11:5

에스겔 1장부터 48장까지는 남유다의 심판(4:1-24:27)과 멸망(6:1-7:27), 그리고 열국들의 심판(25:1-32:32)들이 기록되어 있고, 그런 다음 이스라엘의 회복(33:1-39:29)이 되면서 메시아 왕국의 실현(40:1-48:35)에 대한 환상을 보여주신다. 거룩한 새 땅, 새 성전에서 흐르는 생명수를 체험하고 에스겔이 환상을 본 후 그 이름을 여호와 삼마라 하였다.

네가 말하기를 이 두 민족과 이 두 땅은 다 내게로 돌아와서 내 기업이 되리라 하셨도다 그러나 나 여호와가 거기 있었느니라 / 겔 35:10

그 사면의 도합이 일만 팔천 척이라 그날 후로는 그 성읍의 이름을 여호와 삼마라 하리라 / 겔 48:35

지금까지 우리는 하나님이 승리케 해 주셨을때 붙인 이름에 대하여

알아보았다. 그 외에도 족장들이나 선지자 혹은 백성들이 여호와를 찬양하고 부른 이름들이 있기에 소개하고자 한다.

① 엘-엘론(EL-TON) : 지극히 높으신 하나님

② 엘-올람(EL-OLAM) : 영원하신 하나님

③ 아도나이(Adonay) : 나의 주인 되시는 하나님

④ 임마누엘(Emmannuel) : 하나님이 우리와 함께 계시다

8) 엘 엘론(לְאֵל עֶלְיוֹן:) :
지극히 높으신 하나님 살렘왕 멜기세댁이 붙힌 이름이다.

18. 살렘왕 멜기세덱이 떡과 포도주를 가지고 나왔으니 그는 지극히높으신 하나님의 제사장이었더라
19. 그가 아브람에게 축복하여 가로되 천지의 주재시요 지극히 높으신 하나님이여 아브람에게 복을 주옵소서
20. 너희 대적을 네 손에 붙이신 지극히 높으신 하나님을 찬송할찌로다 하매 아브람이 그 얻은 것에서 십분 일을 멜기세덱에게 주었더라
21. 소돔왕이 아브람에게 이르되 사람은 내게 보내고 물품은 네가 취하라
22. 아브람이 소돔왕에게 이르되 천지의 주재시요 지극히 높으신 하나님 여호와께 내가 손을 들어 맹세하노니 / 창 14:18-22

인간은 어떤 일을 하더라도 최종적으로 그 일을 성취하신 분은 오직 우주의 주인 되시는 지고하신 여호와 하나님이심을 알아야 한다. 여호와 하나님께서 복을 주셨고 또 앞으로도 그 복을 주셔야만 복을 받을 수 있다는 사실을 알아야 한다.

9) 엘 올람(אֵל עוֹלָם:) : 영원하신 하나님, 아브라함이 붙힌 이름 이다.

아브라함은 브엘세바에 에셀 나무를 심고 거기서 영생하는 하나님 여호와의 이름을 불렀더라 /창 21:33

영생하시는 하나님이란 시공을 초월한 창조주 하나님으로서 영원부터 영원까지 계시는 무소불능의 하나님이란 뜻이다.

산이 생기기전 땅과 세계도 주께서 조성하시기 전 곧 영원부터 영원까지 주는 하나님이시라 / 시 90:2

주의 보좌는 예로부터 견고히 섰으며 주는 영원부터 계셨나이다 / 시 93:2

너희는 여호와를 영원히 의뢰하라 주 여호와는 영원한 반석 이심이로다 / 사 26:4

10) 아도나이(אדני) : 나의 주인 되신 하나님, 아브라함이 붙인 이름이다.

신적권위로 인간을 다스리시는 '통치자, 통제자, 주권자, 소유자, 주인'이란 뜻으로 '다스리시는 하나님, 나의 주인 되시는 하나님'이라는 뜻과 함께 '당신은 나의 주인이시오, 나는 당신의 참된 종'이란 의미가 있다. 하나님께만 사용하는 절대적 대명사로 사용하며 성경에 899회가 나온다.

세상을 판단하실 분은 오직 여호와 하나님 한분 뿐이며, 그래서 오직 여호와 하나님만이 인류를 심판할 수가 있다는 말씀이다. 그러므로 모든 피조물은 하나님의 형상을 닮고 나왔으므로 주인되신 하나님의 뜻을 따라야 함을 말한다.

아브람이 가로되 주 여호와여 무엇을 내게 주시려나이까 나는 무자하오니 나의 상속자는 이 다메섹 엘리에셀이니이다 / 창 15:2

주 여호와께서 나를 도우시므로 내가 부끄러워 아니하고 내 얼굴을 부싯돌 같이 굳게 하였은즉 내가 수치를 당치 아니함을 아노라 / 사 50:7

그러나 여호와여 주는 우리 아버지시니이다 우리는 진흙이요 주는 토기장이이시니 우리는 다 주 의 손으로 지으신 것이라 / 사 64:8

11) 임마누엘 : 하나님이 우리와 함께 계시다. 이사야가 붙인 이름

이사야가 한 말씀인데 신약의 마태복음 1장에서 천사가 예수그리스도의 나심을 말씀하실 때 쓰인 말씀이다.

그러므로 주께서 친히 징조로 너희에게 주실것이라 보라 처녀가 잉태하여 아들을 낳을 것이요 그 이름을 임마누엘이라 하리라 / 사 7:14

흘러 유다에 들어와서 창일하고 목에까지 미치리라 임마누엘이여 그의 펴는 날개가 네 땅에 편만 하리라 하셨느니라 / 사 8:8

보라 처녀가 잉태하여 아들을 낳을 것이요 그 이름을 임마누엘이라 하리라 하셨으니 이를 번역하면 하나님이 우리와 함께 계시다 함이라 / 마 1:23

Chapter 7

성령, 그분은 누구신가? (Who is the Holy Spirit?)

1. 성령, 그분은 누구신가?

여호와 하나님의 창조 시작부터 인류 역사의 창조의 한 분이신 성령 하나님에 대하여 알아보자.

1) 성령은 삼위의 하나님

나는 알파(ἄλφα)와 오매가(Ω)요 처음(ἀρχὴ)과 나중(τέλος)이요 시작과 끝이라 / 계 22:13

창세기 1장부터 살펴보자.

태초에 하나님이 천지를 창조 하시니라 / 창 1:1

태초(베레쉬트 רֵאשִׁית : 시간의 개시)에 천(שָׁמַיִם솨마임) 지(אֶרֶץ에레쯔)를 창조(בָּרָא바라) 하셨다.

땅이 혼돈하고 공허하며 흑암이 깊음 위에 있고 하나님의 신은 수면에 운행하시니라 / 창 1:2

하나님이 가라사대 우리의 형상을 따라 우리의 모양대로 우리가 사람을 만들고 / 창 1:26

여기서 "우리"라는 말로 창조하심을 의논하신 것을 볼 수 있다. 기독교는 '태초론'부터 '종말론'까지 직선적 우주적 역사관을 가진 인류의 종교로서 삼위일체 하나님이 우주의 근본의 시작을 나타내는 표현이라고 주석가 "Trinity"는 설명 하고 있다.

신약에 들어 와서 요한은 창 1:1-2을 인용해 창조의 비밀과 우주의 섭리가 예수님이 하늘의 "제2 하나님"임을 강조하고 우주만물이 그로 인하여 창조되었음을 강조하고 예수님 승천하신 후에는 그의 영이신 "제3위 성령 하나님"에 대하여 강조함으로 은혜의 시대를 말씀하고 있다.

1. 태초에 말씀이계시니라 이 말씀이 하나님과 함께 계셨으니 이 말씀은 곧 하나님이시니라
2. 그가 태초에 하나님과 함께 계셨고
3. 만물이 그로 말미암아 지은바 되었으니 지은 것이 하나도 그가 없이는 된 것이 없느니라 / 요 1:1-3

1절에 요한은 태초라는 단어를 헬라어 "엔 아르케(Ἐν ἀρχῇ)"를 사용 하였고, 창 1:1에는 "베레쉬트 רֵאשִׁית)"를 사용 하였다. 약간의 차이가 있는 점은 요한은 복음서의 첫 시작의 태초를 "엔 아르케(Ἐν ἀρχῇ)"라는 단어를 사용함으로써 시간을 초월하여 영원 전부터 홀로 말씀이신 하나님 곧"여호와의 신(루아흐 엘로힘רוּחַ אֱלֹהִים)"만이 존재 하였다는 것을 강조하는 말이고, "베레쉬트 רֵאשִׁית)"는 시간의 출발점 자체를 의미 하고 있다. 사도 요한이 쓴 계시록에도 우리 주님께서는

> 하나님이 가라사대 나는 알파요 오매가라 이제도 있었고 전에도 있었고 장차 올 자요 전능자라 하시더라 / 계 1:8

> 또 내게 말씀 하시되 이루웠도다 나는 알파와 오매가요 처음과 나중이라 내가 생명수 샘물로 목마른 자에게 값없이 주리라 / 계 21:6

라고 기록 하셨다. 요한은 구약의 창세기의 "태초"와 요한복음의 "태초"를 동일하게 잘 조화를 이룸과 동시에 마지막 계시록을 통하여서도 "전에도 있었고 장차 오실" 영원하신 하나님이심을 기록하며 삼위 하나님의 창조사역과 영원성에 대해 방점을 찍고 있다.

2) 성령은 하나님의 성령(The Holy Spirit of God)

신약에만 성령이란 말씀이 191번 나온다. 또한 하나님의 성령 또는 아버지의 성령이란 말씀이 16번이나 나온다.

> 그러나 내가 하나님의 성령을 힘입어 귀신을 쫓아내는 것이면 하나님의 나라가 이미 너희에게 임하였느니라 / 마 12:28

> 오직 하나님이 성령으로 이것을 우리에게 보이셨으니 성령은 모든 것 곧 하나님의 깊은 것이라도 통찰하시느니라 / 고전 2:10

> 육에 속한 사람은 하나님의 성령의 일을 받지 아니하나니 저희에게는 미련하게 보

임이요 또 깨닫지도 못하나니 이런 일은 영적으로라야 분변함이니라 / 고전 2:14

너희가 하나님의 성전인 것과 하나님의 성령이 너희 안에 거하시는 것을 알지 못하느뇨 / 고전 3:16

너희 중에 이와 같은 자들이 있더니 주 예수 그리스도의 이름과 우리 하나님의 성령 안에서 씻음과 거룩함과 의롭다 하심을 얻었느니라 / 고전 6:11

곧 이것을 우리에게 이루게 하시고 보증으로 성령을 우리에게 주신이는 하나님이시니라 / 고후 5:5

하나님의 성령을 근심하게 하지 말라 그 안에서 너희가 구속의 날까지 인치심을 받았느니라 / 엡 4:30

하나님의 성령으로 봉사하며 그리스도 예수로 자랑하고 육체를 신뢰하지 아니하는 우리가 곧 할례당이라 / 빌 3:3

그러므로 저버리는 자는 사람을 저버림이 아니요 너희에게 그의 성령을 주신 하나님을 저버림이니라 / 살전 4:8

3) 성령은 예수 그리스도의 영 (The Holy Spirit of Jesus Christ)

요한은 물로 세례를 베풀었으나 너희는 몇 날이 못 되어 성령으로 세례를 받으리라 하셨느니라 / 행 1:5

주의 사자가 빌립더러 일러 가로되 일어나서 남으로 향하여 예루살렘에서 가사로 내려가는 길까지 가라 하니 그 길은 광야라 / 행 8:26

성령이 빌립더러 이르시되 이 병거로 가까이 나아가라 하시거늘 / 행 8:29

빌립이 달려가서 선지자 이사야의 글 읽는 것을 듣고 말하되 읽는 것을 깨닫느뇨 대답하되 지도하는 사람이 없으니 어찌 깨달을 수 있느뇨 하고 빌립을 청하여 병거에 올라 같이 앉으라 하니라 / 행 8:30-31

둘이 물에서 올라 갈 새 주의 영이 빌립을 이끌어 간지라 내시는 홀연히 길을 가므

로 그를 다시 보지 못하니라 / 행 8:39

이에 베드로가 가로되 이 사람들이 우리와 같이 성령을 받았으니 누가 능히 물로 세례 줌을 금하리요 하고 / 행 10:47

이는 그리스도 예수 안에 있는 생명의 성령의 법이 죄와 사망의 법에서 너를 해방하였음이라 / 롬 8:2

너희가 아들인고로 하나님이 그 아들의 영을 우리 마음 가운데 보내사 아바 아버지라 부르게 하셨느니라 / 갈 4:6

이것이 너희 간구와 예수 그리스도의 성령의 도우심으로 내 구원에 이르게 할 줄 아는 고로 / 빌 1:19

4) 성령은 진리의 성령 (The Holy Spirit of the Truth)

저는 진리의 영이라 세상은 능히 저를 받지 못하나니 이는 저를 보지도 못하고 알지도 못함이라 그러나 너희는 저를 아나니 너희와 함께 거하심이요 또 너희 속에 계시겠음이라 / 요 14:17

내가 아버지께로서 너희에게 보낼 보혜사 곧 아버지께로서 나오시는 진리의 성령이 오실 때에 그가 나를 증거하실 것이요 / 요 15:26

그러하나 진리의 성령이 오시면 그가 너희를 모든 진리 가운데로 인도하시리니 그가 자의로 말하지 않고 오직 듣는 것을 말하시며 장래 일을 너희에게 알리시리라 / 요 16:13

증거 하는 이는 성령이시니 성령은 진리니라 / 요일 5:7

5) 성령은 하나님 아버지의 약속 (The Promise of the Father)

볼찌어다 내가 내 아버지의 약속하신 것을 너희에게 보내리니 너희는 위로부터 능

력을 입히울 때까지 이 성에 유하라 하시니라/ 눅 24:49

사도와 같이 모이사 저희에게 분부하여 가라사대 예루살렘을 떠나지 말고 내게 들은바 아버지의 약속하신 것을 기다리라 / 행 1:4

이는 그리스도 예수 안에서 아브라함이 복이 이방인에게 미치게 하고 또 우리로 하여금 믿음으로 말미암아 성령의 약속을 받게 하려 함이라 / 갈3:14

6) 성령은 믿는 자에게 주시는 권능의 약속 (The Promise of power to the truth)

또 저희에게 이르시되 내가 진실로 너희에게 이르노니 여기 섰는 사람 중에 죽기 전에 하나님의 나라가 권능으로 임하는 것을 볼 자들도 있으리라 하시니라 / 막 9:1

오직 성령이 네희에게 임하시면 너희가 권능을 받고 예루살렘과 온유대와 사마리아와 땅 끝까지 이르러 증인이 되리라 하시니라 / 행 1:8

7) 성령은 아버지의 영 (The Holy Spirit of the Holy Father)

말하는 이는 너희가 아니라 너희 속에서 말씀 하시는 자 곧 너희 아버지의 성령이시니라 / 마 10:20

보라 나의 택한 종 곧 내 마음에 기뻐하는바 나의 사랑하는 자로다 내가 내 성령을 줄터이니 그가 심판을 이방에 알게 하리라 / 마 12:18

8) 성령은 하나님이 주신 선물 (The Holy Spirit is God's Gift)

너희가 악할지라도 좋은 것을 자식에게 줄 줄 알거든 하물며 너희 천부께서 구하는

자에게 성령을 주시지 않겠느냐 하시니라 / 눅 11:13

베드로가 가로되 너희가 회개하여 각각 예수 그리스도의 이름으로 세례를 받고 죄 사함을 얻으라 그리하면 성령을 선물로 받으리니 / 행 2:38

베드로가 가로되 네가 하나님의 선물을 돈 주고 살 줄로 생각하였으니 네가 은과 네가 함께 망할지어다 / 행 8:20

그런즉 하나님이 우리가 주 예수 그리스도를 믿을 때에 주신 것과 같은 선물을 저희에게도 주셨으니 내가 누구관대 하나님을 능히 막겠느냐 하더라 / 행 11:17

또 마음을 아시는 하나님이 우리에게와 같이 저희에게도 성령을 주어 증거하시고 / 행 15:8

약 8가지로 성령 하나님에 대하여 알아보았다. 그러면 "성령 하나님은 믿는 자의 삶에 어떻게 동행하고 계시는가?"에 대해서 살펴보자.

Chapter 8

성령은 우리를 어떻게 도우시는가?
(How does the Holy Spirit help us?)

첫째, 연약함을 탄식하시고 우리를 도우신다.

이와 같이 성령도 우리의 연약함을 도우시나니 우리가 마땅히 빌 바를 알지 못하나 오직 성령이 말할 수 없는 탄식으로 우리를 위하여 친히 간구하시느니라 / 롬 8:26

둘째, 하나님의 뜻대로 성도들을 위해 대신 간구

마음을 감찰하시는 이가 성령의 생각을 아시나니 이는 성령이 하나님의 뜻대로 성도를 위하여 간구하심이니라 / 롬 8:27

셋째, 강한 능력으로 우리를 이끌어 주신다.

그때에 예수께서 성령에게 이끌리어 마귀에게 시험을 받으러 광야로 가사 사십일을 밤낮으로 금식하신 후에 주리신지라 / 마 4:1-2

넷째, 우리 속에서 친히 말씀해 주신다.

말하는 이는 너희가 아니라 너희 속에서 말씀하시는 자 곧 너희 아버지의 성령이시니라 / 마 10:20

다섯째, 악령을 내쫓아 내는 권세를 주셨다.

그러나 내가 하나님의 성령을 힘입어 귀신을 좇아내는 것이면 하나님의 나라가 이미 너희에게 임하였느니라 / 마 12:28

필자가 '화곡동'에서 목회를 하다가 1987년 '고강동'이란 곳에 새로운 두 번째 개척을 하게 되었다. 그때 나이가 45세이니 지금 생각하면 참으로 젊은 나이였다. 최자실 목사님은 필자의 화곡동 집에 바쁘신 중에도 종종 들리시어 쉬고 가시곤 하셨다.(최자실 목사님에 얽힌 에피소드는 다음 책에서 하기로 하자)

1987년 8월 9일 고강동에 교회를 개척 하였는데 개척 첫날 밤부터 최목사님이 부흥회를 인도해 주시기로 하였다.

가건물을 세우고, 부흥회 준비를 하다 보니 너무 무리를 하였는지 목에서 피가 넘어온 적이 한두 번이 아니었다. 평생을 앓아온 폐결핵 때문인지는 알 수 없지만, 아무튼 각혈하는 빈도가 도를 넘었었다. 이대로 목회가 될 수 있을지 참으로 암담한 상황이었다. 건강이 쇠약할 대로 쇠약해진 상태에서 부흥회 준비를 끝내고 최자실 목사님이 오시길 기다렸다.

그런데 8일 밤에 최자실 목사님을 보필하던 마리아 전도사님에게 전화가 왔다. 목사님 몸이 몹시 아프셔서 아무래도 병원에 가셔야 될 것 같다는 말씀을 하셨다. 그리고는 전화를 최자실 목사님께 넘겨주었다. 목사님은 힘없는 목소리로 "홍 목사, 내일 집회를 못 갈 것 같다"라는 말씀만 하시고 전화를 끊으셨다.

내일 밤부터 최자실 목사님을 모시고 부흥회를 한다고 부천시 일대에 전단지 5만장을 뿌렸던 차에 걱정이 이만저만이 아니었다. 당장 날이 새면 내일부터 부흥회가 시작되니 취소 할 수도 없는 상태였다. 그러나 집회보다도 더 큰일은 최자실 목사님의 건강이었다. 그래서 '별일이 없으셔야 할텐데'라는 생각을 하다 아무래도 걱정이 되어 아내하고 함께 가건물 속으로 들어가 기도하기 시작했다.

자정이 되어 방으로 돌아와 목사님에게 전화를 걸어봤다. 수차례 걸었더니, 마리아 전도사님이 전화를 받았다. 그런데 이게 무슨 일인가! 목사님이 수술실로 들어 가셨다는 것이다. 필자는 어느 병원이냐고 물어 천호동에 있는 강성병원이라는 것을 듣고 황급히 병원으로 갔다.

허겁지겁 도착하니 바로 그때 수술실에서 막 수술을 끝내고 침대에 누워 나오시는 목사님을 보았다. 마취가 약간 풀렸는지 통증을 호소하셨다. 침대를 멈추고 나는 정신없이 목사님의 수술 부위에 손을 넣고 기도하기 시작했다. 목사님이 내 손을 꼭 잡으셨다. 기도가 끝나니, 의사가 물었다. "보호자이십니까?" 얼떨결에 "네, 어머니 이십니다"라고 대답했다.

의사에게 내가 아들이라고 하니, 어머님께서 맹장이 터져 복막염이

됐다고 하시면서 수술은 깨끗하게 끝났는데 암이 보인다는 것이다. 그대로 봉하였으니 큰 병원으로 가야 한다는 것이 아닌가!

의사의 말을 들으니 보통 걱정이 아니었다. 걱정을 하고 있는데 마리아 전도사님이 말했다. 조금 있으면 딸과 아들(김성애 사모님과 김성수 아들 목사님을 말하는 듯)이도착 할 테니 염려 말고 어서 가 보라는 것이다.

안타까운 마음으로 발걸음을 돌렸다. 우리 내외는 발걸음이 무거웠지만 한편으로는 나보다는 천 배 만 배 가까운 가족이 오신다니 편한 마음으로 교회로 돌아올 수 있었다. 교회 도착하니 밤새 한숨도 못잤을 뿐 아니라 내 자신도 건강 상태가 좋지 않은 터라 피곤이 엄습해 왔다. 한번 피곤이 찾아오면 일상의 일은 도저히 불가능하여 피곤이 가실 때까지, 무조건 누워 있어야만 했다.

한숨을 자고나니 정오가 넘었다. 웬일인가! 집회는 저녁 7시에 시작인데 대낮부터 사람들이 몰려오고 있었다. 5시 정도 되니까 건물 100평에 입추의 여지가 없을 정도로 사람들로 가득했다. 여기저기서 최자실 목사님이 언제 몇 시에 오시냐며 묻는 소리들이 들렸다. 그러다 마침내 더 이상 사람들이 들어 올 수 없을 정도로 밖에 마당까지 차고 넘치게 됐다.

그러나 오늘 예배의 주인공이신 최자실 목사님은 오실수가 없으니, 목사님이 못 오신다는 말을 모여든 성도들에게 어떻게 전한 단 말인가! 아무리 궁리를 해봐도 뾰족한 묘안이 떠오르지 않았다.

이때 마침 밖에 있던 아내가 헐레벌떡 뛰어 오면서 하는 말이 큰일 났다는 것이다. 동네 교회 목사님들이 나보고 사기꾼이라는 것이었다. 이유인즉, 최자실 목사님 같은 훌륭한 목사님이 이런 변두리 고강동에 집회를 오실 리가 없다는 것이다. 교회를 개척해 놓고 사람을 끌어 모이기 위해 사기를 치고 있다는 것이 그들의 말이었다.

마침내 "홍재철 목사 나오라!"고 큰 소리를 질렀다. 생전 처음 당해 본 일이라 솔직히 무섭고 떨리기도 했으며, 무슨 변명을 해야 할지 도무지 생각이 나질 않았다, 그때만 해도 필자가 젊어서 순진 했나 보다. 안에서 문을 걸어 잠그고 없는 척 하며 숨을 죽인 채 생각에 잠겼다.

아니 그런데 이게 또 웬일인가! 어떤 귀신들린 여인이 마당에 깔아 놓은 돌멩이를 손에 쥐고 아내를 때리려고 하면서 목사 데리고 오라는 것이다. 아내는 겁을 먹고 도망하는 진풍경이 마당에서 일어난 것이다.

유리창 틈으로 살짝 보니 아주 미쳐버린 악령에 사로잡힌 어떤 여자 한사람이 양손에는 주먹만 한 돌멩이를 들고 씩씩거리고 있었다. 머리는 풀어 헤치고, 허리에는 띠를 띠었으며, 신은 맨발이었다. 온 얼굴은 상처투성이였던 그 여인은 그야말로 성경에서만 읽어봤던 악귀 들린 자 그대로였다.

필자는 순간 고강동에 교회를 개척한 것을 후회했다. 그럼에도 그때 '무슨 수를 써서라도 이 순간을 모면해야만 내가 여기서 목회를 할 수 있다. 그렇지 않으면 시작과 함께 끝장이다'라는 것이 필자의 머릿속을 스쳤다.

귀신들린 여인을 피한다는 게 그만 문을 열고 본당 강대상 쪽으로 들어가 버렸다. (당시 가건물을 지으면서 본당과 집을 연결해 놓았는데, 거실 쪽 문을 열면 바로 본당 입구로 통하게 되어 있었다)

강대상으로 올라가니 사람들이 성전은 이미 입추의 여지가 없이 인산인해를 이루고 있었다. 아, 그런데 그 때 갑자기 귀신들린 여인이 내가 강대상으로 올라간 걸 어떻게 알았는지, 성전 문으로 들어오고 있는 것이 아닌가! 누가 말하지도 안했는데, 역시 귀신은 귀신이다.

그리고 뚜벅뚜벅 강대상으로 걸어오면서 알지 못하는 괴성을 지르고, 양손에는 돌멩이를 들고 머리에는 거적 대기를 쓰고 필자를 금방이라도 때릴 것 같은 행동으로 오고 있었다. 나는 '이제 나는 끝장이다'라고 생각했는데, 그 순간 하나님의 말씀이 전광석화처럼 내 머릿속을 지나갔다.

근신하라 깨어라 너희 대적 마귀가 우는 사자 같이 두루 다니며 삼킬 자를 찾나니 너희는 믿음을 굳게 하여 마귀를 대적하라 / 벧전 5:8-9

"무슨 말을 할까 생각지 말라!"

마땅히 할 말을 성령이 곧 그 때에 너희에게 가르치시리라 / 눅 12:12

담대함이 어디서 왔을까? 그 순간 성령님이 내게 말씀셨다.

"안수하라!, 안수하라!"

귀신들린 여인이 강대상 바로 앞에 올 찰나였다. 성전에 모인 사람들은 아주 재미있는 구경거리가 생겼다. 그 순간 나도 모르는 사이에 번개처럼 그 여인의 앞으로 달려가 머리에 손을 얹고 "주여" 하고 목이 터져라 외치면서 "이 더러운 귀신아!, 나사렛 예수의 이름으로 명한다. 도망가라! 물러가라!" 두려움과 공포감은 순간 물러갔고, 귀신들린 여인의 머리에 손을 대는 순간 그 여인은 강대상에 덩그러니 녹아 떨어져 쭉 뻗어 버렸다.

세상 말로 한방에 KO가 되버린 것이다. 사람들이 박수를 치고 여기저기서 "예수!, 예수!" 소리를 질렀다. 성전 바닥에 대자로 누워버린 귀신들린 이 여인의 머리와 배에 안수를 하면서 차라리 죽으라고 방언으로 기도하였다. 죽었는지 살았는지, 완전 녹아 떨어져 버렸다.

일순간에 일어난 현장을 본 성전에 모인 사람들은 감탄 내지 어떤 사람은 귀신이 죽었다고 소리를 질렀다. 어차피 최자실 목사님도 오시지 못하게 되었는데 이때다 싶어 원고도, 본문도, 찬송도 없이 모든 예배의 순서를 무시한 채 무조건 설교를 하였다.

그런데 설교를 하는 동안에도 죽은 것처럼 뻗어 있는 귀신 들린 여인은 이상하게 일어나지를 않는 것이 아닌가?

마음이 쓰였다. 귀신 들린 여인이 쭉 뻗은 모습에 여기저기서 웅성웅성 거리는 소리가 들렸다. 통성기도를 하면서 설교를 하고 이렇게 한 시간쯤 지나 최자실 목사님이 오시지 못한 자초지종을 설명하였다. 그러나 수술을 받으셨다는 말은 차마 할 수가 없었다.

이쯤 되면 일어날 때도 됐는데 그 여인은 웬일인지 약 한 시간이 지났는데도 대자로 뻗어 도무지 일어날 생각을 하지 않고 있었다.

그 순간 또 왈칵 겁이 났다. '혹시라도 아까 떨어지면서 뇌진탕이라도 된 것이 아닌가' 하는 생각에 다가가 약간 흔들어 보았으나 꼼짝하지 않았다.

사람들은 또다시 웅성거렸다. '그래, 이판사판이다!' 다시 한 번 여인의 가슴과 머리에 손을 얹고 방언으로 기도했다. 목이 터져라 외쳤다.

"예수의 이름으로 명령한다. 더러운 귀신은 물러가고 여인은 잠에서 깨어나라!" "나 좀 성가시게 하지 말고 빨리 일어나라, 즉각 일어나라!"

참으로 신기한 일이다. 감고 있던 눈을 뜨고 벌떡 일어난 것이 아닌가! 여기저기서 박수가 터져 나왔다.

"좋으신 하나님, 좋으신 예수님, 좋으신 성령님, 성삼위 하나님을 영원히 찬양합니다. 할렐루야!"

이렇게 성령님이 강하게 역사한 적은 필자도 난생처음 처음 경험했다. 일찍이 들어 본 적도 없고 오직 성경에서만 읽었던 기적의 현장이었다. 한방의 기도에 입에 거품을 물고 쓰러졌다가 약 1시간 30분 만에 다시 기도로 깨우니 일어나는 이런 신비한 일은 비록 내가 안수를 하였어도 내가 한 것이 아니고 나와 함께 하신 성령님이 내손을 사용하셔서 하신 것으로 설명할 수밖에는 없다. 이것은 내가 생각해도 성령님께서 일하신 참으로 신비에 가까운 사건이었다.

귀신들린 여인을 일으켜 마무리 기도를 하고 나니, 완전히 귀신은 물러가고 눈동자며 입술이며 행동 전부가 정상으로 돌아왔다. 이 여인은 자신이 한 행동을 모르는 것 같아 조용히 의자에 앉혀 놓았다.

그런데 이때였다. 어디서 많이 본 사람이 휠체어에 의지하여 교회 안으로 들어오는 것이 아닌가! 너무 놀라 기절을 할뻔한 사건이 눈앞에서 또 한 번 일어났다. 바로 천호동 병원 중환자실에 계셔야 할 최자실 목사님이 오신 것이다. 나는 정신 없이 달려가 목사님을 영접하고 너무 마음이 아려 펑펑 울고 말았다.

'어찌 이런 일이... 어쩌자고 이런 몸으로 여길 오신단 말인가!'

두 세 시간 전까지도 필자를 사기꾼 목사라고 하였던 그 사람들, 그 후 알고 보니 평신도 들이 아니라 주위에 필자보다 먼저 개척을 한 목사들이었다. 그런데 세상에 이런 일이.......중환자실에 계셔야 할 최목사님이 너무 걱정이 되셔서 죽으면 죽으리라는 마음으로 마리아 전도사님과 많은 분들의 만류를 뿌리치고 그 먼 길을 오셨다는 것이다.

한 여름인데 머리에는 깊게 모자를 쓰시고 배에는 붕대를 칭칭 동여매신 채 오신 목사님! 도대체 이게 무슨 일이란 말인가!

믿을 수 없는 사실이 또 한 번 이루어졌다. 참으로 실소할 일이다. 중화자실에 계신다고 했는데 그분이 어떻게 여길 올수 있느냐는 말이다.

그런데 또 그들이 하는 말이 최자실 목사님이 아니고 가짜 최자실 목사님이 왔다고 빈정됐다. 참으로 미치고 환장 할 노릇이다.

그러자 필자와 아내의 손을 붙잡고 일어서시는 목사님. 강대상 앞으로 나아가셔서 의자에 앉으셨다. 그리고 "내가 최자실 목사야" 하신다. 목사님을 알아본 성도들은 눈물을 감추지 못했다. 목사님을 위하여 통성으로 하나님께 기도를 하기 시작했다.

그 때 그 집회는 참으로 하늘에서 불이 떨어진 밤이었다. 그날 밤의 기도는 필자의 40년 목회에 도저히 잊을 수 없는 밤이었다. 목사님을 부둥켜안다시피 하여 차에 오르게 하신 후 떠나보내고, 그날 밤 성도들은 철야 기도를 하였는데 감사, 감사가 쉼 없이 튀어 나왔다. 이것이 하나님의 은혜가 아니고 무엇이겠는가! 귀신이 떠나가고 약속된 강사가 오신 것. 그날 밤 일어났던 모든 일은 모두가 하나님의 예정된 시간표에 들어있었던 기적의 현장이었다.

강대상에 엎어져 성령에 사로잡힌 악령 받은 여인,

내가 하나님의 성령을 힘입어 귀신을 쫓아내는 것이면 하나님의 나라가 이미 너희에게 임하였느니라 / 마 12:28

마 12:28의 말씀대로 하나님의 나라가 이미 임하였던 밤이었다. 수많은 사람들은 유명한 최자실 목사님 때문에 집회에 참석하였으나, 하나님은 최자실 목사님을 쉬게 하시고 무명의 부흥사 홍재철 목사를 들어 쓰셔서 수많은 사람들 앞에서 악령 받은 귀신을 쫓아내시는 성령님의 은혜를 보게 하셨으니, 이를 무엇으로 보답 할 것인가!

필자는 그때 받은 그 은혜와 그 은사로 40년을 부흥사로서 전국 방방곡곡 군군면면촌촌을 다니며 복음을 전했고, 오대양 육대주를 넘나들며 부흥회를 인도하면서 그렇게 솔로몬교회에서 35년의 목회를 하나님의 은혜가운데 끝내고 은퇴할 수가 있었다. 지구를 떠나는 그날까지 오직 감사!, 감사!, 주의 영광을 위해 살리라! 할렐루야!

해가 바뀌고 88년도가 되었다. 하나님께서 필자에게 좋은 은사를 주셔서 폐결핵 환자에게 환부에 손을 얹고 기도만 하면 치료를 받는 기적이 일어났다. 그런데도 필자는 해가 바뀌어도 각혈을 하고 고통을 당하였다.

이를 잘 아셨던 최자실 목사님은 어느 날 필자의 건강 상태를 아시고 금식 기도를 권면 하셨다.

“우리 조용기 목사님도 40일 금식을 하지 않고 39일을 하셨어. 우리 주님께서 40일을 하셨으니 겸손하게 39일만 했지. 그러니 우리 강남 금식 기도원에서 홍 목사도 한 번 해 봐 그러면 내가 기도할게”

최자실 목사님을 모시고 일본, 대만, 집회를 다니다 보니 최자실 목사님과 알게 모르게 정이 들었었다. 그래서 필자는 어느 날부터인가 “어머니”라고 불렀다. 이런 인연으로 그 해인 1988년 2월 20일부터 4월 3일까지 강남 금식 기도원에 들어가 40일 금식 기도를 시작하였다.

금식하는 동안 최자실 목사님은 미국에서도 국제전화를 통해 40일 금식기도가 승리하기를 계속해서 기도해 주셨다. 필자가 폐결핵으로 각혈을 하고 있었던 터라, 40일 금식이 무리라는 것을 아신 목사님은 하루가 멀다 하고 국제전화로 기도해 주셨다.

대한민국이 낳은 성령님께 사로잡힌 드보라 같은 여선지자, 주를 위해서라면 죽으면 죽으리라는 에스더와 같은 분 아니시던가! 영적 어머니인 목사님의 기도를 받으면서 40일 금식을 무사히 마쳤다. 금식을 들어갈 때 몸무게가 62kg이었는데 40일을 끝내는 날 몸 무개는 38.5kg이었으니 몰골이 말이 아니었다. 피골이 상접하여 뼈와 가죽만 남고, 머리는 긴 것이 멀리서 보면 사람인지 짐승인지 꿈틀거리는 송장인지 알아볼 수 가 없을 정도였다.(금식하는 동안 일어났던 간증은 다음에 쓰기로 하자)

교회로 돌아온 후 교회는 급성장하여 1년 만에 재적 1000명이 되었다. 이렇게 급작스런 부흥이 이루어진 배경에는 최자실 목사님의 절대적 영향이 있었다.

여섯째, 성령을 훼방하면 죄 사함을 못 받는다.

> 그러므로 내가 너희에게 이르노니 사람의 모든 죄와 훼방은 사하심을 얻되 성령을 훼방하는 것은 사하심을 얻지 못하겠고 또 누구든지 말로 인자를 거역하면 사하심을 얻되 누구든지 말로 성령을 거역하면 이 세상과 오는 세상에도 사하심을 얻지 못하리라 / 마 12:31-32

얼마 전 신문에 보니 광화문에서 집회를 하는 어느 목사가 이런 말을 했다.

"나에게 기름 부음이 임했기 때문이다. 나는 하나님 보좌를 딱 잡고 살아, 하나님 꼼짝 마, 하나님 까불면 나한테 죽어, 내가 이렇게 하나님하고 친하단 말이야 친해"

어떤 방법으로라도 이 말은 해명이 불가하다. 출 20:7과 신 5:11에 "너는 너의 하나님 여호와의 이름을 망령되이 일컫지 말라 나 여호와는 나의 이름을 "망령"되이 일컫는 자를 죄 없다 하지 아니하리라"고 말씀하셨다.

"망령"이란 히브리어의 "שָׁוְא샤브"라는 뜻으로 "신앙을 버린다. 교활한 소리, 파괴적 소리"라는 뜻이다. 그 목사는 영원히 저주받을 소리를 한 것이다. 이슬람교도들은 자신의 신인 마호메트를 향해 고개를 들지도 못하고, 경외함을 표시하지 않는가? 무당도 귀신 앞에서는 벌벌 떨며 숭배하지 않는가? 히브리인들 역시 하나님 이름 자체를 너무 거룩하여 함부로 부르지 않았다.

그런데 그 사람은 백주에 광화문에서, 그것도 믿지 않는 자 들 앞에서 "하나님 꼼짝 마, 까불면 나한테 죽어"... 지금 글을 쓰는 필자는 이 글을 쓰는 것 자체가 송구스러울 뿐이다.

여호와 하나님 그 분만이 존귀와 영광과 찬양을 받으실 영원한 하나님이시다. 여호와의 이름을 망령되이 일컬어 성령을 훼방하는 죄를 범하지 말아야 할 것이다.

일곱째, 알지 못하는 장래 일을 생각나게 하시고 가르치신다.

마땅히 할 말을 성령이 곧 그때에 너희에게 가르치시리라 하시리라 / 눅 12:12

아나니아가 떠나 그 집에 들어가서 그에게 안수하여 이르되 형제 사울아 주 곧 네가 오는 길에서 나타나시던 예수께서 나를 보내어 너로 다시 보게 하시고 성령으로 충만하게 하신다 하니 즉시 사울의 눈에서 비늘 같은 것이 벗어져 다시 보게 된지라 일어나 세례를 받고 / 행 9:17-18

보혜사 곧 아버지께서 내 이름으로 보내실 성령 그가 너희에게 모든 것을 가르치시고 내가 너희에게 말한 모든 것을 생각나게 하시리라 / 요 14:26

여덟째, 성령은 우리에게 증거 하여 주신다.

대한민국의 법은 증거주의요 권리 확정주의이다. 그러므로 재판은 물적 증거나 인적 증거 같은 사실이 입증되어야만 증거로서 채택이 될 수가 있는 것이다.

보혜사 성령은 우리에 인적 증거요 물적 증거자가 되신다. 나의 의지와 생각, 때로는 영과 관절과 골수를 쪼개서라도 우리의 생각과 마음을 통찰하고 계시기에 모든 것을 증거자로서 보호해 주시고, 보증해 주신다는 것이다.

내가 아버지께로서 너희에게 보낼 보혜사 곧 아버지께로서 나오시는 진리의 성령이 오실 때에 그가 나를 증거하실 것이요 / 요 15:26

오직 성령이 너희에게 임하시면 너희가 권능을 받고 예루살렘과 온 유대와 사마리아와 땅 끝까지 이르러 내 증인이 되리라 하시니라 / 행 1:8

만일 너희 속에 하나님의 영이 거하시면 너희가 육신에 있지 아니하고 영에 있나니 누구든지 그리스도의 영이 없으면 그리스도의 사람이 아니라 / 롬 8:9

아홉째, 성령님은 우리와 깊은 사랑의 교제를 원하신다.

성령님과 깊은 교제를 하기 위하여 우리가 어떻게 하여야 하는가?

1) 성령님의 손에 붙잡히라는 것이다.

바로가 그 신하들에게 이르되 이와 같이 하나님의 신이 감동한 사람을 우리가 어찌 얻을 수 있으리오 / 창 41:38

여호와께서 요셉과 함께 하시므로 그가 형통한 자가 되어 그 주인 애굽 사람의 집에 있으니 /창 39:2

내가 항상 주와 함께하니 주께서 내 오른손을 붙드셨나이다 / 시 73:23

주의 손이 그들과 함께 하시매 수다한 사람이 믿고 주께 돌아오더라 / 행 11:21

※ 여호와 하나님이 우리와 함께 하시겠다는 말씀이 성경에 223번이나 나옴

걸어 갈 때도, 버스를 탈 때도, 기차를 타고 여행 할 때도. 비행기를 탈 때도, 등산을 할 때도, 낚시를 할 때도, 수영을 하러 바닷가를 갈 때도, 비즈니스를 하기 위해 사람을 만날 때 도, 어디서 무엇을 하든지 간에 하나님의 손 "יָד(야드)"에 붙잡힐 때 비로소 코로나 같은 재앙은 물러나게 될 것이고, 멈추게 될 것이다.

그러므로 성령님(루아흐 엘로힘 וְרוּחַ אֱלֹהִים)을 모시고 "하나님의 손(The hand of the Lord)"에 붙잡혀 함께 동행 하라는 것이다.

필자가 30년 전 일이다. KAL 노선이 없을 때라 스위스 에어라인을 타고 유럽으로 부흥회를 갔어야 했다. 목사가 된 후 유럽 쪽은 처음으로 초청을 받아 하나님 앞에 감사 감사 하였다. '내가 무엇이길래 난생 처음 유럽으로 부흥회를 간단 말인가! 이것이 하나님의 은혜가 아니고

무엇이겠는가!' 매우 긴장하기도 하였다.

독일 프랑크 푸르트 한인교회는 김수동 목사가 서울대를 졸업하고 당시 대우상사 유럽 지역 총책임자로 근무하였을 때였다. 그는 조용기 목사님 유럽 첫 집회에 성령체험을 한 후 좋은 직장을 그만두고 독일 장로교회 신학교를 졸업하여 목사가 되었다.

김 목사님은 목사가 되고 난 후 처음으로 한국을 찾아와 한얼산 기도원에서 기도를 하고 떠나려 던 마지막 날 밤에 필자의 설교 "당신은 성령의 사람인가(Are you a man of the Holy Spirit?)"라는 설교에 은혜를 받고 필자를 자신이 섬기는 프랑크푸르트 한인교회에 부흥회를 인도해 달라고 초청을 했다.

김포공항을 출발하기 전 하나님 아버지에게 간절히 기도했다. 무사히 프랑크푸르트에 도착해 주실 것과 4일 동안의 집회가 성령 충만하여 바울이 유럽을 복음화 하였듯이 어린 종이 유럽에 복음을 전할 수 있는 시작이 되게 하여 주시라고 간절히, 정말로 간절히 기도했다.

비행기가 알프스 산맥을 넘어 갈 때였다. 웬일인지 갑자기 기체가 흔들리더니 급강하 하는 것이 아닌가! 기내 아나운서는 황급한 소리로 안전벨트를 매라고 소리쳤다.

200여 명의 승객들은 순간적인 위험에 여기저기서 아우성을 쳤다. 난 직감적으로 '아, 이렇게 죽는구나' 하며 생각했고, 순간 두려움과 공포가 엄습해 왔다.

물어 볼 것도 없이 여기저기서 비명소리가 났고 무슨 말인지 모르겠지만 기도하는 소리가 또 여기저기 들렸다. 필자는 의자를 꽉 잡았다 "성령님 한 번만 살려 주세요, 아버지 한 번만 살려 주세요, 내 주여 한 번만 지켜주세요!" 이러 저런 체면이 어디 있겠는가! 목이 터져라 외쳤다. 이 모든 것이 모두가 순간적으로 일어난 사건이었다.

의자를 붙들고 "죽으면 죽으리라"고 기도하는데 난데없이 필자의 손을 덥석 잡는 큰 손이 있었다. 눈을 뜨고 위를 바라볼 겨를도 없이 직감으로 "아! 성령님의 손이구나"라는 확신이 왔다. 필자는 꼭 잡은 그 손을 놓지 않았다. "성령님 사랑합니다. 성령님 감사합니다."를 외치면서 눈을 뜨고 위를 쳐다보니 웬일인가? 10초 전까지 내손을 잡아주시던 그 큰손은 안보이고 여기저기서 똑같은 통곡소리. 기도 소리. 눈물바다 위에 가방들만 바닥에 떨어져 뒹굴고 있었다.

그 순간이었다.

"앞으로 나가라, 큰소리로 기도하라, 앞으로 나가라, 큰소리로 기도하라"

라는 소리가 뜨거운 가슴과 함께 내 귀전에 들리는 것이 아닌가! 그래서 나는 즉각 순종하는 마음으로 담대히 일어섰다. 그리고 외쳤다.

Let us all Pray to God (우리 모두 하나님께 기도 합시다)

한국말로 하다가, 서투른 영어로 하기를 계속해서 반복 하였다. 그때 한 사람, 한 사람 각기 자국말로 기도하기 시작했다. 어쩌면 기내에 있는 승객모두가 기도하였을 것이다. 강한 천둥을 진동하는 기도 소리는 능히 하늘 보좌를 움직였을 것이다.

잠시 후 그렇게 요동하던 기체가 평온해졌다. 누군가가 소리를 질렀다. “We are all alive” “살았다, 살았다, 우리 모두 살았다” 이 소리는 마치 하나님 아버지의 소리요, 우리를 구원해 주시는 나의 주님(The Lord)의 음성이요, “이제 걱정 하지 말라 내가 너희를 인도하리라”는 성령님의 음성이었다.

순간 누가 먼저라고 할 것도 없이 모든 승객이 자리에서 일어나 하나님께 손뼉이 닳아 지도록 박수를 쳤다. 사람들은 내 자리로 와 내손을 잡아주고 연발 “땡큐”를 했다. 내가 목사가 된 것이 이때를 위함이 아니었던가라는 생각이 들었다.

비행기는 한 시간 전 무슨 일이 있었냐는 듯이 스위스 국제공항에 도착했다. 그리고 활주로에 사뿐히 내려앉은 비행기가 멈추자, 모든 승객들은 일제히 일어나 만세를 불렀다. 더 나아가 이름 모를 사람들과 하나가 되어 서로가 부둥켜 안으며 기뻐했다. 많은 사람들은 키가 조그만 동양 사람인 나에게 찾아와 뽀뽀를 했다.

“who are you?”

“I am a pastor!, I am a Korean!”

“당신은 누구십니까?”

“나는 목사입니다. 그리고 나는 한국 사람입니다.”

필자가 목사가 된 것이 이리도 좋은지 펄펄 날 것만 같았다. 그리고 한국 사람인 것이 또한 자랑스러웠다.

200여 명의 승객들은 생에 잊을 수 없는 영원히 남을 인생의 교훈을 얻었다. 그것은 하나님은 늘 우리와 함께 하시고 언제 어디서나 우리의 기도를 들으시며 응답해 주신다는 것이다.

공항에 도착하여 김수동 목사님과 성도들의 영접을 받고 다음 날부터 부흥회가 시작되었다. 그리고 필자의 간증은 고독과 외로움에 있던 성도들에게 "나도 할 수 있다"라는 도전과 희망을 주었을 것이다.

그들은 40년의 광부생활과 간호사로서 이역만리 타향에서 고향 하늘을 바라보면서 외로움에 살아던 분들이었기에 필자의 간증은 더 더욱 하나님의 말씀 앞에 바로 서야 되겠다는 결심을 하게 되는 부흥회가 되었을 것이다. 그 후 필자에 대한 소문이 나게 되자, 베를린 한인교회 구효남 목사과 함부르크 순복음교회, 뮌헨장로교회, 프라이벅 한인교회, 독일 루터교회를 비롯 유럽 전역을 집회를 하다시피 했으니 김포공항을 떠나기 직전 비행기에서 하나님께 드린 기도가 하나도 빠지지 않고 응답된 것이다. 이렇게 좋으신 하나님! 우리 주님 성령님께 영광을 돌린다. 할렐루야!

하만의 모략으로 히브리 민족이 위기를 당했을 때 모르드게는 에스더에게 "네가 왕후의 위를 얻은 것이 이 때를 위함이 아닌지 누가 아느냐"라고 에스더에게 강력한 도전을 주었다.이 때 에스더는 믿음으로 "죽으면 죽으리라"는 고백과 함께 삼일을 금식하고 전심으로 하나님께 기도하며 "아하수에로" 왕에게 나아갔다. 이 때 하나님은 그녀의 기도를 들으시고 한 사람의 기도로 민족 전체를 구원해 주시는 놀라운 역사를 일으켜 주신 것이다.

에스더의 기도처럼 필자가 기도 할 때에 내 손을 꼭 잡아주시고 찾아오신 성령님을 아직도 생생히 기억한다. 그리고 "나가라, 큰소리로 기도하라, 앞으로 나가라, 큰소리로 기도하라"는 성령님의 소리가 아직도 내 심장과 귓전에 들리는 듯하다.

바울이 로마로 압송되어 가던 날 밤 해와 별이 보이지 않고 구원의 여망이 없어질 때 행 27:14절에서 유라 굴로라는 광풍을 만나게 되었다. 이 때 바울은 배에 타고 있던 짐을 바다에 던졌고 배에 싣고 있던 기구들까지 모조리 바다에 던졌다. 이 때 죽음을 눈앞에 둔 사공들에게 바울이 외친다.

행 27:22-25에서 "내가 너희를 권하노니 이제는 안심하라 너희 중 생명에는 아무 손상이 없겠고 오직 배 뿐이리라 23.나의 속한바 곧 나의 섬기는 하나님의 사자가 어제 밤에 내 곁에 서서 말하되 24.바울아 두려워 말라 네가 가이사 앞에 서야 하겠고 또 하나님께서 너와 함께 행선하는 자를 다 네게 주셨다 하였으니 25.그러므로 여러분이여 안심하라 나는 내게 말씀하신 그대로 되리라고 하나님을 믿노라"고 말씀하심과 같이 비행기 안에서 기도하는 내 손을 잡고 계셨던 큰 손은 지금도 말로 어떻게 표현할 수가 없고, 이 지구상의 어떤 언어로도 담을 수 없으며, 성령님을 찬양하기에 부족할 것이다.

그 후 필자에게 어려움이 생길 때마다 지상의 40000피트 상공에 나타나셔서 어린 종의 손을 잡아주신 그때 그 성령님을 기억한다. 그리고 어떤 어려움이 와도 때마다 나를 찾으시고 도우셨던 성령임을 기억한다.

우리는 성령님(루아흐 엘로힘 וְרוּחַ אֱלֹהִים)을 모시고 "하나님의 손(The hand of the Lord)" 에 붙잡혀 동행하는 믿음을 갖자.

2) 하루 14번씩 성령님께 감사하라

왜 우리는 하루 14번씩 감사기도를 해야 하는가? 히브리 민족은 7을 '완전수'라 하고, 14를 '절대 완전수'라 하며, 7을 일곱 번 곱한 49년이 된 다음 해를 '희년'이라 한다. 그들은 이를 인생의 최고의 축복의 숫자로 여겨왔다.

그 이유는 일곱이라는 숫자는 히브리 민족에게 중요한 하나님의 신적 권위와 특별한 구속사적 의미가 있는 숫자로 '완성, 승리, 성취, 정복'같은 상징성을 내포하고 있기 때문이다. 그럼 구체적으로 어느 때마다 하나님과 히브리인들은 7을 사용하였는가?

① 여호와 하나님은 천지창조를 하시며 일곱째 되는 날 안식 하셨다.

하나님이 일곱째 날을 복 주사 거룩하게 하셨으니 이는 하나님이 그 창조하시며 만드시던 모든 일을 마치시고 이 날에 안식하셨음이었더라. / 창 2:3

제 칠일은 너의 하나님 여호와의 안식일인즉 너나 네 아들이나네 딸이나 네 남종이나 네 여종이나 네 육축이나 네 문안에 유하는 객이라도 아무 일도 하지 말라 이는 엿새 동안에 나 여호와가 하늘과 땅과 바다와 그 가운데 모든 것을 만들고 제 칠일에 쉬었음이라 그러므로 나 여호와가 안식일을 복되게 하여 그 날을 거룩하게 하였느니라 / 출 20:10-11

② 메시아의 족보에서도 7을 중요시 여기셨다.

족보라는 뜻은 히브리어의 '세페르 톨레도르'라는 단어인데 "족보 및 계보"라는 뜻이다.

성경은 마태복음 1장1절에서 아브라함과 다윗의 자손 예수 그리스도의 세계라고 나오는데 1:17절에 아브라함부터 다윗까지 열 네 대요, 다윗부터 바벨론으로 이거할 때까지 열 네 대요, 바벨론으로 이거한 후부터 그리스도까지 열 네 대라고 기록하고 있다. 소위 창세기에서 예수 그리스도까지 하나님의 구속사의 족보를 다루고 있는 것이다.

상기한 바와 같이 마태의 족보 기록은 14대를 구속사의 3기로 나누었다.

1기 : 아브라함부터 다윗 시대인 14대를 축복과 약속의 시대라고 한다. 혹은 메시야를 기다린다고 하여 기다림의 시대라고 부르기도 한다.

2기 : 다윗의 바벨론 이거까지 14대를 약속의 성취 시대 혹은 축복을 통한 번영의 시대라고 부른다.

3기 : 바벨론 이후 그리스도 전까지 14대를 쇠퇴와 회복의 시대, 혹은 대망의 메시야 출현의 시대라고 한 다. (그랜드 종합주석 창세기 연구자료참조)

그래서 14대는 완전수인 7을 두 번 강조하며 마지막 메시아 출현까지를 '절대 완전수'라고 하여 혈통과 구속사적 정통성을 명확히 밝히고 있는 것이다.

③ 희년에도 7을 적용하셨다.

하나님은 7년째 되는 해와 오십 년째 되던 해에는 모든 생업을 일체 중단시키시고, 가까운 친척이나 형제, 그리고 모든 빚진 사람과의 얽히고설킨 경제적 사회적 문제들을 전면 탕감하여 관계 회복을 함으로써 신앙회복의 기회로 삼아 불평등을 회복해 주셨다.

이것은 여호와 신앙을 가진 선민의식의 히브리 민족만이 할수 있는 하나님의 구속사적 은총이라 할 것이다.

히브리 민족은 이날을 "여호와의 은혜의 해"라고 불렀으며 "자유의 해"라고도 하여 슬픈 자를 위로하는 해로 여겼다. 하나님께서는 노예가 되었던 자들은 누구든지간에 가족의 품으로 돌아가 해방시켜 주심으로 자유의 몸이 되게 하셨다. 이는 예수 그리스도를 통해 모든 죄악의 사슬을 끊고 해방되어 구원받는 구속사를 예표하는 것이라고 할 수 있다.

여호와의 은혜의 해와 우리 하나님의 신원의 날을 전파하여 모든 슬픈 자를 위로하되 / 사 61:2

7. 네 육축과 네 땅에 있는 들짐승들이 다 그 소산으로 식물을 삼을찌니라

8. 너는 일곱 안식년을 계수할찌니 이는 칠년이 일곱 번인즉 안식년 일곱 번 동안 곧 사십 구년이라

9. 칠월 십일은 속죄일이니 너는 나팔 소리를 내되 전국에서 나팔을 크게 불찌며

10. 제 오십년을 거룩하게 하여 전국 거민에게 자유를 공포하라 이해는 너희에게

희년이니 너희는 각각 그 기업으로 돌아가며 각각 그 가족에게로 돌아갈찌며

11. 그 오십년은 너희의 희년이니 너희는 파종하지 말며 스스로 난것을 거두지 말며 다스리지 아니한 포도를 거두지 말라

12. 이는 희년이니 너희에게 거룩함이니라 너희가 밭의 소산을 먹으리라 / 레 25:7-12

④ 적과 싸울 때도 7을 적용하셨다

4. 제사장 일곱은 일곱 양각나팔을 잡고 언약궤 앞에서 행할 것이요 제 칠일에는 성을 일곱 번 돌며 제사장들은 나팔을 불 것이며

5. 제사장들이 양각나팔을 길게 울려 불어서 그 나팔 소리가 너희에게 들릴 때에는 백성은 다 큰 소리로 외쳐 부를것이라 그리하면그 성벽이 무너져 내리리니 백성은 각기 앞으로 올라갈찌니라 하시매 / 수 6:4-5

14. 그 제 이일에도 성을 한 번 돌고 진에 돌아 오니라 엿새 동안을 이같이 행하니라

15. 제칠일 새벽에 그들이 일찍이 일어나서 여전한 방식으로 성을 일곱 번 도니 성을 일곱 번 돌기는 그날 뿐이었더라 /수6:14-15

이스라엘이 홍해를 건넌 후 여리고와의 대 전쟁은 어쩌면 40년 광야생활에서의 가나안으로 가는 마지막 관문 인지도 모를 일이었다. 만에 하나 여리고와의 전쟁에 패배해 버린다면, 그 자리에서 모든 것이 수포로 돌아갈 수 있을 정도로 히브리 민족의 존망 성쇠가 달려 있는 중대한 전쟁이었던 것이다.

그러므로 반드시 승리해야 된다는 것을 강조하며 '7'이라는 숫자가 여호수아 6장4절에서 4번, 6장에서 총14번(6. 8 .13. 15. 16절)이나 쓰였다. 이렇게 강조된 것을 볼 때에 '7'이라는 영적인 숫자가 성령의 역사에 있어서 얼마나 중요한 숫자인지를 가늠할 수 있다.

여호와 하나님은 칠일 동안 세상을 창조하셨고 하나님이 선택하신 선민의 구속사의 족보를 만드시는 데도 14대로 하여 절대 완전수를 사용하셨으며, 선민의 축복을 선언하실 때도 칠년과 오십년의 희년이라는 절대 완전수를 통해 히브리 민족뿐 아니라 예수 그리스도를 통한 여호와 하나님의 구속사를 계시해 주셨다.

특히 여리고 전쟁은

o 일곱 제사장

o 일곱 양각나팔

o 제 칠일 동안 매일 돌고

o 제 칠일에는 새벽 일찍 일어나

o 일곱 번 도는 것

이것은 여리고 함락 작전이 얼마나 중요한 전쟁인가를 알 수 있는 장면이었다. 여호와의 신적 능력으로서의 구속사적 의미를 우리는 숫자를 보고서도 충분히 알 수 있는 것이다.

가나안 정복은 단순히 땅을 빼앗는 침략 전쟁이 아니라 하나님의 창조의 근원지인 가나안을 다시 찾아 이방으로 하여금 더러워진 우상을 철패하고, 저들의 죄악을 척결하며, 선택된 히브리 민족을 구원하고, 더 나아가 열방을 구원하심으로 하나님의 창조의 권위를 회복하는 '위대한 인류의 구속사'라 할 것이다.

⑤ 하나님 앞에서 언약을 세울 때도

27. 아브라함이 양과 소를 취하여 아비멜렉에게 주고 두 사람이 서로 언약을 세우니라

28. 아브라함이 일곱 암양 새끼를 따로 놓으니

29. 아비멜렉이 아브라함에게 이르되 이 일곱 암양 새끼를 따로 놓음은 어찜이뇨

30. 아브라함이 가로되 너는 내 손에서 이 암양 새끼 일곱을 받아 내가 이 우물 판 증거를 삼으라 하고

31. 두 사람이 거기서 서로 맹세하였으므로 그곳을 브엘세바라 이름하였더라

32. 그들이 브엘세바에서 언약을 세우매 아비멜렉과 그 군대장관 비골은 떠나 블레셋 족속의 땅으로 돌아갔고

33. 아브라함은 브엘세바에 에셀나무를 심고 거기서 영생하시는 하나님 여호와의 이름을 불렀으며

34. 그가 블레셋 족속의 땅에서 여러날을 지내었더라 / 창 21:27-34

⑥ 질병을 치료할 때도 사용하였다.

엘리사가 사자를 저에게 보내어 가로되 너는 가서 요단강에 몸을 일곱번 씻으라 네 살이 여전하여 깨끗하리라 / 왕하 5:10

나아만이 이에 내려가서 하나님의 사람의 말씀대로 요단강에 일곱 번 몸을 잠그니 그 살이 여전하여 어린아이의 살 같아서 깨끗하게 되었더라 / 왕하 5:14

여호와께서 그 백성의 상처를 싸매시며 그들의 맞은 자리를 고치시는 날에는 달빛은 햇빛 같겠고 햇빛은 칠 배가 되어 일곱 날의 빛과 같으리라 / 사 30:26

문둥병에서 정결함을 받을 자에게 일곱번 뿌려 정하다 하고 그 산 새는 들에 놓을찌며 / 레 14:7

⑦ 노아의 홍수로 인류를 재창조 하실 때도 사용하셨다.

노아는 에녹의 증손으로서 므두셀라와 라멕에 이어 아담의 제 10代 손이 된다.

노아가 아담 후 1056년에 출생하였고, 아담은 930년에 세상을 떠났으니 아담이 죽은 후 약 126년 후에 노아가 태어났다는 것이다. 아담과 에녹을 제외한 나머지 선진들은 노아 당시에 모두 살아 있었다. 그러므로 아담의 10대손 중에서 노아만이 하늘로 승천한 에녹을 보지 못했고 시조인 아담을 보지 못하였다.

노아의 홍수는 아담이 이 땅에 온 지 1656년이 되던 해였고, 당시 노아의 나이는 600세였다.(창 7:6)

홍수가 나기 7일 전, 일주일 후면 천하가 뒤집어 지는 날이고 천지가 개벽 되는 날에 하나님은 다음과 같이 명령하셨다.

1. 여호와께서 노아에게 이르시되 너와 네 온 집은 방주로 들어가라 네가 이 세대에 내 앞에서 의로움을 내가 보았음이니라
2. 너는 모든 정결한 짐승은 암 수 일곱씩, 부정한 것은 암 수 둘씩을 네게로 취하며
3. 공중의 새도 암 수 일곱씩을 취하여 그 씨를 온 지면에 유전케 하 라
4. 지금부터 칠일이면 내가 사십 주야를 땅에 비를 내려 나의 지은 모든 생물을 지면에서 쓸어버리리라/ 창 7:1-4

이 사건을 주석가 'M,Henry'는 "어머니가 자녀들을 집안으로 불러들이는 것과 같은 하나님의 애정이 깃든 명령"이라고 하였다.

120년의 세월이 지나고 이젠 노아가 120년 동안 지은 방주에 들어가기 전 짐승들도 7씩 취하였다.

※ 정결한 – 히브리어 ‘타호르(טָהוֹר)’ : 육체적, 화학적, 도덕적으로 흠 없는 정결함을 선포함. 거룩함, 하나님의 창조 목적에 부합한 것들.

※ 부정한 – 히브리어 ‘타메(טָהוֹר)’ : 종교적 의미에서 하나님의 창조 목적에 더러워진, 부패한, 부도덕한

여기서 암수 일곱씩이라는 것은 ‘14마리’라는 것인데 여기서 바로 절대 완전수를 사용하신 것을 알 수 있다. 정결한 것 14마리, 부정한 것을 각각 14마리씩 방주로 들여보내라고 하시고, 공중의 새도 암수를 각각 일곱 마리씩을 방주에 들어가 온 지면에 유전케 하라 하신 것은 최후 마지막 순간까지도 하나님의 형상을 닮은 노아와 그 후손들 그리고 앞으로 다가 올 후세대들이 인류의 종말이 오는 그 순간까지 살아있게 하시겠다는 주도 면밀하신 하나님의 구속의 은총이라 할 것이다.

공중의 새도 암 수 일곱씩을 취하여 그 씨를 온 지면에 유전케 하라 / 창 7:3

※ 유전케 하라 : 히브리어 ‘하야(חָיָה)’
1. 살아 있게 하라 2.생명을 주어라 3.살려 두라
3.구원하시다

특히 정결한 것과 부정한 것을 보면서 하나님의 창조 목적이 어디에 있는가를 분별하라고 하신 말씀은 마지막으로 홍수 후 대 심판을 예고하신 것이다.

너는 먹을 모든 식물을 네게로 가져다가 저축하라 이것이 너와 그들의 식물이 되리라 / 창 6:21

노아와 그 가족들 심지어 방주에 들어간 모든 동식물 전체가 먹을 것을 안전하게 준비하라 하시는 것을 볼 때 아담 창조 후 노아를 통한 인류의 제2창조가 얼마나 중요한 것인가를 말씀하고 계신 것이다. 이 말씀은 최후통첩과 동시에 명령의 말씀이라고 봐야 할 것이다.

나의 신이 영원히 사람과 함께 하지 아니하리니 / 창 6:3

땅 위에 사람 지으셨음을 한탄하사 / 창 6:6

지금부터 칠일이면 내가 사십 주야를 땅에 비를 내려 나의 지은 모든 생물을 지면에서 쓸어버리리라 / 창 7:4

최초의 명령 이후 기나긴 120년의 세월 동안 방주를 짓고 완성하는 과정에서 하나님은 계속해서 반복적인 말씀으로 인간들이 회개하기를 기다리셨을 것이다.

왜냐하면 하나님께서 처음부터 방주에 들어갈 사람을 한정하여 놓으시고 방주를 짓게 하시지는 않으셨을 것이기 때문이다.

여호와 하나님은 마지막 칠일이란 한 주간을 남겨두고서는 노아의 식구들 외에도 타락한 탕자의 영혼들이 회개하고 돌아와 은혜의 방주에 함께 타기를 마치 집을 나간 탕자를 기다리는 아버지의 마음으로 기다리셨을 것이다.

누가복음 15장에 보면 허랑방탕하며 재산을 허비한 탕자의 아들이 돌아오기만을 간절히 기다리시던 주님 아니시던가!

탕자가 돌아온다는 소식에 아버지는 동구 밖까지 달려 나가 목을 안고 입을 맞추며 통곡하는 아들을 껴안고 "죽었던 내 아들이 살아왔다.

제일 좋은 옷을 입혀라, 새 신발을 신겨라, 손에는 금가락지를 끼워라, 피리를 부르고 잔치를 하여라, 우리가 먹고 즐기자"라고 말한다. 이 같은 아버지 심정으로 하나님은 은혜의 방주 속으로 들어올 영혼을 120년 동안 기다리셨을 것이다. 그러나 그들은 오질 않았다. 이에 하나님의 노여움은 "내가 지면에서 쓸어버리리라"라고 말씀하셨다.

※ 쓸어버리다 – 히브리어 '마챠아하(מָחָה)' : 파괴해 버리다, 없애 버리다, 폐하다, 기름 등으로 지워 버리다.

두 주석가인 신학자의 견해

① Whitelaw Poole
마지막 일주일 남은 상태에서 회개하고 은혜의 방주로 들어오기를 간절히 바라시는 하나님의 애타는 심정의 반영이다.

② Matthew Henry
7일 동안 전심으로 회개를 촉구 하면서 방주에 함께 승선을 외쳤을 것이다.

노아가 여호와께서 자기에게 명하신대로 다 준행하였더라 / 창 7:5

칠일 후에 홍수가 땅에 덮으니 / 창 7:10

노아가 하나님과 동행하였다는 것은 그는 비가 오거나 눈이 오거나, 태풍이 휘몰아치거나 많은 사람들의 조롱이 빗발치거나 하더라도 오직 첫째도 순종, 둘째도 순종, 셋째도 순종이었다. 그 결과로 마침내 그는 하나님의 마지막 의의 후사가 되었다.

믿음으로 노아는 아직 보지 못하는 일에 경고하심을 받아 경외함으로 방주를 예비

하여 그 집을 구원하였으니 이로 말미암아 세상을 좇는 의의 후사가 되었느니라 / 히 11:7

열 번째, 성령님은 나의 총사령관이시다. (The Holy Spirit is my commander-in-ch)

성령님은 우리에게 무조건 명령하신다.

① "하라(Do it!), ② 따르라(Follow me!), ③ 가라(Go away!), ④ 보내라(Send it!), ⑤ 잡아 먹으라(Eat it up!), ⑥ 싸우라(Fight!)"

이러한 성령님께서 명령하실 때에 우리는 아멘으로 즉각 순종해야 한다. 모든 것을 총지휘하시는 총사령관이신 성령님에게 하루의 삶을 온전히 내어 드리고 계속해서 묻고, 순종하고, 감사해야 한다.

여호와여 주께서 나를 감찰하시고 아셨나이다 / 시 139:1

감찰하시고 하는 말은 히브리어에 "차카르(חָקַר)"인데 "찾아내다, 발견하다, 탐지해 내다"는 뜻으로 수많은 군중 속에서 너를 발견하고, 찾아냈다는 뜻이다.

'너만을 콕 집어서 내 것으로 만들었다'는 것이다, 더욱 구체적으로 말하면 '너는 나에 동반자'라는 것이다.

부부는 결혼 할 때 평생을 함께 한다는 생각, 그 이상도 그 이하도 없다, 그런데 얼마나 많은 사람들이 "오직 그대만을 위하여, 그대만을 사랑하겠노라"고 다짐하며 부부가 되지만 과연 지구를 떠날 때까지 얼마나 많은 사람이 동행하는가? 그리고 설령 동행한다고 하더라도 얼마나 많은 의견 다툼으로 싸우는가?

그러나 나를 선택한 여호와 하나님, 곧 "루아흐 엘로힘(רוּחַ אֱלֹהִים)"과는 다툼도, 헤어짐도 있을 수가 없다는 것이다. 다시 말해, 하나님과 나와의 관계는 부부 이상의 혼인이요 하나라는 것이다. 처음부터 그분의 형상을 닮고 출생하였기 때문에 하나님께 선택된 나도 그분을 알아 봤고 선택하신 그분도 수많은 군중들 앞에서 나를 콕 집어 "찾아냈다"는 것이다.

> 주께서 나의 앉고 일어섬을 아시며 멀리서도 나의 생각을 통촉하시오며 나의 길과 눕는 것을 감찰하시며 나의 모든 행위를 익히 아시오니 / 시 139:2-3

우리가 성령님 명령 앞에 순종하던지, 불순종 하던지 하는 것은 전적으로 자기 자신에게 달렸다.

성령님의 말씀은 무조건 명령이지 타협의 대상이 아니다. 복이 될 것이냐, 화가 될 것이냐는 전적으로 자신의 행동에 달려 있다. 그러므로 영적 사령관 이신 성령님 말씀에 무조건 따라야 한다.

> 성령님의 명령을 받은 이방인 고넬료와 하나님의 제자 베드로가 성령님께 순종하는 모습을 보라(행 10:3-48)
>
> 하루는 제 구시쯤 되어 환상 중에 밝히 보매 하나님의 사자가 들어와 가로되 고넬료야 하니 고넬료가 주목하여 보고 두려워 가로되 주여 무슨 일이니이까 천사가 가로되 네 기도와 구제가 하나님 앞에 상달하여 기억하신 바가 되었으니 네가 지금 사람들을 욥바에 보내어 베드로라 하는 시몬을 청하라 / 행 10:3-5
>
> 하늘이 열리며 한 그릇이 내려오는 것을 보니 큰 보자기 같고 네 귀를 매어 땅에 드리웠더라 그 안에는 땅에 있는 각색 네 발 가진 짐승과 기는 것과 공중에 나는 것들

이 있는데 또 소리가 있으되 베드로야 일어나 잡아 먹으라 하거늘 / 행 10:11-13

19. 베드로가 그 환상에 대하여 생각할 때에 성령께서 저더러 말씀하시되 두 사람이 너를 찾으니

20. 일어나 내려가 의심치 말고 함께 가라 내가 저희를 보내었느니라하시니

21. 베드로가 내려가 그 사람들을 보고 가로되 내가 곧 너희의 찾는 사람이니 너희가 무슨 일로 왔느냐

22. 저희가 대답하되 백부장 고넬료는 의인이요 하나님을 경외하는 자라 유대 온 족속이 칭찬하더니 저가 거룩한 천사의 지시를 받아 너를 그 집으로 청하여 말을 들으려 하느니라 한대

/ 행 10:19-22

사도행전 12:3-19절을 읽어보라. 베드로가 옥에 갇혀 위기가 왔을 때 성령님의 명령을 보라

7. 홀연히 주의 사자가 곁에 서매 옥중에 광채가 조요하며 또 베드로의 옆구리를 쳐 깨워 가로되 급히 일어나라 하니 쇠사슬이 그 손에서 벗어지더라

8. 천사가 가로되 띠를 띠고 신을 들메라 하거늘 베드로가 그대로 하니 천사가 또 가로되 겉옷을 입고 따라 오라 한대

9. 베드로가 나와서 따라갈 쌔 천사의 하는 것이 참인 줄 알지 못하고 환상을 보는가 하니라

10. 이에 첫째와 둘째 파수를 지나 성으로 통한 쇠문에 이르니 문이 절로 열리는지라 나와 한 거리를 지나매 천사가 곧 떠나더라 / 행 12:7-10

주를 섬겨 금식 할 때에 성령이 가라사대 내가 불러 시키는 일을 위하여 바나바와 사울을 따로 세우라 하시니 이에 금식하며 기도하고 두 사람에게 안수하여 보내니라 / 행 13:2-3

사자가 가라사대 그 아이에게 네 손을 대지 말라 아무 일도 그에게 하지 말라 네가 네 아들 네 독자라도 내게 아끼지 아니 하였으니 내가 이제야 네가 하나님을 경외하는 줄을 아노라 / 창 22:12

하나님이 가라사대 이리로 가까이 하지 말라 너의 선 곳은 거룩한 땅이니 네 발에서 신을 벗으라 / 출 3:5

열한 번째, 성령님은 나의 영적 변호사이시다.
(The Holy Spirit is my spiritual lawyer)

히브리어 : 변호사-리브(עָשָׂה)- 논쟁, 투쟁, 임무를 대신 맡다
나를 위해 대신 싸워 주신다

주께서 나의 의와 송사를 변호하셨으며 보좌에 앉으사 의롭게 심판 하셨나이다 / 시 9:4

하나님이여 나를 판단하시되 경건치 아니한 나라에 향하여 내 송사를 변호하시며 간사하고 불이한 자에게서 나를 건지소서 / 시 43:1

주는 나의 원한을 펴시고 나를 구속하사 주의 말씀대로 나를 소성케 하소서 / 시 119:154

선행을 배우며 공의를 구하며 학대 받는 자를 도와주며 고아를 위하여 신원하며 과부를 위하여 변호하라 하셨느니라 / 사 1:17

네 송사를 변호할 자가 없고 네 상처를 싸맬 약이 없도다 / 렘 30:13

이와 같이 성령도 우리에 연약함을 도우시나니 우리가 마땅히 빌 바를 알지 못하나 오직 성령이 말할 수 없는 탄식으로 우리를 위하여 친히 간구하시느니라 / 롬 8:26

성령님은 검사나 형사나 판사 같은 분이 아니라 내 모든 것을 변호해 주시는 변호사와 같은 분이시다. 그러므로 성령님은 시편 139편의 말씀대로 우리의 보디가드다.

시편 139편 전문

1. 여호와여 주께서 나를 감찰하시고 아셨나이다

2. 주께서 나의 앉고 일어섬을 아시며 멀리서도 나의 생각을 통촉하시오며

3. 나의 길과 눕는 것을 감찰하시며 나의 모든 행위를 익히 아시오니

4. 여호와여 내 혀의 말을 알지 못하시는 것이 하나도 없으시니이다

5. 주께서 나의 전후를 두르시며 내게 안수하셨나이다

6. 이 지식이 내게 너무 기이하니 높아서 내가 능히 미치지 못하나이다

7. 내가 주의 신을 떠나 어디로 가며 주의 앞에서 어디로 피하리이까

8. 내가 하늘에 올라갈찌라도 거기 계시며 음부에 내 자리를 펼찌라도 거기 계시니이다

9. 내가 새벽 날개를 치며 바다 끝에 가서 거할찌라도

10. 곧 거기서도 주의 손이 나를 인도하시며 주의 오른손이 나를 붙드시리이다

11. 내가 혹시 말하기를 흑암이 정녕 나를 덮고 나를 두른 빛은 밤이 되리라 할찌라도

12. 주에게서는 흑암이 숨기지 못하며 밤이 낮과 같이 비취나니 주에게는 흑암과 빛이 일반이니이다

13. 주께서 내 장부를 지으시며 나의 모태에서 나를 조직하셨나이다

14. 내가 주께 감사하옴은 나를 지으심이 신묘막측하심이라 주의 행사가 기이함을 내 영혼이 잘 아나이다

15. 내가 은밀한데서 지음을 받고 땅의 깊은 곳에서 기이하게 지음을 받은 때에 나의 형체가 주의 앞에 숨기우지 못하였나이다

16. 내 형질이 이루기 전에 주의 눈이 보셨으며 나를 위하여 정한 날이 하나도 되기 전에 주의 책에 다 기록이 되었나이다

17. 하나님이여 주의 생각이 내게 어찌 그리 보배로우신지요 그 수가어찌 그리 많은지요

18. 내가 세려고 할찌라도 그 수가 모래보다 많도소이다 내가 깰 때에도 오히려 주와 함께 있나이다

19. 하나님이여 주께서 정녕히 악인을 죽이시리이다 피 흘리기를 즐기는 자들아 나를 떠날찌어다

20. 저희가 주를 대하여 악하게 말하며 주의 원수들이 헛되이 주의이름을 칭하나이다

21. 여호와여 내가 주를 미워하는 자를 미워하지 아니하오며 주를 치러 일어나는 자를 한하지 아니하나이까

22. 내가 저희를 심히 미워하니 저희는 나의 원수니이다

23. 하나님이여 나를 살피사 내 마음을 아시며 나를 시험하사 내 뜻을 아옵소서

24. 내게 무슨 악한 행위가 있나 보시고 나를 영원한 길로 인도하소서

열두 번째, 성령님은 나의 영원한 신랑이시다.
(The Holy Spirit is my eternal husband(lover))

히브리어에 "베이르"는 남편이라는 뜻으로 한 여자의 소유권자를 말한다. 여호와 하나님은 나의 남편이요 나는 그의 아내며, 그의 소유권자다.

이는 너를 지으신 자는 네 남편이시라 그 이름은 만군의 여호와시며 네 구속자는 이스라엘의 거룩한 자시라 온 세상의 하나님이라 칭 함을 받으실 것이며 여호와께서 너를 부르시되 마치 버림을 입어 마음에 근심하는 아내 곧 소시에 아내 되었다가 버림을 입은 자에게 함같이 하실 것임이니라 네 하나님의 말씀이니라 / 사 54:5-6

히브리인들은 아가서를 성경에 있어 가장 아름다운 사랑의 노래 "

쉬르 하쉬림(שִׁיר הַשִּׁירִים)"이라고 했다.

아가서는 성도를 향한 하나님의 지고한 사랑을 '솔로몬과 술람미' 란 여인으로 상징하고 천사도 흠모할 열정과 격동의 사랑으로 표현하여 하나님의 사랑이 얼마나 강인한지를 나타냈으며, 또한 하나님의 사랑을 받을 성도가 어떻게 하나님을 사랑해야 하는지에 대한 방법을 표현하고 있다.

※ 아가서를 읽어보라

아가서에는 하나님을 섬기는 모든 것이 있다. 성령님은 우리에게 구체적으로 어떻게 사랑의 교재를 하시기를 원하시는가? 성령님은 우리 영혼의 신랑이시고, 내 심장속에 있는 최고의 지존자며 보배이시다.

신랑과 신부는 어떤 관계인가? 신랑과 신부는 부부다. 부부는 일심동체다. 그렇다면 생각도 뜻도 마음도, 부부가 함께 가는 길 모두가 빈틈의 오차 없이 하나가 되어야 한다.

히브리어 "다바크(דָּבַק)"는 "한 몸을 이루다, 찰싹 달라 붙다, 틈새를 주지 않다, 혼인하다"라는 뜻을 가지고 있는데 술람미는 솔로몬에게 찰싹 붙어 떨어지지 않는 사랑받기를 사모하였다.

사랑은 열정이 있어야 한다. 옛 말에 "물에 물 탄 듯, 술에 술 탄 듯" 이란 말이 있다. 미지근하면 사랑은 식어지고 틈이 생기며 마귀에게 틈을 주워 사랑에 금이 가다가 마침내 헤어 질 수도 있다. 에베소서 4:27 에서도 마귀로 틈을 타지 못하게 하라고 하셨다. 그렇다면 신랑 되시는

성령님을 어떻게 사랑할 것인가?

① 성령님과 날마다 깊은 애정으로 사랑의 교제를 하라.

"은행나무는 마주 보아야 열매를 맺는다"고 한다. 우리의 신앙도 마찬가지다. 신앙의 열매가 맺기 위해서는 하나님과 마주봐야 한다. 주님께서도 열매 맺지 않는 나무는 찍어 불에 던지라고 하셨다.

> 좋은 나무가 나쁜 열매를 맺을 수 없고 못된 나무가 아름다운 열매를 맺을 수 없느니라 아름다운 열매를 맺지 아니하는 나무마다 찍혀 불에 던지우느니라 / 마 7:18-19
>
> 나무는 각각 그 열매로 아나니 가시나무에서 무화과를 또는 찔레에서 포도를 따지 못하느니라 / 눅 6:44
>
> 이러므로 그의 열매로 그들을 알리라 / 마 7:20

아름다운 부부가 아름다운 사랑의 열매를 맺는다. 성령님과 깊은 사랑에 빠져 보라. 반드시 그에 상응하는 아름다운 사랑의 열매가 주렁주렁 열리게 될 것이다.

두 손을 가슴에 대고 눈을 지그시 감고 조용히 영상으로 기도 하면서 우리 주님의 얼굴을 그려 보라. 방언으로 성령님을 불러 당신의 심장에 모셔라.

그리고 깊은 애정의 기도를 드려 보라. 반드시 주님이 함께 하실 것이다. 그리고 깊은 영혼의 애절한 사모함으로 기도하는 당신을 찾아오실 것이다.

그 때 더 깊은 교제로 사랑에 빠져라. 당신이 사모하는 성령님은 어느새 당신의 깊은 내면에 찾아 오셔서 당신의 기도를 들으시고 응답해 주실 것이다.

히브리어 "다바크(דָּבַק)"는 "한 몸을 이루다, 찰싹 달라붙다, 혼인하다"라는 뜻을 가지고 있다고 하였는데, 술람미는 솔로몬에게 찰싹 붙어 떨어지지 않고 틈새를 주지 않고 사랑받기를 사모 하였다. 아내로서의 역할, 연인으로서의 역할은 천사가 흠모할 만큼 아름답다.

내게 입 맞추기를 원하니 네 사랑이 포도주보다 나음이로구나 / 아 1:2

※ 입 맞추다 - 히브리어. 나솨크(נָשַׁק) : 신체적 접촉, 취하다, 만들다

"내게 입 맞추기를 원하니"라고 말씀 하셨다. 이 말은 술람미가 솔로몬을 향한 애정과 열정이 강할 때 솔로몬의 마음을 사로잡았다는 것이다.

여자들 중에 내 사랑은 가시나무 가운데 백합화 같구나 / 아 2:2

나의 누이 나의 신부야 네 사랑이 어찌 그리 아름다운지 네 사랑은 포도주에 지나고 네 기름의 향기는 각양 향품 보다 승하구나 / 아 4:10

나의 신부야 너는 레바논에서부터 나와 함께 하고 레바논에서부터 나와 함께 가자 아마나와 스닐과 헤므론 꼭대기에서 사자 굴과 표범 산에서 내려다 보아라 / 아 4:8

※ 스닐(שְׂנִיר) : 뾰족한 꼭대기, 정상, 최고로 아름다운 사랑 누구도 흉내 낼 수 없는 최고의 사랑

나의 누이 나의 신부는 잠근 동산이요 덮은 우물이요 봉한 샘이로구나 / 아 4:12

또 내가 보매 거룩한 성 새 예루살렘이 하나님께로부터 하늘에서 내려오니 그 예비한 것이 신부가 남편을 위하여 단장한 것 같더라 / 계 21:2

성령과 신부가 말씀하시기를 오라 하시는도다 듣는 자도 오라 할 것이요 목마른 자도 올 것이요 또 원하는 자는 값없이 생명수를 받으라 하시더라 / 계 22:17

내가 하나님의 열심히 너희를 위하여 열심 내노니 내가 너희를 정결한 처녀로 한 남편인 그리스도께 드리려고 중매함이로다 / 고후 11:2

※ 정결한 : 헬라어 하기오스(ἁγνός) - 육체적으로 신성한, 도덕적으로 순결한, 결백한, 거룩하게 봉헌하다

바울은 너희의 주를 향한 열정과 열심에 감동되어 너희를 정결한 처녀로 남편 되신 그리스도에게 드리려고 중매하였다고 하지 않았는가?

② 성령님 이름을 찾고 부르라. (루아흐 엘로힘(רוּחַ אֱלֹהִים))

성령님도 당신의 이름을 알고 찾을 것이다.

때에 주의 신이 나를 들어 데리고 여호와의 전 동문 곧 동향한 문에 이르시기로 / 겔 11:1

여호와의 신이 내게 임하여 가라사대 너는 말하기를 여호와의 말씀에 이스라엘 족속아 너희가 이렇게 말하였도다 너희 마음에서 일어나는 것을 내가 다 아노라 / 겔 11:5

너희는 내 얼굴을 찾으라 하실 때에 내 마음이 주께 말하되 여호와여 내가 주의 얼굴을 찾으리이다 하였나이다 / 시 27:8

누구든지 주의 이름을 부르는 자는 구원을 얻으리라 하셨느니라 / 행 2:21

누구든지 주의 이름을 부르는 자는 구원을 얻으리라 / 롬 10:13

나의 사랑하는 자의 목소리로구나 보라 그가 산에서 달리고 작은 산을 빨리 넘어

오는구나 / 아 2:8

나의 사랑하는 자는 노루와도 같고 어린 사슴과도 같아서 우리 벽 뒤에 서서 창으로 들여다보며 창살 틈으로 엿보는구나 / 아 2:9

나의 사랑하는 자는 내게 속하였고 나는 그에게 속하였구나 그가 백합화 가운데서 양떼를 먹이는구나 / 아 2:16

1. 내가 밤에 침상에서 마음에 사랑하는 자를 찾았구나 찾아도 발견치 못하였구나
2. 이에 내가 일어나서 성중으로 돌아다니며 마음에 사랑하는 자를 거리에서나 큰 길에서나 찾으리라 하고 찾으나 만나지 못하였구나
3. 성중의 행순하는 자들을 만나서 묻기를 내 마음에 사랑하는 자를 너희가 보았느냐 하고
4. 그들을 떠나자마자 마음에 사랑하는 자를 만나서 그를 붙잡고 내 어미 집으로, 나를 잉태한 자의 방으로 가기까지 놓지 아니하였노라 / 아 3:1-4

여기서도 히브리어דָּבַק(다바크)는 "한 몸을 이루다, 찰싹 달라붙다, 혼인하다"라는 뜻으로 술람미가 솔로몬에게 찰싹 붙어 떨어지지 않는 사랑의 모습을 볼 수 있다.

시온의 여자들아 나와서 솔로몬 왕을 보라 혼인 날 마음이 기쁠 때에 그 모친이 씌운 면류관이 그 머리에 있구나 / 아 3:11

내가 잘찌라도 마음은 깨었는데 나의 사랑하는 자의 소리가 들리는구나 문을 두드려 이르기를 나의 누이, 나의 사랑, 나의 비둘기, 나의 완전한 자야 문을 열어 다고 내 머리에는 이슬이, 내 머리털에는 밤이슬이 가득하였다 하는구나 내가 옷을 벗었으니 어찌 다시 입겠으며 내가 발을 씻었으니 어찌 다시 더럽히랴마는 / 아 5:2-3

예루살렘 여자들아 너희에게 내가 부탁한다 너희가 나의 사랑하는 자를 만나거든 내가 사랑하므로 병이 났다고 하려무나 / 아 5:8

나는 나의 사랑하는 자에게 속하였고 나의 사랑하는 자는 내게 속하였다 그가 백합화 가운데서 그 양떼를 먹이는구나 / 아 6:3

성경은 우리에게 무엇을 말하고자 하는가? 성경은 우리의 영원하신 주님, 그리스도의 사랑이 무엇이라고 말하고 있는가? 그분은 인류의 구원을 위해 십자가를 지시고 부활 하셔서 영원한 천국을 향하여 가셨지만 그의 영이신 보혜사 성령님은 우리를 그리스도의 복음으로 초대하여 예수 그리스도의 인류 구속사를 사랑으로 완성 시키신다. 참으로 위대한 계시의 작품이라고 하여야 할 수 있다.

'술람미'인 우리는 '솔로몬'인 주님을 향해 "나의 영원하신 연인이시며 나의 영원한 남편이신 그리스도여, 당신이 우리에게 보내 주셔서 우리를 가르치시고 인도하시고 지켜주시고 보호해 주시고 말씀해 주시는 영원하신 보혜사 성령 하나님을 의지하고 매시간 그의 음성을 듣고 살아 가겠습니다"라고 고백해야 한다.

또한 내가 혹이나 담을 넘어 곁길로 가려고 할 때는 "주여! 주께서 세상 유혹과 시험의 길을 막아 주시고, 그 길에 담을 쌓아 저로 그 길을 찾지 못하게 하옵시며, 혹 내가 세상과 연애하는 자를 따라가려 갈지라도 그가 나를 찾지 못하게 하옵소서. 그때야 내가 이르기를 내가 본 남편에게로 돌아가리니 내가 말하기를 그때의 내 형편이 지금보다 나았음이라 고백 할 것입니다 "라고 고백해야 한다.

그러므로 내가 가시로 그 길을 막으며 담을 쌓아 저로 그 길을 찾지 못하게 하리니 저가 그 연애하는 자를 따라 갈찌라도 미치지 못하며 저희를 찾을찌라도 만나지 못할 것이라 그제야 저가 이르기를 내가 본 남편에게로 돌아가리니 그 때의 내 형편이 지금 보다 나았음이라 하리라 / 호 2:6-7

Chapter 9

성령의 능력은 어떻게 나타나는가?
(How does the Holy Spirit's power appear?)

성령 하나님의 사역은 환경과 때를 따라 우리에게 불과 바람과 물, 기름, 비둘기 등으로 우리에게 현현 하셨다.

1. 성령은 소멸하는 불로 나타나셨다. (flame: 거센 불길)

성경에 불로 소멸시키시는 하나님의 능력이 297번이나 기록되어 있다. 불은 여호와 하나님의 실체적 임재로서 심판과 징계와 구원 그리고 택한 자들에게 대한 하나님의 특별하신 관리와 보호하심으로 나타난다.

전능자의 실체를 부인하고 살아가는 이방인들에게 유황불을 내려 소돔과 고모라 성을 멸망시키고 사람들과 땅에서 난 모든 것들을 멸망시킨 것은 살아계신 하나님의 심판과 권능을 나타내심과 동시에 저주와 축복을 교훈하고 계신다.

호렙산 떨기나무 불꽃 가운데서 모세에게 나타나신 여호와의 권능은 택한 이스라엘 백성을 구원하시기 위해 모세를 택하신 하늘의 권능을 나타내는 순간이었고, 출애굽 때 애굽에 불을 내려 애굽의 장자를 죽이는 사건은 공의로우신 하나님의 심판과 권능을 나타내는 인류 역사의 전무후무한 역사적 사건으로 기록 되고 있다.

여호와의 사자가 떨기나무 불꽃 가운데서 그에게 나타나시니라 그가 보니 떨기나무에 불이 붙었으나 사라지지 아니하는지라 / 출 3:2

여호와께서 하늘 곧 여호와에게로서 유황과 불을 비 같이 소돔과 고모라에 내리사 그 성들과 온 들과 성에 거하는 모든 백성과 땅에난 것을 다 엎어 멸하셨더라 / 창 19:24-25

모세가 하늘을 향하여 지팡이를 들매 여호와께서 뇌성과 우박을 보내시고 불을 내려 땅에 달리게 하시니라 여호와께서 우박을 애굽 땅에 내리시매 / 출 9:23

여호와께서 그들 앞에 행하사 낮에는 구름 기둥으로 그들의 길을 인도하시고 밤에는 불기둥으로 그들에게 비취사 주야로 진행하게 하시니 / 출 13:21

낮에는 구름기둥 밤에는 불기둥이 백성 앞에서 떠나지 아니하니라 / 출 13:22

새벽에 여호와께서 불 구름 기둥 가운데서 애굽 군대를 보시고 그 군대를 어지럽게 하시며 / 출 14:24

시내산에 연기가 자욱하니 여호와께서 불 가운데서 거기 강림하심이라 그 연기가 옹기점 연기같이 떠오르고 온 산이 크게 진동하며 / 출 19:18

낮에는 여호와의 구름이 성막 위에 있고 밤에는 불이 그 구름 가운데 있음을 이스라엘의 온 족속이 그 모든 행하는 길에서 친히 보았더라 / 출 40:38

불이 여호와 앞에서 나와 단 위의 번제물과 기름을 사른지라 온 백성이 이를 보고 소리 지르며 엎드렸더라 / 레 9:24

불이 여호와 앞에서 나와 그들을 삼키매 그들이 여호와 앞에서 죽은지라 / 레 10:2

그곳 이름을 다베라라 칭하였으니 이는 여호와의 불이 그들 중에 붙은 연고였더라

/ 민 11:3

네 하나님 여호와는 소멸하는 불이시요 질투하는 하나님이시니라 / 신 4:24

여호와께서 산 위 불 가운데서 너희와 대면하여 말씀하시매 / 신 5:4

무릇 육신을 가진 자가 우리처럼 사시는 하나님의 음성이 불 가운데서 발함을 듣고 생존한 자가 누구니이까 / 신 5:26

이에 여호와의 불이 내려서 번제물과 나무와 돌과 흙을 태우고 또 도랑의 물을 핥은지라 / 왕상 18:38

저희가 지면에 널리 퍼져 성도들의 진과 사랑하시는 성을 두르매 하늘에서 불이 내려와 저희를 소멸하고 / 계 20:9

하나님의 날이 임하기를 바라보고 간절히 사모하라 그날에 하늘이 불에 타서 풀어지고 체질이 뜨거운 불에 녹아지려니와 / 벧후 3:12

우리 하나님은 소멸하는 불이심이라 / 히 12:29

2. 성령은 바람으로 나타나셨다. (Strong Wind)

바람 – 히브리어 '루아흐(רוּחַ)' : 영, 여호와의 신, 강한 돌풍, 거센 바람

주의 콧김에 물이 쌓이되 파도가 언덕같이 일어서고 큰물이 바다 가운데 엉기니이다 / 출 15:8

콧김– '아프(אַף)' : 강풍이나 돌풍 등을 주의 콧구멍으로 불어 물이 쌓이고, 파도가 언덕같이 넘쳐나고, 바다의 회오리바람처럼 엉긴다는 뜻이다. 이 역시 '루아흐'를 말하고 있다.

주께서 주의 바람을 일으키시매 바다가 그들을 덮으니 그들이 흉용한 물에 납같이 잠겼나이다 / 출 15:10

바람이 여호와께로 나와 바다에서부터 메추라기를 몰아 진 곁 이편저편 곧 진 사방으로 각기 하룻길 되는 지면 위 두 규빗쯤에 내리게 한지라 / 민 11:31

※허리케인(hurricane) : 대서양 서부에서 발생하는 열대성저기압을 말한다. 우리말로 "싹쓸바람"이라고도 한다. "폭풍의 신"이라고 부르기도 하고 "강대한 바람"이라고도 부른다. 허리케인은 주로 북대서양의 멕시코만 태평양 동북부에서 발생하는데 풍속 295km로 불어오는 광풍을 말한다.

※토네이도(tornado)는 바다나 넓은 평지에서 일어나는 시속 50km로 자연이 만들어 내는 가장 강력한 바람을 말한다.

미국 플로리다 주립대 교수인 기상학자 노프 박사와 팔도 박사는 시속 약 74km 바람이 10시간-12시간 불어온다면 홍해의 물을 밀칠 수 있다는 것을 계산으로 증명해 보였다

출애굽기 15:10 에 보면 "주께서 주의 바람을 일으키시매"라고 말씀하시며 주의 바람이 곧 성령의 바람임을 말씀하셨고, 민 11:31에 바람이 여호와께로 나왔다고 하였는데 한 낱 지리학자인 사람이 여호와의 바람, 곧 성령의 바람에 속도를 예측 할 수 있겠는가!

더군다나 홍해의 바람은 성령의 바람으로 일으킨 것이기에 양쪽 벽으로 갈라지게 하여 바다 한 가운데로 걸어갈 수 있었다. 그러나 노프 박사와 팔도 박사는 양쪽으로 갈라져 벽을 만들고 그 바다 한 가운데로

걸어 갈수 있었다는 연구를 밝히지 못하고 다만 홍해의 물을 모두 밀어 낼 수 있다는 것만 말한 것은 성경의 역사와 같지 않다. 다만, 자연에 의한 바람이라면 그들의 연구가 이해 될 수 있을 것이다.

분명한 것은 하늘의 하나님이 하시는 계획은 사람의 생각과 철학과 인간의 속임수로 판단 할 수가 없으며, 인간의 좁고 편협한 지식과 지혜로 계산 할 수 없다는 것이다. 특히 바람이 불어와 양쪽 벽을 만들어 길을 낸다는 것은 인간으로서는 불가능한 일이다.

누가 철학과 헛된 속임수로 너희를 노략할까 주의하라 이것이 사람의 유전과 세상의 초등 학문을 좇음이요 그리스도를 좇음이 아니니라 / 골 2:8

하나님이 노아와 그와 함께 방주에 있는 모든 들짐승과 육축을 권념하사 바람으로 땅 위에 불게 하시매 물이 감하였고 / 창 8:1

여기서 바람은 '루아흐(רוּחַ)'인데 주석가 Matthew Henry는 성령을 가리킨다고 하였다.

그 말씀을 보내사 그것들을 녹이시고 바람을 불게 하신즉 물이 흐르는도다 / 시 147:18

하늘에 올라갔다가 내려온 자가 누구인지, 바람을 그 장중에 모은 자가 누구인지, 물을 옷에 싼 자가 누구인지, 땅의 모든 끝을 정한 자가 누구인지, 그의 이름이 무엇인지, 그의 아들의 이름이 무엇인지 너는 아느냐 / 잠 30:4

여호와께서 애굽 해고를 말리우시고 손을 유프라데 하수 위에 흔들어 뜨거운 바람을 일으켜서 그 하수를 쳐서 일곱 갈래로 나눠 신 신고 건너가게 하실 것이라 / 사 11:15

제자들이 나아와 깨워 이르되 주여 주여 우리가 죽겠나이다 한대 예수께서 잠을 깨사 바람과 물결을 꾸짖으시니 이에 그쳐 잔잔하여지더라 제자들에게 이르시되 너희 믿음이 어디 있느냐 하시니 그들이 두려워하고 놀랍게 여겨 서로 말하되 저가

뉘기에 바람과 물을 명하매 순종하는고 하더라 / 눅 8:24-25

예수님께서 "바람과 물결을 꾸짖으시니 이에 그쳐 잔잔하여지더라"라고 하신 말씀은 3500년 전 홍해를 갈라놓으신 하나님께서 성난 파도를 꾸짖으시니 잠잠케 하셨다는 것과 같다. 지금도 살아계셔서 역사하시는 예수그리스도의 영이시며 삼위의 하나님이 되신 성령님께서는 우리의 삶에 찾아 오셔서 성난 파도와 같이 우리의 삶을 괴롭히는 광풍을 잔잔케 하여 주신다.

홀연히 하늘로 부터 급하고 강한 바람 같은 소리가 있어 저희 앉은 온 집에 가득하며 / 행 2:2

3. 성령은 물로 비유 하셨다(Water)

내가 주는 물을 먹는 자는 영원히 목마르지 아니하리니 나의 주는 물은 그 속에서 영생 하도록 솟아나는 샘물이 되리라 / 요 4:14

명절 끝날 곧 큰 날에 예수께서 서서 외쳐 가라사대 누구든지 목마르거든 내게로 와서 마시라 나를 믿는 자는 성경에 이름과 같이 그 배에서 생수의 강이 흘러나리라 하시니 이는 그를 믿는 자의 받을 성령을 가리켜 말씀하신 것이라 예수께서 아직 영광을 받지 못하신고로 성령이 아직 저희에게 계시지 아니하시더라/ 요 7:37-39

4. 성령은 기름 부으심의 비유로 행하심 (Oil, Anointing)

하나님의 약속은 얼마든지 그리스도 안에서 예가 되니 그런즉 그로 말미암아 우리가 아멘 하여 하나님께 영광을 돌리게 되느니라 우리를 너희와 함께 그리스도 안에서 견고케 하시고 우리에게 기름을 부으신 이는 하나님이시니 저가 또한 우리에게 인치시고 보증으로 우리 마음에 성령을 주셨느니라 / 고후 1:20-22

5. 성령은 비둘기로 나타나 행하심(Pigeon)

비둘기는 영적으로 어떤 의미가 있는가? 비둘기는 히브리어로 '요나(יוֹנָה')라고 하는데, 이는 평화를 상징하는 뜻이다. 비둘기는 노아의 홍수 때 역할이 있었는데, 이때 성령의 사역을 중심으로 당시 비둘기의 역할에 대하여 성경에 기록된 데로 살펴보자.

노아의 홍수가 났던 때가 노아 600세 되던 그 해 2월 17일이었다.

칠 일 후에 홍수가 땅에 덮이니 노아가 육백 세 되던 해 이월 곧 그 달 열이렛날이라 그 날에 큰 깊음의 샘들이 터지며 하늘의 창문들이 열려 사십 주야를 비가 땅에 쏟아졌더라 / 창 7:10-12

홍수가 나니 노아의 가정과 방주에 실린 모든 짐승들은 방주에 들어갔고 범람한 물위를 떠다니다가 150일 후에 물이 감하여 7월 곧 그 달 십칠일에 방주가 아라랏 산에 머물렀고, 시월 곧 그 달 일일에 산봉우리가 보였다고 하였다.

방주가 아라랏산에 머문지 약 7개월 10일이 된다(2월 17일~ 10월 1일 : 7개월 10일(220일)

3. 물이 땅에서 물러가고 점점 물러가서 백오십 일 후에 감하고

4. 칠월 곧 그 달 십칠일에 방주가 아라랏 산에 머물렀으며

5. 물이 점점 감하여 시월 곧 그 달 일일에 산들의 봉우리가 보였더라

6. 사십 일을 지나서 노아가 그 방주에 지은 창을 열고

7. 까마귀를 내어 놓으매 까마귀가 물이 땅에서 마르기까지 날아 왕래하였더라

8. 그가 또 비둘기를 내어 놓아 지면에 물이 감한 여부를 알고자 하매

9. 온 지면에 물이 있으므로 비둘기가 접족할 곳을 찾지 못하고 방주로 돌아와 그에게로 오는지라 그가 손을 내밀어 방주 속 자기에게로 받아 들이고 / 창 8:3-9

노아가 600세 되던 2월 17일에 홍수가 나기 시작하여(창7:11) 그 해인 10월 1일(창8:5)에 물이 줄어들기 시작하고,그 날로 40일을 지나서(6절) 까마귀를 놓으매 땅이 마르기까지 땅에 날아다녔고, 다시 비둘기를 내어 보내매 접촉 할 것을 찾지 못하고 돌아와(9절) 또 7일을 기다렸더니 감람나무 새 잎사귀를 물고와(11절) 다시 7일을 기다려(12절) 비둘기를 내어 보냈더니 돌아오지 않았다고 하였다. 그러므로 물이 완전히 걷힌 날이 601년 정월 1일이고, 2월 27일에 방주 뚜껑을 제치고 본즉 땅이 마른 것이 확인되었으니 57일째가(13절) 되는 날이다.

이월 이십칠일에 땅이 말랐더라 / 창 8:14

그러므로 노아 600세 되던 2월 17일 홍수가 시작되어 노아 601세 되던 2월 27일까지 노아와 그 가족들은 만 1년 10일 약 370일 동안 방주 속에서 생활을 했다는 것이다.

방주에서 나간 까마귀는 곧바로 세상으로 나가 다시는 돌아오지 아니 하였지만, 앉을 곳을 찾지 못하고 방주로 다시 돌아온 비둘기에 대하여 주석가 메튜헨리(Matthew Henry)는 이렇게 말하고 있다.

“비둘기가 돌아 왔다는 것은 홍수가 빠졌어도 아직 진흙탕 물이였기에 깨끗한 장소에만 앉는 비둘기의 정결함 때문에 앉지 않았다. 까마귀는 방주(교회)를 떠나 세상과 벗 삼으며 거기서 썩은 고기를 먹는 타락한 영혼의 상징이고, 비둘기는 부패하고 더럽혀진 세상에서 평안을 찾지 못하고 방주(교회)로 나아와 그 곳에서 참된 휴식과 평안을 누리는 경건한 영혼의 상징이다.”라고 하였다.

비둘기가 평화의 사자로서 하나님의 인류 심판인 홍수가 끝났다는 상징적 의미로 감람나무 새 잎사귀를 입에 물고 왔다는 것은 새 생명과 새 시대의 도래와 땅의 부활을 의미하는 표식이라고 할 것이다.

뿐만 아니라 메튜 헨리의 견해대로 더러운 진흙탕 물에 앉은 까마귀를 세상 사람들 곧 예수 그리스도를 믿지 않는 사람들의 영혼에 비유하고, 비둘기는 정결하고 깨끗하며 정직한 성도에 비유 할 수 있을 것이다.

그때에 예수께서 갈릴리 나사렛으로부터 와서 요단강에서 요한에게 세례를 받으시고 곧 물에서 올라오실쌔 하늘이 갈라짐과 성령이 비둘기같이 자기에게 내려오심을 보시더니 / 막 1:9-10

요한이 또 증거하여 가로되 내가 보매 성령이 비둘기 같이 하늘로서 내려와서 그의 위에 머물렀더라 / 요 1:32

Chapter 10

구약의 성령의 역사 (The marks of the Holy Spirit in the Old Testament)

1. 구약에 있어서 성령의 인도를 받는 사람들

1) 성령의 사람 에녹(창 5:21-24) : 봉헌된 자

에녹은 아담의 7대손이며 365세에 죽음을 보지 않고 하늘로 올라갔다. (창 5:21-24, 히 11:5-6, 유 1:14-15)

에녹은 65세에 므두셀라를 낳고 300년을 하나님과 동행하며 자녀를 낳았으며 365세에 죽지 않고 하늘로 승천하였다. 비록 에녹의 행적은 성경에 그리 많지 않으나, 그의 삶을 나타내는 짧은 구절 속에서 응축된 신앙의 진수를 충분히 엿볼 수 있다.

성경에는 에녹과 함께 하나님과 동행한 노아가 있고, 또한 에녹처럼 하늘로 승천한 사람이 있다. 왕하 2:1에 보면 당시 엘리야 선지자가 있었다. 에녹과 엘리야, 이 두 사람은 살아생전 죽음을 보지 않고 신령한 몸으로 하늘로 승천한 사람이다.

18. 야렛은 일백육십이 세에 에녹을 낳았고

19. 에녹을 낳은 후 팔백 년을 지내며 자녀를 낳았으며

20. 그는 구백육십이 세를 향수하고 죽었더라

21. 에녹은 육십오 세에 므두셀라를 낳았고

22. 므두셀라를 낳은 후 삼백 년을 하나님과 동행하며 자녀를 낳았으며

23. 그는 삼백육십오 세를 향수하였더라 / 창 5:18-23

에녹이 하늘로 승천 하게 된 배경은

① 하나님과 동행했기 때문이었다.(창 5:24)

에녹이 하나님과 함께 동행하더니 하나님이 그를 데려 가시므로 세상에 있지 아니 하였더라 / 창 5:24

창 5:24에서 하나님과 동행한 에녹에 대해 "하나님과 300년 동안 동행하다가 하나님이 그를 데려가심으로 세상에 있지 아니 하였더라" 라고 기록하고 있다.

여기서 '동행'이란 뜻의 히브리어הָלַךְ(할라크)는 손과 손을 묶어 절대 떨어지지 않도록 하며 함께 가는 것을 의미한다. '동행'이란 하나님과의 관계에서 완전 일심동체가 되어야만 가능한 것임을 강조하고 있는 것이다.

② 하나님을 기쁘시게 하였다는 것이다.(히 11:5)

믿음으로 에녹은 죽음을 보지 않고 옮기웠으니 하나님이 저를 옮기심으로 다시 보이지 아니하니라 저는 옮기우기 전에 하나님을 기쁘시게 하는 자라 하는 증거를 받았느니라 / 히 11:5

③ 당대에 의로운 예언자였다는 것이다.(유1:14-15)

아담의 칠세손 에녹이 사람들에게 대하여도 예언하여 이르되 보라 주께서 그 수만의 거룩한 자와 함께 임하셨나니 이는 뭇 사람을 심판하사 모든 경건치 않은 자의 경건치 않게 행한 모든 경건치 않은 일과 또 경건치 않은 죄인의 주께 거스려 한 모든 강퍅한 말을 인하여 저희를 정죄하려 하심이라 하였느니라 / 유 1:14-15

아담의 7대손인 에녹이 하나님과 함께 동행 하신 일에 대하여 살펴보자,

하나님이 에녹의 3대 후손인(8대:무드셀라, 9대:라멕, 10대:노아)를 통해 인류역사를 재창조하시는 역사가 생기기 전 노아는 에녹의 증손으로서 므두셀라와 라멕에 이어 제10代 손이 된다.

성경에 보면 하나님과 동행한 사람이 딱 두 사람 에녹과 노아라고 기록하고 있는데 300년 동안 하나님과 동행한 에녹의 후손 중에서 또 다시 하나님과 동행한 사람이 나왔다는 사실을 우연이라고 할 수 있겠는가? 특히 므두셀라는 죽음을 보지 않고 승천한 에녹의 아들로서 이 세상 사람들 중에서 가장 오래 산 최장수의 사람이다.

에녹은 65세에 므두셀라를 낳고 하나님과 동행하기 시작하였다.

에녹은 육십 오세에 므두셀라를 낳았고(창 5:21)

므두셀라는 아담 이후 687년에 출생했는데, 므두셀라는 187세에 라멕을 낳고 782년간 자녀를 낳았으며, 969세(아담 이후 165년)에 하나님이 데려 가셨으니 인류 역사상 지난 역사에서도 그렇고 앞으로 돌아올 역사 속에서도 인류 최고의 장수자가 될 것이라 생각된다.

놀라운 사실은 므두셀라가 죽은 해와 노아의 대홍수가 일어난 해가 일치 한다는 것이다.(창 5:25-27)

므두셀라는 아담과 243년간을 살았고 그의 아버지인 에녹과는 300년을, 노아와는 600년을 함께 살았다.(눅 3:37)

에녹의 아버지는 야렛인데 아담의 6代손으로 162세에 에녹을 낳았다(창 5:18, 대상 1:2-3). 에녹은 아담 이후 622년에 출생하였으니 야렛에 의해 에녹이 태어날 때는 그의 조상들인 ①아담(창 5:3-5) ②셋(창 5:6-8) ③에노스(창 5:9-11) ④게난(창 5:12-14) ⑤마할랄렐(창 5:15-17) 그리고 애녹의 부친인 6대 야렛까지 모두 생존해 있었다.

7대 에녹이 365세에 죽음을 보지 않고 하늘로 올라갔다고 하였으니(창 5:21-24, 히 11:5-6, 유 14-15) 에녹이 승천한 날까지 그의 조상인 아담과 308년을 함께 살았다는 것을 알 수 있다.

또한 2대 조상인 '셋'과는 80년을 동행하였으며 3대 조상인 '에노스'와는 695년을 동행하였고 4대 조상인 '게난'과는 605년을, 5대 조상인 '마할랄렐'과는 535년을 그리고 그의 부친인 6대 '야렛'과는 470년을 동행하였다.

에녹의 아들로서 8대 손인 '므두셀라'와는 243년간 동시대에 활동하였고, 9대 손인 라멕과도 56년간 살았다. 다만 10대손인 노아는 조상 할아버지 아담을 보지 못하였다.

그러므로 아담의 10대 손 중에서 노아만이 하늘로 승천한 '에녹'을 보지 못했고, 시조인 '아담'을 보지 못하였다.

이상과 같이 아담으로부터 홍수가 일어나기까지, 에녹의 증손자인 노아까지 10대 계보를 정리해 보았다.

그런데 에녹과 노아! 그들은 과연 어떤 사람이었기에 성경 신구약 66권 속에 하나님과 동행한 사람으로 두 사람에게만 '동행'이라는 단어가 들어갔을까? 하나님 외에 다른 생각을 하지 않았기 때문이다. 그러므로 여기서 하나님과 동행하였다고 하는 것은 철저히 명령자인 하나님과 함께 하였다는 것을 의미하고, 이는 엄밀한 의미로서 생각과 마음과 뜻이 하나가 되어 일생을 움직였다는 것을 말한다.

부부를 가리켜 일심동체라고 말한다. 생각과 마음이 같아야 한다는 것이다. 그러나 아무리 훌륭하고 행복한 사랑이 넘치는 부부라도 한 평생에 걸쳐 생각과 마음이 같을 수가 없다. 그러니 눈에 보이지 않는 하나님과 어떻게 생각과 마음이 하나되어 한 뜻으로 한결같이 동행할 수 있겠는가? 이것을 가리켜 '성령의 권능(the power of the Holy Spirit)'이라 할 것이다. 또한 성경에서 일어나는 이와 같은 사건을 바울은 전적인 '하나님의 은혜(the grace of God)'라고 말한다.

하나님은 신이시다. '루아흐(רוּחַ)' 이시다. 그러므로 창 1:2에서 하나님의 신(루아흐 엘로힘 וְרוּחַ אֱלֹהִים)이 수면에 운행하셨다는 것은 '깊고 깊은 내면의 곳'까지 통찰하시는 초자연적인 하나님의 신 즉 성령의 능력(the power of the Holy Spirit)임을 알 수 있다.

네가 말하기를 나는 그것을 알지 못하였노라 할찌라도 마음을 저울질 하시는 이가 어찌 통찰하지 못하겠으며 네 영혼을 지키시는 이가 어찌 알지 못하시겠느냐 그가 각 사람의 행위대로 보응하시리라 / 잠 24:12

마음을 감찰하시는 이가 성령의 생각을 아시나니 이는 성령이 하나님의 뜻대로 성도를 위하여 간구하심이니라 / 롬 8:27

300년을 하나님과 함께 동행한 에녹의 삶은 누구의 강요나 지시 또는 어떤 환경을 보고 하는 것이 아니라 오직 여호와의 신(루아흐 엘로힘 וְרוּחַ אֱלֹהִים) 인 성령에 이끌려 무려 300년 동안이나 동행할 수가 있었다.

에녹의 동행의 삶은 구속사적인 면에서 예수 그리스도의 예표를 성경 곳곳에서 잘 드러내주고 있다. 특히 에녹이 하늘로 들려 올라 간 것은 다시 오실 우리 주님 예수 그리스도의 마지막 재림 때에 성도들도 함께 변화 되어 주님과 함께 들리울 것을 상상하게 된다.

51. 보라 내가 너희에게 비밀을 말하노니 우리가 다 잠잘 것이 아니요 마지막 나팔에 순식간에 홀연히 다 변화하리니

52. 나팔 소리가 나매 죽은 자들이 썩지 아니할 것으로 다시 살고우리도 변화하리라

53. 이 썩을 것이 불가불 썩지 아니할 것을 입겠고 이 죽을 것이 죽지 아니함을 입으리로다

54. 이 썩을 것이 썩지 아니함을 입고 이 죽을 것이 죽지 아니함을 입을 때에는 사망

이 이김의 삼킨바 되리라고 기록된 말씀이 응하리라

55. 사망아 너의 이기는 것이 어디 있느냐 사망아 너의 쏘는 것이 어디 있느냐

56. 사망의 쏘는 것은 죄요 죄의 권능은 율법이라

57. 우리 주 예수 그리스도로 말미암아 우리에게 이김을 주시는 하나님께 감사하노니

58. 그러므로 내 사랑하는 형제들아 견고하며 흔들리지 말며 항상 주의 일에 더욱 힘쓰는 자들이 되라 이는 너희 수고가 주 안에서 헛되지 않은 줄을 앎이니라 / 고전 15:51-58

특히 구원에 대한 확신이 없는 현대판 그리스도인들에게 순수 복음을 가르치지 못하고 변형된 진보적 복음을 가르치는 진보적 목회자들에게도 에녹의 하늘로의 들림은 많은 경각심을 줄 것이다.

만일 하나님의 말씀 그대로 가르치지 않는다면, 바울사도는 이러한 자들 곧 성경 이외에 살짝 끼워 이상하게 복음을 전한 자들은 그가 혹 하늘에서 온 천사라도 저주를 받을 것이라 하였다.

6. 그리스도의 은혜로 너희를 부르신 이를 이같이 속히 떠나 다른 복음 좇는 것을 내가 이상히 여기노라

7. 다른 복음은 없나니 다만 어떤 사람들이 너희를 요란케 하여 그리스도의 복음을 변하려 함이라

8. 그러나 우리나 혹 하늘로부터 온 천사라도 우리가 너희에게 전한 복음 외에 다른 복음을 전하면 저주를 받을찌어다

9. 우리가 전에 말하였거니와 내가 지금 다시 말하노니 만일 누구든지 너희의 받은 것 외에 다른 복음을 전하면 저주를 받을찌어다

10. 이제 내가 사람들에게 좋게 하랴 하나님께 좋게 하랴 사람들에게 기쁨을 구하랴 내가 지금까지 사람의 기쁨을 구하는 것이었더면 그리스도의 종이 아니니라

/ 갈 1:6-10

에녹의 삶 전체에 나타나 있는 분명한 것은

1. 목적지가 같았고

2. 길이 같았고

3. 생각이 같았고

4. 모든 방법이 같았으며

5. 무엇보다 가장 중요한 것은 성령의 인도함을 받고 인침을 받아 하나님 앞에 순종의 삶을 산 "성령의 사람"이었다는 것이다.

2) 성령의 사람 노아(창 6:1-10:32) - 쉼, 평안, 안식

노아가 하나님 앞에 드린 최초의 예배

창 8:14에 "이월 이십 칠일에 땅이 말랐더라"고 했으니 홍수가 시작된지(창 7:11) 만 1년 10일이 되고 방주가 아라랏 산에 머문 지 7개월 10일이 되던 날이며(창 8:4절), 노아가 방주를 열고 마른 땅을 확인한지 57일째가 되던 날이다. 이때 노아는 아내와 세 아들과 며느리들과 방주 속에 넣었던 각양각색에 동물들과 식물들을 밖으로 내고 가장 먼저 하나님 앞에 번제단을 드렸다.

노아가 여호와를 위하여 단을 쌓고 모든 정결한 짐승 중에서와 모든 정결한 새 중

에서 취하여 번제로 단에 드렸더니 여호와께서 그 향기를 흠향하시고 / 창 8:20-21

생각건대, 방주에서 나온 노아가 얼마나 할 일이 많았겠는가? 그럼에도 그는 하나님과의 올바른 관계를 회복하고자 하나님께 감사와 헌신의 제단부터 쌓았다.

창 6:3절에 홍수를 예고하시고 "나의 신이 영원히 사람과 함께 하지 아니 하리라" 하셨지만, 노아는 당대에 "의인이었더라"라고 말씀하고 있다.

이처럼 노아가 방주에 들어가 1년 10일 동안 무서운 폭풍과 파도를 이겨 낼 수 있었던 것은 자신의 모든 일거수일투족을 '여호와의 신'이 함께 하고 계신다는 것, 즉 성령이 함께 하신다는 것을 굳게 믿었기 때문이었다. 그러므로 그가 방주에서 나오자마자 했던 일이 바로 하나님 앞에 예배드리는 일이었던 것이다.

노아의 대홍수는 40일 동안의 집중적인 폭우와 해일 그리고 이후 110일 동안 온 지구에 물이 최고 수위를 기록한 전무후무한 사건이었다.(창 7:12.24) 그 후 150일 동안 물이 감소하기 시작했고, 이와 같은 사실을 확인하기 위해 노아는 까마귀를 7일 간격으로 3번씩이나 방주 밖으로 내 보냈다. (창 8:6-12)

노아는 인류에 시조인 아담의 10대 손으로서 아담 후 1056년에 아버지 라멕이 182세에 낳은 아들로서 슬하에 세 아들 셈, 함, 야벳을 두었다.

성경은 그를 당대의 의인이라 불렀고 또한 완전한 자라 불렀다. 아담의 7대 손이고 노아의 증조할아버지가 되는 에녹과 함께 구약성경에서 유일하게 하나님과 동행하였다고 기록된 인물이다.

그는 502세에 아들 셈을 낳고 그로부터 92년 후인 600세에 홍수를 맞는다. 그 후 유일하게 그의 가족만이 생존하여 홍수 후 350년을 더 살고 950세(아담 이후 2006년)에 하나님의 부르심을 받고 죽었다.

노아가 500세 된 후에 셈과 함과 야벳을 낳았더라 / 창 5:32

홍수 후에 노아가 350년을 지내었고 향년이 950세에 죽었더라 / 창 9:28-29

노아는 아담이 죽고 126년 후에 출생하여 아담을 만나지 못하였으며 아담이 죽은 후에 726만에 홍수 심판이 있었다.

홍수 날자는 아담 이후 1656년, 곧 노아 600세 2월 10일 홍수가 일어나고, 심판 날자는 1656년 2월 17일(창7:4,6-12) "그 날에 큰 깊음의 샘들이 터지며 하늘의 창들이 열려 사십 주야"를 비가 온 땅에 쏟아졌다.

라멕은 182세에 아들을 낳고 이름을 노아라 하여 가로되 여호와께서 땅을 저주하시므로 수고로이 일하는 우리를 이 아들이 안위하리라 하였더라 / 창 5:28-29

노아는 의인이요 당세에 완전한 자라 그가 하나님과 동행하였으며 / 창 6:9

그가 세 아들을 낳았으니 셈과 함과 야벳이라 / 창 6:10

※ 노아의 사적은 창 10:1-32절을 보라

홍수 후에 노아가 삼백 오십년을 지내었고 향년이 구백 오십세에 죽었더라 / 창 9:28-29

여호와께서 가라사대 "나의 신이 영원히 사람과 함께 하지 아니하리니." 이는 그들이 육체가 됨이라 그러나 그들의 날은 일백 이십년이 되리라 하시니라 / 창 6:3

여기서 "나의 신"은 히브리어 (ruach 루아흐)와 (엘로힘)을 복수로 사용하셨다. 루아흐는 신약에서 성령을 가리키는 말이다. 신약 헬라어에서는 성령을 일컬어 '프뉴마 (πνεῦμα)'라고 하는데 이는 '숨, 영혼, 그리스도의 영, 호흡' 등으로 사용되어짐으로 구약의 (루아흐 : 바람, 영혼, 호흡, 숨, 여호와의 영)와 똑같이 성령으로 사용되었다.

노아에게 여호와께서 말씀하실 때에 그들의 날은 120년이 되리라고 하신 것은 노아의 방주를 예고하신 말씀으로 당시 노아의 나이는 480세이고 홍수 때에 노아의 나이는 600세 되던 해가 된다는 말씀이다.(창 7:6)

노아는 당대에 의인으로서(창 6:9) 하나님과 동행하였다고 기록하고 있다. 그렇다면 당시 시대 상황은 어떠했는가? 또 그 러한 시대 속에서 노아는 어떤 존재였는가?

① 음란한 시대였다.

모든 인간들이 하나님을 대적하고 떠나던 시대였다. 의인이 없던 말세의 시작이었다. 사람들의 생각이 악하고 죄악이 관영하던 시대였다.

사람이 땅위에 번성하기 시작 할 때에 그들에게서 딸들이 나니 하나님의 아들들이 사람의 딸들의 아름다움을 보고 자기들이 좋아하는 모든 자로 아내를 삼는지라 / 창 6:1-2

하나님의 인류를 향한 창조의 목적이 어디에 계셨는가?

하나님이 자기 형상 곧 하나님의 형상대로 사람을 창조하시되 남자와 여자를 창조하시고 하나님이 그들에게 복을 주시며 그들에게 이르시되 생육하고 번성하여 땅에 충만하라, 땅을 정복하라 바다의 고기와 공중의 새와 땅에 움직이는 모든 생물을 다스리라 하시니라 / 창 1:27-28

② 이에 인간들을 심판하시고 쓸어버리시려고 계획하셨다.

여호와께서 사람의 죄악이 세상에 관영함과 그 마음의 생각의 모든 계획이 항상 악할 뿐임을 보시고 땅 위에 사람 지으셨음을 한탄하사 마음에 근심하시고 가라사대 나의 창조한 사람을 내가 지면에서 쓸어 버리되 사람으로부터 육축과 기는 것과 공중의 새까지 그리하리니 이는 내가 그것을 지었음을 한탄함이니라 하시니라 그러나 노아는 여호와께 은혜를 입었더라 / 창 6:5-8

많은 시간이 지나면서 하나님의 창조의 의도대로 살지 않게 되자 하나님은 당시 의인이었던 노아와 함께 그의 아내와 세 아들과 세 자부를 선택하셨다. 그리고 노아에게 축복하시며 "생육하고 번성하여 땅에 충만하라"(창 9:1)라고 하시고 노아를 통해 제 2의 창조를 약속 하셨다.

여호와 하나님이 흙으로 사람을 지으시고 생기를 그 코에 불어 넣으시니 사람이 생령이 된지라/ 창 2:7

여기서 '생기' 네솨마(נְשָׁמָה)는 히브리어로 2가지 뜻이 있다. 첫째는 '거친 바람, 생명의 살아있는 호흡, 숨결, 초능력자의 영감, 영혼과 같은 뜻이고, 둘째는 '살려두다, 하나님께서 구원하시다'라는 뜻이다.

생령은 "רוּחַ(루아흐)"로서 '생명, 숨을 쉬다, 바람, 영혼, 호흡, 숨, 여호와의 영'과 같은 뜻이 있는데 여기서 생기와 생령은 창 1:2의 복수인 루아흐(רוּחַ)엘로힘(אֱלֹהִים)인 3위 하나님이 천지 창조의 현재 진행형이라고 할 것이다.

노아가 당대에 완전한 자로 표현하고 있고 의인이라고 말씀하신 것은 여호와의 신에 크게 감동된 성령의 사람이라는 것이다.

그러므로 당시 죄악 된 세상에 성령의 사람 노아를 부르시고 120년 동안 방주를 짓는 일에 헌신 하도록 하였다. 방주를 짓는 일은 매시간 하루도 빠짐이 없이 성령의 소리를 듣는 성령의 사람이 아니고는 절대 불가능하기 때문이다.

여호와께서 노아에게 이르시되 너와 네 온 집은 방주로 들어가라 네가 이 세대에 내 앞에서 의로움을 내가 보았음이니라 / 창 7:1

여호와 하나님은 "내가 네 의로움을 보았다"라고 하셨다. 당시 시대 상황을 보면 가인은 동생 아벨을 죽인 결과로 여호와께 쫓겨났지만, 가인을 죽이는 자는 벌을 7배나 받을 것이라며 하나님께서는 자비를 베푸셨다.

가인을 죽이는 자는 벌을 칠배나 받으리라 하시고 가인에게 표를 주사 만나는 누구에게든지 죽임을 면케 하시니라 가인이 여호와 앞을 떠나 나가 에덴 동편 놋 땅에 거하였더니 / 창 4:15-16

가인은 여호와 앞을 떠나 가인의 성을 쌓고 자녀들을 낳고 살았는데, 세월이 흐르면서 인구가 많아져 뒤죽박죽이 되었다고 봐야 할 것이다. 수많은 세월이 지나면서 셋 계보와 얽히고설키지 않았을까 생각이 된다.

여기서 셋에 대하여 살펴보자. 인류 최초의 순교자 아벨을 대신하여 태어난 아들이 셋이다. 마 23:35 에는 아벨을 의인이라고 주님께서 말씀하셨는데, 그는 형이었던 가인에 의해 살해당했다. 이에 창조주 여호와 하나님께서는 아담의 나이 130세에 셋을 주셨다.

아담이 130세에 자기 모양 곧 자기 형상과 같은 아들을 낳아 이름을 셋이라 하였고 / 창 5:3

셋(שֵׁת) : 정해진 자, 안정된 자, 보상으로 주어진 자라는 뜻

셋도 아들을 낳고 그 이름을 에노스라 하였으며 그 때에 사람들이 비로소 여호와의 이름을 불렀더라 / 창 4:26

가인의 살인 행위 이후 다시 셋이 태어나고 셋이 장성하여 에노스를 낳기까지 상당한 시간이 흘렀는데 아담이 손주 에노스를 낳은 후에야 사람들이 비로서 여호와의 이름을 불렀다고 기록하고 있다. 이 말은 가인에 의해 아벨이 죽은 후 아담의 집에는 상당 기간 동안 적막이 흐르다가 손주 에노스를 본 후에야 평화가 왔다고 봐야 할 것이다.

창1:28에 "생육하고 번성하라"는 하나님의 말씀만 보더라도 당시의 문명사회로 보아 인류 초기에는 인구가 기하급수적으로 늘어났다는 것을 알 수 있다.

그러므로 그동안 가인도 많은 자녀를 낳았을 것이다. 그러나 하나님의 구속사는 셋의 후손을 통하여 이루어진다. 노아를 거치고 아브라함을 거쳐 예수 그리스도에 이르는 구속사의 완성이 셋으로부터 시작된다. 선택하신 셋의 후예를 가리켜 하나님의 아들들이라 하고, 하나님의 버림을 받은 가인의 후손의 딸들을 가리켜 사람의 후손이라 부르는 것은 수천 년 후의 미래를 예견하고 있는 것이라 할 수 있겠다.

※ 물론 이에 대해서는 학자들의 많은 견해가 있다.

1. 랍비들의 견해(Onkelos, Aben, Ezra) : 지체 높은 집안의 청년과 미천한 집안의 처녀라는 견해 (반박 : Keil, Lange)

2. 선한 천사들과 인간의 딸이라는 견 해

(LXX,Philo,Josephus,Tertullian,Luther,Gesenius,Ewald,Hengstenberg)

3. 경건한 셋 계열의 후손과 불경건한 가인의 후손들이라는 견해

이러한 견해 중 필자는 1,2번의 견해는 전혀 동의할 수 없고, 3번의 견해는 이해할 수 있으나 필자의 견해는 하나님의 구속사의 계획으로 하나님의 주권에 해당한다고 봐야 할 것이다.

아담이 셋을 낳은 후 800년을 지내며 자녀를 낳았으며 그가 930세를 향수하고 죽었더라 / 창 5:4-5

사람들이 땅위에 번성하기 시작할 때에 그 사람들에게서 딸들이 나니 하나님의 아들들이 사람의 딸들의 아름다움을 보고 자기들이 좋아하는 모든 자로 아내를 삼는지라 / 창 6:1-2

여호와 하나님은 사람들의 타락을 보시고 셋의 후손인 노아를 부르시고 인류 재창조를 하시게 된다.

여호와께서 가라사대 나의 신이 영원히 사람과 함께 하지 아니하리니 이는 그들의 육체가 됨이라 그러나 그들의 날은 일백 이십년이 되리라 하시니라 / 창 6:3

창세기 6장에서 창세기 10장에 이르기까지 하나님께서 선택하신 노아의 사적이 나와 있다. 이 과정에 여호와 하나님은 노아를 인도하시고 그와 함께 한 자녀들과 인류를 축복하셨다. 하나님께서 노아에게 말씀하실 때 노아는 성령의 음성을 들었던 것이다.

노아가 하나님의 얼굴을 직접 대면하여 말씀을 듣고 행하였다는 것이 아니라 창 1:2에서 하나님의 신이 수면에 운행하신 것처럼 그 때 인류 역사를 창조해 나가셨던 전능자이신 하나님께서 영으로 말씀하셨던 것으로 봐야 할 것이다.

③ 노아는 여호와 하나님과 함께 동행 하였다.

노아는 창 6:9에서 "노아의 사적은 이러하니라 노아는 의인이요 당세에 완전한 자라 그가 하나님과 동행하였으며"고 기록 하였는데 창 1:2의 삼위 하나님(창 1:2의 복수인 루아흐רוּחַ엘로힘אֱלֹהִים)이신 성령님과 동행하였다는 것이다.

여기서 의인은 "צַדִּיק(차디크)"인데, "도덕적으로, 법률적으로 흠이 없는 사람"을 말한다. 특히 하나님 앞에서 여호와의 신에 감동된 무흠한 사람을 말한다.

특히 완전한 자는 원어로 "תָּמִים(타밈)" 곧 흠이 없는 완전한 사람, 도덕적 또는 하나님 앞에 영적으로 충만한 흠결이 없는 사람을 의미하는 단어이다.

노아는 하나님 앞에서나 사람 앞에서 당대 완전하고 도덕적으로 흠결이 없는 성령으로 충만한 사람임에 틀림없다. 그러므로 하나님께서는 당대 노아를 선택하시고 흠결이 없는 노아에게 하늘의 비밀을 계시하셨다고 볼 수 있다.

그렇다면 노아는 여호와의 신, 루아흐, 프뉴마 즉 성령의 음성을 어떻게 듣고 행동 하였는가?

동행이란 히브리어는 “הָלַךְ(할라크)”는 한문으로는 “同(한가지 동) 行(행할 행)” 이다. 즉, 한 마음으로 행한다는 뜻이다. 또 “הָלַךְ(할라크)”의 기본 뜻으로 “걷다, 뜻을 좇다”라는 뜻이 있는데, 이 말은 더욱 적극적인 표현으로 “손과 손을 묶어 절대 떨어지지 않도록 하며 함께 가는 것”을 의미 한다.

창 6:9에서 “노아는 당대에 의인이요 당세에 완전한 자로 하나님과 동행 하였으며”라고 기록하고 있고, 또 창 6:3에서는 “여호와께서 가라사대 나의 신이 영원히 사람과 함께하지 아니하리니 이는 그들이 육체가 됨이라 그러나 그들의 날은 일백 이십년이 되리라 하시니라”고 말씀 하고 계신다.

세상의 수많은 사람들 중에서 하늘의 음성을 듣는다는 것은 보통 사람들이 듣는 것도 아니고 높은 사람들이 듣는 것도 아니다. 다만 하나님께 은혜를 입은 자(노아는 하나님께 은혜를 입은자 / 창6:8) 즉 천상에서 나오는 깊은 영계의 소리를 들을 수있는 그리스도의 사람, 다시 말해 성령님과 동행하는 성령의 사람만이들을 수 있는 음성이다.

렘 29:13에서 “너희가 전심으로 나를 찾고 찾으면 나를 만나리라” 고 하신 말씀과 같이 당시 죄가 관영하여 세상 말세가 되어 하나님의 심판 날이 가까워 옴을 영적으로 깨달은 노아는 하나님의 음성을 사모하고 있었을 것이다.

그리고 생각지도 못한 날에 거룩한 음성을 듣게 되고 곧바로 주저

없이 여호와의 신에 감동 되어 120년 동안이나 가족들과 함께 방주 건설에 온몸을 다 바쳤을 것이다.

④ 노아는 신령한 은사를 받은 성령의 사람이었다.

120년 후에 일어날 사건을 아랑곳 않고, 그저 하나님의 말씀대로 묵묵히 사시사철 방주를 지어 간다는 것은 신령한 은사를 받은 성령의 사람이 아니고서는 아무나 할 수는 없는 일이다.

현대 노아의 방주가 어디인가, 바로 우리가 섬기는 교회라고 할 수 있다. 교회는 평안이요 모든 인류의 안식처가 되는 곳이다. 노아의 가족들이 방주에 들어와 안식을 누렸던 것처럼 우리 성도들도 우리의 생명의 주가 되시는 예수 그리스도의 방주(교회)에 들어와 참된 평안과 안식을 누리는 축복은 받아야 될 것이다.

방주는 한번 들어오면 하나님에 허락이 없이는 나가지 못하도록 설계가 되어있다. 이는 곧 하나님이 선택한 자는 하나님의 허락 없이는 나갈 수 없음을 의미한다.

나가면 험한 파도에 밀려 당장 죽기 때문이다. 육체도 죽지만 우리 영혼도 마귀의 밥이 되고 말게 될 것이다.

여호와 하나님께서 홍수 직전 방주 속으로 들어가라고 명령하시니 노아는 말씀에 순종하여 들어갔고 하나님의 약속을 의심 없이 믿었다. 노아의 식구가 마지막으로 다 들어 간 것을 확인하신 하나님은 그 후에 방주의 문을 닫았다.

여호와께서 노아에게 이르시되 너와 네 온 집은 방주로 들어가라 네가 이 세대에 내 앞에서 의로움을 내가 보았음이니라 / 창 7:1

노아가 아들들과 아내와 자부들과 함께 홍수를 피하여 방주에 들어갔고 / 창 7:7

들어간 것들은 모든 것의 암 수라 하나님이 그에게 명하신대로 들어가매 여호와께서 그를 닫아 넣으시니라 / 창 7:16

그리고 홍수가 끝나니 방주의 문을 열어 밖으로 나오라고 명하셨다.

하나님이 노아에게 말씀하여 가라사대 너는 네 아내와 네 아들들과 네 자부들로 더불어 방주에서 나오고 / 창 8:15-16

땅위의 동물 곧 모든 짐승과 모든 기는 것과 모든 새도 그 종류대로 방주에서 나왔더라 / 창 8:19

노아는 하나님의 은혜(恩惠)를 입은 자 답게 끝까지 자신의 판단과 생각에 의존하여 행동 하지 않았고, 오로지 하나님의 말씀에만 순종하여 마침내 온 가족이 구원받는 축복을 받은 것이다.

노아는 여호와께 은혜를 입었더라 / 창 6:8

은혜 : 헬라어 카리스(χάρις) : 신령한 축복, 선물, 자비, 감사

은사 : 헬라어 카리스마(χάρισμα) : 영적인 증여, 신비한 능력, 값 없는 은사.

그는 문이 열리지 않으면 방주 안에서 죽어야 되는 상황 임에도 방주의 문을 닫고 여는 것 까지도 하나님의 주권에 모두를 맡기고 끝까지 인내하며 여호와의 음성을 기다리는 성령의 사람이었다.

마지막 시대에 사는 크리스천들이여! 하나님은 당신을 구원의 방주에 실어 저 천국을 향해 항해하신다. 120년 후의 새로운 세상을 꿈꾸는 축복의 땅으로 항해하고 계신다. 지금 당신은 지금 성령님과 함께 동행

하고 있는가? 노아처럼 인내해야 한다.

생각해보라! 한 달 두 달도 아니고 일 년 이 년도 아니며 십 년 이십 년도 아닌 무려 120년 동안 방주를 지었다고 하는 것은 절대적 인내가 아니면 절대 불가능 하였을 것이다. 그것은 절대적 인내를 넘어 절대적 믿음이었다. 그 믿음은 성령에게 사로잡힌 성령의 사람만이 가질 수 있는 믿음이었다.

완성된 노아의 방주가 크다고 할지라도 지구상에 있는 모든 동식물을 암수 두 쌍씩 넣었으니, 노아의 식구가 거처할 공간이 얼마나 여유가 있었겠는가?

방주 안에서 일 년 한 달 동안 생활 한다고 하는 것 자체가 상상 할 수 없는 인내를 필요로 하였을 것이다. 참고 견딜 수 있었던 것은 오직 성령님이 함께 하시는 능력과 힘이 아니고서는 설명할 길이 없다.

교회라는 방주에 들어와 신앙생활을 하는 나 자신의 신앙관을 보라! 얼마만큼 인내하며 평소 성령의 소리를 듣고 있는가? 교회가 왜 시험에 들고 때로는 왜 세상의 조롱거리가 되겠는가? 한국교회가 왜 성장의 한계를 뛰어 넘지 못하고 있는가?

교회의 문을 닫는 것은 오직 하나님만이 하실 수 있다. 그러나 지금 사단에 의해 코로나라는 질병을 이유로 권력에 의해 제도에 의해 교회의 문은 굳게 닫혀 버렸다. 죽음으로 항거했던 기독교초기에 신앙의 거성들을 보라. 그들은 교회를 죽음으로 지켰다. 그러나 지금 우리의 신앙을 들여다 보자. 과연 우리는 하나님 앞에서 자문하지 않을 수 없다.

당신의 신앙생활 속에서 성령님은 일하고 계시는가?

우리 모두는 예수 그리스도의 구원의 방주에 타고 저 천국을 향해 세상을 통과해야만 한다. 그러므로 우리 모두는 노아처럼 구원의 방주에 탄 성령의 사람이란 사실을 잊지 말자. 그렇다면 노아처럼 절대적 믿음으로 절대적 인내를 통해 하나님을 신뢰하며 성령의 음성을 듣고 성령의 음성에 순종해야 함을 잊지말자. 그 때 비로소 축복의 땅을 향한 하나님의 계획과 섭리가 당신의 삶을 통해 이루어질 것이다.

⑤ 노아는 방주를 짓는 동안 매일 성령의 음성을 들었다.

어쩌면 노아가 120년 동안 매일 매시간 하나님이 지시하시는 성령의 음성을 듣지 못하였다면, 노아는 필경 절망과 실의에 빠질 수도 있었을 것이다. 그러나 성경 어느 한 구절도 실의나 절망에 빠졌다는 그런 말이 없다. 이는 노아가 매일 방주를 짓는 동안 성령의 음성을 듣고, 그 음성 속에 참된 위로와 평안과 능력을 얻었기 때문이다.

하나님이 말씀하신 노아의 방주 구조가 얼마나 복잡한가? 그 방주를 생각하고 그려보건대 이는 성령의 역사를 통한 믿음의 열매였음을 고백하지 않을 수 없다. 참고로 노아 방주의 모형을 소개한다.

A. 설계

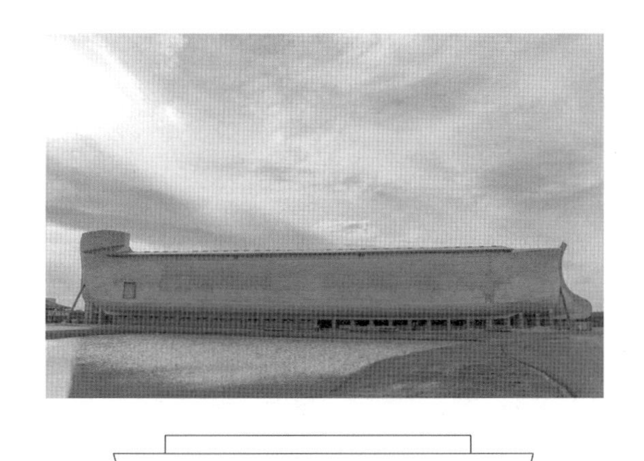

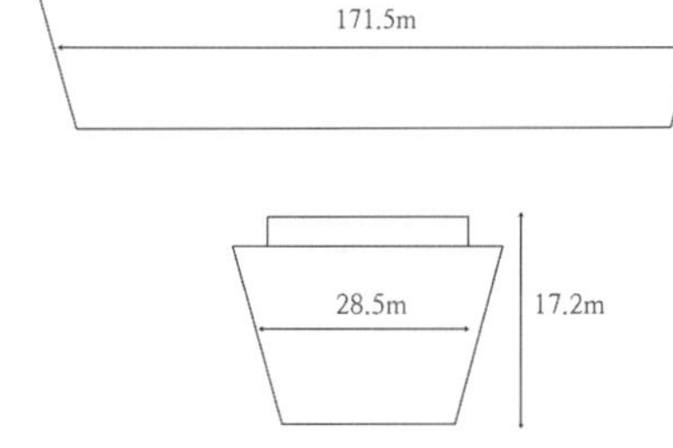

선미 길이 : 300 규빗(171.5m)　　높이 : 30 규빗(17,2m)

좌우 길이 : 50 규빗(28,5m)　　무게 : 13,960톤

노아의 방주 비율은 1844년 영국의 1000년 조선술 역사가 만들어 낸 그레이트 브리튼호의 비율과 같다고 한다.

B. 재질

o 잣나무 내지는 삼나무(창 6:14)

o 삼나무는 알렉산더 대왕이 무적함대를 건조할 때 사용함

o 바티칸성의 성 베드로 성당의 문들이 삼나무로 만듦

o 1000년 동안 썩지 않는 목재

o 역청(아스팔트재료)으로 방수

C. 용적

o 축구장의 1,5배 길이로 높이는 3층

o 화물차량 522대의 분량

o 동물의 종류 17,600종(깨끗한 동물 암수 일곱 씩, 부정한 동물 암수 한쌍식, 합 45,000마리

/ 참조 : 그랜드 주석 '창세기'

여호와께서 노아에게 이르시되 너와 네 온 집은 방주로 들어가라 네가 이 세대에 내 앞에서 의로움을 내가 보았음이니라 / 창 7:1

이 때가 노아의 나이 600세 되던 해요 홍수 7일 전 이다. 502세에 아들 셈을 낳았다 하였으니 셈의 나이 98세에 대 홍수를 겪은 것이다.

노아는 아마도 매일 매시간 성령의 음성을 들으며 120년 후 일어날 대홍수에 대비하면서 말세의 징조와 그때 자신이 새로운 인류역사의 시조가 될 것을 상상 하면서 아들과 함께 즐거움으로 하루 하루 성령과 교통하며 방주를 지었을 것이다.

하나님은 길고도 긴 120년 동안 방주를 예비한 노아의 믿음을 지켜 보신 결과 그를 축복해 주셨다.

창 1:1에서 "태초에 하나님이 천지를 창조 하시느니라" 에서의 "엘로힘"은 엘이라는 단수의 복수형을 말한다.

창 1:2에서 "여호와의 신이 수면에 운행 하시니라"에서 특별히 "하나님의 신"이라는 명칭이 복수로 되어 있는 점은 "삼위일체 하나님" 되시는 기독교의 전통적 교리를 뒷받침하고 있는 명칭이라 볼 수 있다. / 참조(Luther, Murphy, Matthew Henry, Candlish)

이것은 오늘날 기독교 예배에 있어 사도신경의 첫 마디에 나오는 " 전능하사 천지를 만드신 하나님 아버지"라고 고백한 "루아흐 엘로힘" 이라는 명칭은 오직 이 세상에서 하나밖에 없는 위엄과 존칭의 대상임을 말한다. 창세기 1장에서만 32회가 나오고 구약에서 약 2600회나 나온다.

성령의 소리를 듣고 행한 노아는

믿음으로 노아는 아직 보지 못하는 일에 경고하심을 받아 경외함으로 방주를 예비하여 그 집을 구원 하였으니 이로 말미암아 세상을 정죄하고 믿음을 좇는 의의 후사가 되었느니라. / 히 11:7

하나님은 "노아가 아직 보지 못하는 일에 경고하심을 받아 경외하심으로 믿음을 좇았던 의에 후사"라고 말씀 하신다. 우리는 여기서 하나님께서 '방주를 짓는 목적이 어디에 있으셨느냐?'라는 것을 알 수 있다.

두 말 할 나위 없이 '구원'에 있었다. 수많은 사람들 중에서 하나님께서는 노아와 그 가족을 선택하시고 구원해 주셨다. 방주는 수척이 되는 게 아니다. 오직 한 척 뿐이다. 방주에 탄 노아 식구들 외에는 구원받을 수 있는 다른 방법의 도리가 없다. 오직 예수 그리스도 한 분 밖에는 구원의 도리가 없다.

다른 이로서는 구원을 얻을 수 없나니 천하 인간에 구원을 얻을 만한 다른 이름을 우리에게 주신일이 없음이니라 하였더라 / 행 4:12

그러므로 노아의 방주는 예수 그리스도를 상징하는 것이다. 황량하고 흉흉한 인생의 바다에서 누가 우리를 구원해 줄 것인가? 오직 예수 그리스도만이 좌절과 신음에 낙심되어 길을 잃고 방황하는 우리를 구원해 주실 수 있다. 오직 예수 그리스도! 그 분만이 나의 구원의 방주라 할 것이다.

말 못한 짐승도 타지 아니 하였는가? 오늘날 교회 안에는 당시 방주에 탔던 모든 짐승이 다 모여 있는 것처럼, 두 종류의 사람들이 모여 있다. 그러나 하나님 편에서 보면 모두가 필요한 존재들이라는 사실을 잊지 말자.

노아의 방주에 탄 짐승들이 어찌 정결한 짐승만 탔겠는가? 하나님은 정결한 것 부정한 것 똑같이 태웠다는 것을 상기하자. 다만 우리 주 예수 그리스도의 허락하심이 있는 자만이 구원의 방주에 올라 탈수가 있다. 이것이 값없이 올라탈 수 있는 하나님 아버지의 지고한 은총이 아니고 무엇이겠는가?

너희가 그 은혜를 인하여 믿음으로 말미암아 구원을 얻었나니 이것이 너희에게서 난 것이 아니요 하나님의 선물이라 / 엡 2:8

어떤 이는 노아의 홍수가 인류 파괴에 있었다고 하지만 그것은 하나님의 구속사를 전혀 모르고 하는 말이다. 인류를 사랑하시는 하나님의 지고한 은총이었다. 방주는 신약시대의 교회요 피로 값 주고 세우신 오늘의 현대교회를 말하고 있다. 현 세대를 보라! 누가 감히 지금이 노아 시대와 흡사하지 않다고 말할 수 있겠는가! 노아의 방주를 통해 교회를 예표 해 주신 하나님은 마지막 시대 교회라는 방주를 통해 구원의 역사를 일으켜 주실 것이다.

하나님께서 방주 건조를 노아에게 지시 하시고 120년이 지나 홍수가 시작될 때가 노아 나이 600세 되던 2월 10일이다. 그 후 비는 40 주야를 내려 150일 동안 땅에 창일 하였다. 이 모든 기간을 시간적 순서대로 성경의 말씀을 배치해 보면 다음과 같다.

① 너는 잣나무로 너를 위하여 방주를 짓되 그 안에 칸들을 막고 역청으로 그 안팎에 칠하라 / 창 6:14

② 지금부터 7일이면 내가 40주야를 땅에 비를 내려 나의 지은 모든 생물을 지면에서 쓸어버리리라 / 창 7:4

③ 노아 600세 되던 해 이월 곧 그 달 십칠일이라 샘물이 터지고 하늘의 창들이 열리고 사십 주야를 비가 땅에 쏟아졌더라 / 창 7:11-12

④ 물이 150일을 땅에 창일하였더라 / 창 7:24

⑤ 하늘에서 비가 그치매 / 창 8:2

⑥ 150일 후에 물이 감하고 / 창 8:3

⑦ 7월 17일에 방주가 아라랏 산에 머물렀으며 / 창 8:4

⑧ 물이 10월 1일에 산들의 봉우리가 보였더라 / 창 8:5

⑨ 까마귀를 내보내니(11월 10일) 날아다녀 / 창 8:7

⑩ 비둘기를 내보내니(11월 11일) 다시 돌아와 / 창 8:8-9

⑪ 비둘기를 또 다시 내보내니(11월 19일) 감람나무 새 잎사귀를 물고 돌아와 / 창 8:11

⑫ 7일 동안 기다려 또 다시 비둘기를 내보내니 다시는 돌아오지 않음(11월 27일)

/ 창 8:12

⑬ 물이 점차 걷힘(12월 17일) / 창 8:13

⑭ 방주 뚜껑을 열고 보니 물이 걷힘 (1월 1일) 물러감(10개월 13일) / 창 8:13

방주 뚜껑이 열린 날이 601년 정월 1일, 곧 노아의 나이 601세가 되는 새해 첫날이었다. 그러므로 노아가 600세 되고 홍수가 시작되던 2월 17일을 기점으로 계산해보면(7:11) 물이 걷힌 기간은 총 10개월 13일이 된다.(창 8:13)

⑮ 2월 27일에 방주가 말랐더라 / 창 8:14

⑯ 너는 방주에서 나오고 / 창 8:15-16

⑰ 너는 땅에서 생육하고 번성하라 / 창 8:17

⑱ 노아와 그 식구들 그리고 모든 짐승들이 2월 27일 방주에서 나왔더라 / 창 8:19

⑲ 노아가 여호와를 위하여 단을 쌓고 모든 정결한 짐승 중에서와 모든 정결한 새 중에서 취하여 번제로 단에 드렸더니 / 창 8:20

⑳ 여호와께서 그 향기를 흠양 하시고 그 중심에 이르시되 내가 다시는 사람으로 인하여 땅을 저주 하지 아니하리니 이는 사람의 마음의 계획 하는 바가 어려서부터 악함이라 내가 전에 행한 것같이 모든 생물을 멸하지 아니하리니 / 창 8:21

㉑ 땅이 있을 동안에는 심음과 거둠과 추위와 더위와 여름과 겨울과 낮과 밤이 쉬지 아니하리라 / 창 8:22

이러한 관점에서 노아와 그의 식구들이 방주 내에서 지낸 시간을 계산해보면 비 오기 전 7일, 물이 창일한 150일, 물이 감한 150일, 땅이 마른 70일을 합한 약 377일 간으로 추정된다.

어쨌든, 이 기간은 노아에게는 인내와 간구의 시간들이었으며 하나님에게는 인류를 재창조하시기 위한 하나님의 예정된 구속사의 계획의 일환이라고 할 것이다.

노아가 120년 동안의 참을 수 있는 인내와 지혜는 누가 주었으며 어디서 생겨났는가? 노아는 방주에서 나와 가장 먼저 하는 일이 무엇이었는가? 이 모두를 하나님께 영광을 돌리고 하나님 앞에 예배드리는 일이었다. 제단을 쌓으니 하나님께서 그 향기를 흠향 하셨다고 하셨다.

노아가 여호와를 위하여 단을 쌓고 모든 정결한 짐승 중에서와 모든 정결한 새 중에서 취하여 번제로 단에 드렸더니 여호와께서 그 향기를 흠향하시고 / 창 8:20-21

노아는 처음부터 끝까지 하나님의 음성을 듣는 성령의 사람 이었다. 아담이 죽은 지 126년 후 1056년에 태어나 아담을 보지는 못하였지만, 노아의 아버지 라멕은 아담과 56년 동안이나 함께 살았으니 아버지 라멕을 통하여 노아는 조상 아담에 대한 이야기를 얼마나 많이 들었겠는가?

뿐만 아니라 아버지 라멕을 통해 하늘로 승천했던 성령의 사람이자 노아의 증조할아버지였던 에녹에 대해서도 얼마나 많은 신앙의 이야기들을 들었겠는가?

노아는 그렇게 하나님의 사람답게 살다가 향년 950세라는 장수의 축복을 안고 주님 곁으로 갔다. 아담보다 20년이나 더 살았고 인류의 최고 장수자인 할아버지 므두셀라보다 19년을 덜 살아 세상에서 두 번째로 장수의 축복을 얻은 참으로 하나님의 축복을 받은 성령의 사람이었다.

노아가 120년 동안 방주를 지어 1656년 2월 10일경 온 식구가 마지막으로 방주에 들어갈 때(창 7:7) 노아의 아버지 라멕은 홍수가 나기 전 5년 전에 죽는다. 그러나 노아가 120년 동안 방주를 짓는 모든 과정을 보았을 것이다. 그런데 할아버지 므두셀라는 1656년 969세를 향수하고 죽었다.(창 5:25-27) 하였으니 홍수가 나던 그 해에 죽음으로 노아가 방주를 지어 완성하는 모습을 함께 보고 홍수 직전에 하나님께서 데려 가신 것이라 할 것이다. 참으로 신묘막측한 하나님의 섭리가 아닐 수 없다.

⑥ 노아는 수치를 드러내었다.

노아가 술에 취해 벌거벗어 하체(히:에르바(עֶרְוָה)-음부 특히 남녀의 성기, 부끄러움, 수치)를 들어냈다고 하는 것은 고대 봉건 사회에서 있을 수 없는 수치스러운 일임에는 틀림없다. 당시 아비의 준엄과 가문의 엄격함으로 볼 때 절대 불가능한 일이 일어났다고 봐야 할 것이다. 950세가 되도록 하나님 앞에서나 사람 앞에서 실수가 없는 노아가 마지막 말년 자식들 앞에서 추태를 부린 사건이다. 그런데 여기서 성경 말씀을 통해 주목할 만한 점은 아비의 하체를 본 셈과 함과 야벳의 태도가 다르다는 점이었다.

가나안의 아비 함이 그 아비의 하체를 보고 밖으로 나가서 두 형제에게 고하매 셈과 야벳이 옷을 취하여 자기들의 어깨에 메고 뒷걸음쳐 들어가서 아비의 하체에 덮었으며 그들이 얼굴을 돌이키고 그 아비의 하체를 보지 아니하였더라 / 창 9:22-23

결국 이 사건은 하나님 외에는 모든 인간은 완전하지 못하다는 교훈을 주는 사건임과 동시에 "셈, 함, 야벳"이라는 세 아들 중 과연 누가 믿음의 후손이요 또 누가 여호와 하나님의 구속사의 언약의 약속의 성취를 이어갈 후사가 되는가를 가리는 하나님의 고도의 선택이라고 생각한다.

혹자는 전능하신 하나님의 실수가 아닌가 하는 학자도 있지만 하나님은 머리털 하나까지도 세시는 하나님이 아니시던가?

너희에게는 머리털까지 다 세신 바 되었나니 / 마 10:30

너희 머리털 하나도 상치 아니하리라 / 눅 21:18

하나님은 인생이 아니시니 식언치 않으시고 인자가 아니시니 후회가 없으시도다 어찌 그 말씀하신 바를 행치 않으시며 하신 말씀을 실행치 않으시랴 / 민 23:19

창 4장에서 가인과 아벨의 사건을 통해 다시 셋을 낳게 하여 구속사의 법통을 이어가게 하신 하나님은 창 9:20-29절에서 홍수 이후 노아를 시조로 새로운 제2창조의 구속사를 계획하신다.

⑦ 부모에게 효도하는 이를 축복했다.

십계명은 제1계명에서부터 제4계명까지 '하나님께 지켜야 할 계명'이 기록되어 있고, 제5계명에서 제10계명까지는 사람과 사람 사이에 지켜야 할 계명으로 이루어져 있다. 그 중 사람과 사람사이에 제일 먼저 지켜야 할 계명으로 하나님은 '부모 공경'을 두셨다. 땅에 사는 동안 사람과의 관계에서 제일 먼저 지켜야할 계명이 바로 부모에게 효도 하라는 것이다.

이것은 하나님이 명령하시는 천륜이기에 오고 가는 모든 세대로부터 우리 주 예수 그리스도의 재림 때까지 지켜야 할 기독교의 최고의 윤리강령이요 덕목이라 할 것이다.

술이 깬 노아는 함의 행실을 보고 함과 그 가족까지를 저주 했다. 반면에 아비의 수치를 덮은 셈과 야벳에게는 축복했는데, 셈에게는 영적인 축복을 야벳에게는 부요의 축복을 위해 기도했다.

셈의 하나님 여호와를 찬송하리로다 가나안은 셈의 종이 되고 / 창 9:26

하나님이 야벳을 창대케 하사 셈의 장막에 거하게 하시고 가나안은 그의 종이 되게 하시기를 원하노라 하였더라 / 창 9:27

아비의 실수를 자신들의 몸으로 막아 허물을 가린 결과 셈의 후손은 아브라함으로 이어지고, 다시 다윗으로 이어지며, 마침내 예수 그리스도에게로까지 이르게 된다. 하나님의 구속사는 부모를 공경했던 셈을 통해 험한 광야와 세찬 파도를 타고 예수그리스도까지 이어오게 되는 것이다.

Chapter 11

성령의 사람 아브라함과 구속사의 전개 (Abraham, the man of the Holy Spirit, and development of salvation history)

1. 구속사의 역사를 진행하시는 하나님의 섭리

1) 아담에서 아브라함까지

아담에서 아브라함까지의 계보를 살펴 보자. (창 5:1-32, 10:1-32, 11:10-26)

역상1:1

1. 아담 2. 셋 3. 에노스 4. 게난 5.마할랄렐 6.야렛

7. 에녹 8. 므두셀라 9. 라멕 10, 노아 11 셈(함,야벳)

우리는 여기까지를 노아 홍수 이전의 족보라 할 수 있다. 여호와 하

나님은 노아를 통해 세상을 재창조 하시고 노아는 그 후 350년을 더 살았다. 셈, 함, 야벳 세 아들 중 노아의 포도원 사건으로 인하여 함은 저주를 받는다.

야벳 족속은 당시 세계의 최대 강국이라 하는 페르시아와 마게도냐 그리고 로마로 이어지면서 오늘날 풍요로운 재물의 축복을 받은 지금의 유럽을 중심으로 통치하게 된다.

그러나 창 9:27 말씀처럼 셈의 장막에 거하면서 축복을 받는다. 영적인 축복을 받는 것은 특별한 하나님의 섭리라는 것을 셈을 통해서 발견 할 수 있다.

하나님은 비록 육적인 풍요로운 물질의 축복을 받을지라도 구속사의 계승자인 셈의 장막을 벗어나지 못하게 하시고 셈의 영적 통제 아래에 두셨다. 세상만사는 하나님의 인류 구속사 안에 들어 있기 때문이다. 그렇다면 셈의 후손이 누군가? 바로 당신! '크리스천'이라고 이름하는 기독교인이 아닌가?

지금까지 유럽의 기독교 문화를 보면 기독교가 세계의 꽃이 되었음을 알 수 있고, 고대에서 근대에 이르기까지 풍요로운 물질의 축복을 받는 근원지요, 하나님 중심의 세계 안에서 기독교의 심장이 되었던 사실을 알 수 있다.

그러나 하나님의 은혜로 은총을 받은 자들의 오늘날 삶을 보라! 타락과 방종의 선구자가 되어 있는 오늘날 유럽의 모습을 보라! 하나님은 또 다시 예수 그리스도의 재림을 앞두고 노아 때와 같이 싹 쓸어버릴 준비를 하고 계신 것은 아닐까? 분명한 것은 하나님의 때가 가까이 왔다는 것이다.

아담의 10대 손인 노아까지의 역사를 다시 정리해 본다. 아담이 930세에 죽고 126년 후인 노아가 출생했으니, 아담으로부터 연수를 계산해 보면 1056년이 된다.

또 노아가 600세 되던 해 홍수를 만나게 됐으니 그 해가 1656년이 되며 노아는 홍수 후 하나님의 축복으로 350년을 더 살다 950세에 하나님의 부르심을 받았으니 그 해가 아담으로부터 2006년이 되던 해 임을 알 수 있다.

홍수 후 292년이 지나고 노아가 892세에 되던 해는 아담으로부터 1948년이 되던 해이다. 이 때 여호와 하나님께서 노아의 구속사의 바통을 이어받을 성령의 사람을 이 땅 위에 보내신다. 그의 이름은 바로 아브라함이다.

2) 아브람이 여호와 하나님께 부름을 받다(창12:1-4)

> 여호와께서 아브람에게 이르시되 너는 너의 본토 친척 아비 집을 떠나 내가 네게 지시할 땅으로 가라 내가 너로 큰 민족을 이루고 네게 복을 주어 내 이름을 창대케 하리니 너는 복의 근원이 될지라 / 창 12:1-2

인류의 시작이요 인류의 족보가 담긴 창세기를 가리켜 히브리어로 '베레쉬트(רֵאשִׁית)'라고 하는데, 히브리 원어 성경의 첫 단어 창세기 1:1에 "태초에(베레쉬트רֵאשִׁית)"에서 비롯된 것이다. 첫 구절을 제목으로 차용한 유대인들의 관습에 따라 붙인 이름이다. 영어의 제목 “Genesis”는 70인역 성경(LXX, Septuaginta)의 제목 ”게네시스(γένεσίς)“에서 유래되었다.

‘베레쉬트(רֵאשִׁית)’의 뜻은 시작이라는 뜻이다. 세계의 시작이고 인류의 시작이며 죄의 시작이고 그래서 구원의 섭리의 시작이라고 할 수 있다.

이러한 시작 가운데 인류의 시작인 아담의 창조와 그의 족보를 보면 우리는 원년 아담으로부터 구속사의 계보인 20대 아브라함이 부름받기까지의 기간을 알 수 있는데 그 기간은 무려 1948년이다. 10대 조상인 노아의 홍수가 난 후(1656년)로부터 아브라함이 하나님의 부르심을 받고 갈대아 우르를 나오는 때가 75세(2023년)였으니(출생 1948+75세=2023년), 노아 홍수 후 무려 ‘367년’이(1656-2023=367년)이라는 시간이 흘렀음을 알 수 있다. 하나님은 노아 홍수 이후 367년이 되던 해에 아브라함을 부르셨다.

여호와 하나님은 아브라함을 통해 구속사의 언약을 실현하시기 위하여 계획하셨던 ‘아담으로 부터 노아의 홍수 이전까지’의 소위 ‘제1창조 시대’와 ‘노아 홍수 이후’에 이르는 소위 ‘제2창조 시대’를(창1-11장) 마감하신다.

그리고 아브라함을 영적 계보로 하여 이삭, 야곱, 요셉의 죽음까지 이어지는 347년 동안 ‘4대 족장 시대(창12장-50장)’를 통한 구속사의 문을 여는 새로운 구속사에 대한 계획을 세우신다. 하나님은 인류의 역사의 새로운 장을 여시기 위해 아브라함과 횃불 언약을 체결하시며 그를 부르신 것이다.

'제1세대'인 아브라함은 나이 75세 부름을 받고 100세에 이삭이 출생하며 175세(2123년)에 하나님께로 돌아간다. 그가 죽을 때 이삭의 나이가 75세가 된다.

'제2세대'인 이삭은 그 후 105년을 더 살다가 (2123+105)=2228년 그의 나이 180세가 되던 해에 열조에게로 돌아간다. 이삭은 그의 나이 60세에 야곱과 에서 두 아들 쌍둥이를 낳았다.

'제3세대'인 야곱은 그의 나이 147세로 열조에게로 돌아간다. 이삭이 죽을 때 야곱은 120세로 그 후 27년을 더 살다가 그의 나이 147세(2255년)에 열조로 돌아간다.(이삭이 죽던 해 2228년 + 27년 = 2255년)

'제4세대'인 요셉은 110세에 죽어 열조에게로 돌아간다. 야곱이 죽은 년도가 2255년이요 야곱이 죽은 후 요셉은 53년을 더 살다가 열조에게로 갔으니 그 해가 2308년이 된다.

아브라함을 부르셨던 2023년부터 요셉이 죽은 해인 2308년까지를 계산해 보면 무려 285년이란 긴 세월 동안 4대 족장시대의 시대가 이어져 오다가 끝을 맺는 셈이다. 이는 하나님께서 아브라함에게 말씀 하신 창 15:13의 말씀이 이루어 진 것이다.

그러면 285년이라는 긴 시간 속에서 성령님은 이스라엘의 구속사를 어떻게 운행 하셨는가를 조명해 보고자 한다.

13. 여호와께서 아브람에게 이르시되 너는 정녕히 알라 네 자손이 이방에서 객이 되어 그들을 섬기겠고 그들은 사백년 동안 네 자손을 괴롭게 하리니

14. 그 섬기는 나라를 내가 징치할찌며 그 후에 네 자손이 큰 재물을 이끌고 나오리라

15. 너는 장수하다가 평안히 조상에게로 돌아가 장사될 것이요

16. 네 자손은 사대만에 이 땅으로 돌아 오리니 이는 아모리 족속의 죄악이 아직 관영치 아니함이니라 하시더니 / 창 15:13-16

원년 아담부터 아브라함까지의 인류의 족보를 보자.

역대상 1장

1. 아담 (930세)

2. 셋 (912세 / 원년 1042년)

3. 에노스(905세 / 원년 1140년)

4, 게난(910세 / 원년 1235년)

5. 마할랄렐(895세 / 원년 1290년)

6. 야렛(962세 / 원년 1422년)

7. 에녹(350세 승천 / 원년 987년)

8. 므두셀라(969세 / 원년 1656년)

9. 라멕(777세 / 원년 1651년)

10. 노아(950세 / 2006년)

11. 셈(600세 / 2158년)

12. 아르박삿(438세 / 2096년)

13. 셀라(433세 / 2126년)

14. 에벨(464세 / 2187년)

15. 벨렉(239세 / 1996년)

16. 르우(239세 / 2026년)

17. 스룩(230세 / 2049년)

18. 나홀(148세 / 1997년)

19. 데라(205세 / 2083년)

20. 아브람 곧 아브라함(175세 / 2123년)

21. 이삭(180세 / 2228년)

22. 야곱(147세 / 2255년)

23. 요셉(110세 / 2308년)

모세의 출애굽은 기원전 1446년인데 이는 왕상 6:1을 근거로 역산할 수 있다.

> 이스라엘 자손이 애굽 땅에서 나온 지 사백 팔십년이요 솔로몬이 이스라엘 왕이 된 지 사년 시브월 곧 이월에 솔로몬이 여호와를 위하여 전 건축하기를 시작하였더라 / 왕상 6:1

대부분의 역사학자들은 솔로몬의 즉위가 B.C. 970년이라는 것에 동의한다. 이에 솔로몬이 왕이 된지 4년 후에 건축했다고 한다면 성전건축 연대는 B.C. 966년이며, 왕상 6:1의 말씀대로 이 해가 출애굽 한 지 480년이 되는 해라고 한다면 성전건축 연대인 B.C. 966년에 480년을 더하면 된다. 그렇게 되면 출애굽의 연대는 B.C. 1446년이 된다.

아담의 20대 후손인 아브라함을 가리켜 우리는 믿음의 조상, 신앙의 아버지라고 부른다. 신약의 첫 번째 책으로 등장하는 마태복음의 저자 마태는 동족인 유대계 그리스도인들을 수신자로 하여 마태복음의 첫 머리에 믿는 자들의 신앙의 조상을 아브라함으로 부터 시작한다. 그리고 요셉에 이르기까지의 족보를 통해 구속사의 뿌리를 기록하고 있다.

그리스도가 구약 전체 부분에서 다가 올 메시아임을 강조 하고 총 42세대로 기록하고 있으며, 창세기 1장에서부터 시작하여 구약의 모든 예언자들을 통해 '하나님께서 약속하신 구원자가 바로 예수 그리스도' 라는 사실을 예수님의 탄생 기사를 통해 확증하고 있다.

이렇듯 마태는 여호와 하나님의 구속사의 성취의 길을 제시함으로서 신약성경 전체의 흐름을 아브라함과 다윗의 자손 예수 그리스도 세계로 함축하고 있다

아브라함과 다윗의 자손 예수 그리스도의 세계라 / 마 1:1

17절까지 족보를 기록하고 있다.

예수께서 거기서 떠나 지나가시다가 마태라 하는 사람이 세관에 앉은 것을 보시고 이르시되 나를 쫓으라 하시니 일어나 쫓으리라 / 마 9:9

막2:14에는 알패오의 아들 레위라고 소개 하고 있다.

헤롯이 죽기까지 거기 있었으니 이는 주께서 선지자로 말씀 하신 바 애굽에서 내 아들을 불렀다 함을 이루려 하심이라/ 마 2:15

나사렛 동네에 와서 사니 이는 선지자로 하신 말씀에 나사렛 사람이라 칭하리라 하심을 이루려 함이러라 / 마 2:23

이사야의 예언이 저희에게 이루었으니 일렀으되 너희가 듣기는 들어도 깨닫지 못할 것이요 보기는 보아도 알지 못하리라 이 백성들의 마음이 완악하여져서 그 귀는

듣기에 둔하고 눈은 감았으니 이는 눈으로 보고 귀로 듣고 마음으로 깨달아 돌이켜 내게 고침을 받을까 두려워함이라 하였느니라 / 마 13:14-15

이는 선지자로 말씀하신바 내가 입을 열어 비유로 말하고 창세부터 감추인 것을 드러내리라 함을 이루려 하심이니라 / 마 13:35

마태가 마태복음을 기록한 연대를 어떤 학자들은 예루살렘 함락 연대가 A.D. 70년이었으므로 70년대 후반이라고 주장하는 학자도 있고, 1세기 말경이라고 하는 학자도 있으며 A.D. 58-68년이라고 하는 학자도 있다.

또 다른 학자들은 A.D. 60-70경이라고 주장하는 학자들도 있는데, 많은 학자들의 견해 중 필자는 A.D. 58-68에 동의 한다. 그 이유는 마가복음의 저자 마가가 베드로전서 5:13절에서 "함께 택하심을 받은 바벨론에 있는 교회가 너희에게 문안하고 내 아들 마가도 그러하느니라"에서 본 바와 같이 비록 마가가 12제자의 명단에는 들어가지 못했어도 베드로의 제자로서 베드로의 일거수일투족을 상세히 기록하며 정경으로 인정받았기 때문이다.

행 12:13절 이하에 보면 베드로가 옥에 갇히고 많은 제자들과 여종들이 마가라 하는 요한의 어머니 마리아의 집에서 여러 사람들과 함께 생사를 거는 기도를 하였다고 기록하고 있다. 이 때 마리아의 집에 모여 베드로의 석방을 위한 기도를 할 때가 마가가 살아 있던 때였기 때문에 마가복음을 쓴 기록 연대를 A.D. 55-68년 사이라고 유추 할 수가 있다는 것이다.

초대교회 전승들은 베드로는 A.D. 68년에 순교했다. 만일 베드로가 순교하였다면 마가는 그의 마가복음에 분명히 베드로의 순교의 사실이 기록 했었을 것이다.

예루살렘이 함락(A.D. 70년)되기 전과 A.D. 68년 경 베드로가 순교하기 전에 마태복음을 비롯한 대부분의 제자들이 거의 이 시기에 썼을 것이라 생각된다. 이것이 바로 필자가 마가복음의 기록을 A.D. 55-68년 사이로 추정하는 이유이다.

마태복음에서 특이할 만한 점은 예수님의 족보를 기록하고 예수님의 탄생의 중요성을 강조하는데 있어서 12번이나 성령의 사역을 강조하고 있다는 점이다.

구약에서 '여호와의 신'이라고만 명명되며 감추어졌던 성령의 존재가 이렇게 드러나게 된다. 성령의 존재는 비단 마태복음 뿐 아니라 신약에서는 191번이나 등장한다. 이런 관점으로 본다면 신약은 가히 '성령전서'라고 해도 과언이 아닐 것이다.

예수님의 나심부터 예수님께서 활동하시는 3년 6개월 동안 성령이 내 귀에 말씀하신 중요한 말씀

o 성령으로 잉태되심(마 1:18, 20)

o 성령과 불로 세례를 주심(마 3:11)

o 성령이 비둘기 같이 임하심(마 3:16)

o 성령에 이끌리심(마 4:1)

o 아버지의 성령(마 10:20)

o 성령을 주심(마 12:18)

o 하나님의 성령을 힘입어 귀신을 쫓아내심(마 12:28)

o 성령을 훼방하면 사하심을 받지 못함(마 12:31)

o 말로 성령을 거역하면 이 세상과 오는 세상에서도 사 함을 얻지 못함(마 12:32)

o 다윗이 성령에 감동되어 그리스도를 주라 칭함(마 22:43)

o 그러므로 아버지와 아들과 성령의 이름으로 세례를 주라 하심(마 28:19)

이와 같이 마태는 마태복음의 첫 서두부터 성령님의 임재와 아브라함으로부터 메시야 출현까지의 모든 인류 역사가 오직 성삼위 하나님의 구속사의 완성으로 가는 길임을 분명히 제시 하고 있다.

마지막 마태복음의 끝인 마 28:19-20에서도 "아버지와 아들과 성령의 이름으로 세례를 주고 내가 너희에게 분부한 모든 것을 가르쳐 지키게 하라 볼지어다 내가 세상 끝날까지 너희와 항상 함께 있으리라 하시니라"고 하심으로 성령의 역사와 더불어 성령님께서 곧 하나님 되시는 아주 중요한 삼위일체의 하나님을 말씀하고 있다.

특별히 아브라함을 족보의 시조로 하여 구속사를 전개함으로서 창세기 1:1-2에 기록된 태초의 비밀 즉, "여호와의 신(루아흐엘로힘)"이신 '복수(複數)'의 하나님이 마침내 세상에 알려진 것이다. 그리고 이는 믿음의 조상 아브라함으로 부터 시작됨을 분명히 하고 있다.

물론, 창세기 12장에서 아브라함을 부르시기 전 구속사의 시작은 아담을 시작으로 셋으로 이어지며, 노아를 통해 세상을 재창조하시고, 또한 셈을 구속사의 반열에 넣으셨다. 그리고 아담의 20대 후손인 아브라함을 통해 창조의 구속사을 진행하시고 다윗을 부르셨으며, 그 뿐리에서 예수 그리스도 메시야를 탄생케 하신 것이다.

그런즉 믿음으로 말미암은 자들은 아브라함의 아들인 줄 알찌어다 / 갈 3:7

너희가 그리스도께 속한자면 곧 아브라함의 자손이요 약속대로 유업을 이을 자니라 / 갈 3:29

그런즉 육신으로 우리 조상된 아브라함이 무엇을 얻었다 하리오 / 롬 4:1

16. 그러므로 후사가 되는 이것이 은혜에 속하기 위하여 믿음으로 되나니 이는 그 약속을 그 모든 후손에게 굳게 하려 하심이라 율법에 속한 자에게 뿐 아니라 아브라함의 믿음에 속한 자에게도니 아브라함은 하나님 앞에서 우리 모든 사람의 조상이라

17. 기록된바 내가 너를 많은 민족의 조상으로 세웠다 하심과 같으니 그의 믿은바 하나님은 죽은 자를 살리시며 없는 것을 있는 것 같이 부르시는 이시니라

18. 아브라함이 바랄 수 없는 중에 바라고 믿었으니 이는 네 후손이이 같으리라 하신 말씀대로 많은 민족의 조상이 되게 하려 하심을 인함이라 / 롬 4:16-18

우리 조상 아브라함이 그 아들 이삭을 제단에 드릴 때에 행함으로 의롭다 하심을 받은 것이 아니냐 / 약 2:21

창 12장에서 여호와 하나님이 아브라함에게 나타나시자마자 하신 첫마디는 우상이 득실거리는 '갈대아 우르를 떠나라'는 명령이셨다. 떠나는 장소는 '내가 네게 지시 할 땅'이라고만 말씀하셨지 어디라고는 말씀하지 않았다. 이 때 아브라함은 성령의 음성을 듣는다.

3) 의무(떠나라)와 보상(축복)의 약속(창 12:1-9)

1. 여호와께서 아브람에게 이르시되 너는 너의 본토 친척 아비 집을 떠나 내가 네게 지시할 땅으로 가라

2. 내가 너로 큰 민족을 이루고 네게 복을 주어 네 이름을 창대케 하리니 너는 복의 근원이 될찌라

3. 너를 축복하는 자에게는 내가 복을 내리고 너를 저주하는 자에게는 내가 저주하리니 땅의 모든 족속이 너를 인하여 복을 얻을 것이니라 하신지라

4. 이에 아브람이 여호와의 말씀을 좇아 갔고 롯도 그와 함께 갔으며 아브람이 하란을 떠날 때에 그 나이 칠십 오세였더라 / 창 12:1-4

처음으로 여호와 하나님과 대면한 아브라함에게 하나님은 의무와 권리를 말씀 하신다.

의무 3가지는 버리라는 것이고

권리 3가지는 받으라는 것이다.

받으라는 것은 말씀대로 행하면 주시겠다는 보상의 원리를 약속하신 것이다.

그렇다면 하나님은 왜 떠나라고 하셨는가? 창 4:4 아벨이 드린 예배를 받으신 후 아벨(Abel)은 죽어 공식 서열의 족보에 들어가질 못하고, 하나님이 구속사의 대를 이을 후사를 주신다. 창 5:3에 아담이 130세에 셋(Seth)을 낳았는데 그 뜻은 '안정 된 자, 정해진 자, 주워진 자' 란 뜻이다.

아벨이 '허무, 공허한 자'란 뜻을 가진 반면 셋은 '안정된 자'라는 뜻으로 장래 구속사의 주인공이 됨을 시사하는 이름이라 할 수 있다.

이 후 아담은 셋을 낳고 팔백 년을 지내며 자녀를 낳았으며, 930세

를 향수하고 죽는다. (창 5:4-5)

창 5:6에서 법통으로 2대 조상이 된 '셋'도 105세에 '에노스'를 낳고 807년을 지내며 자녀를 낳았으며, 에노스는 912세를 향수하고 죽었더라고 기록하고 있다.

창 4:26에 에노스를 낳은 후 사람들이 비로소 여호와의 이름을 불렀더라고 하였다. 아벨이 가인에 의해 무참히 살해된 후 에노스가 태어난 것이 아담이후 235년 만에 태어났으니 최소한 몇 백 년 동안 하나님의 이름을 부르지 않았음을 견주어 알 수 있다. 그렇다면 왜 에노스 이전의 사람들은 여호와의 이름을 부르지 않았고, 그래서 몇 백 년 동안의 긴 침묵의 시간이 흘렀을까?

필자의 생각에는 가인의 가혹한 살인행위와 처절하게 형의 손에 의해 아무런 죄가 없이 무참히 살해된 아벨의 피에 너무 큰 충격을 받았기 때문이 아닐까 싶다.

그리고 또 다른 하나는 혹시라도 '또 다시 셋이 아벨처럼 불행한 일을 당하지는 않을까?'하는 불길한 생각이 들었을지도 모른다. 그러다 마침내 셋이 에노스를 낳게 되었을 때 그 때 서야 비로소 사람들은 마음속으로 부터 평화를 얻고 위대하신 하나님의 이름을 불렀을 것이리라.

하나님의 이름을 불렀다고 하는것은 곧 예배를 의미 하는 것이다. 창 12:8에서도 아브람이 단을 쌓고 하나님의 이름을 불렀다고 하였고 창 13:4에서도 여호와의 이름을 불렀으며 창21:33에서도 브엘세바에

에셀 나무를 심고 거기서 영생하시는 하나님의 이름을 불렀다고 기록하고 있다.

이와 마찬가지로 몇 백 년 만에 평화가 찾아온 셋의 가문은 에노스를 낳은 후 오직 창조주인 하나님께 감사와 찬송의 예배를 통해 영광을 돌렸을 것이다.

하나님의 책망을 받고 에덴을 떠난 가인과 그 후손들은 철로 무기를 만들고 하나님 없이도 세상을 이기겠다는 야욕으로 불타 있었다. 반면에 하나님의 인도를 받는 셋의 후손들은 하나님의 이름을 부르고 예배하는 삶을 살아갔다. 이들이 바로 영적인 구속사의 계보가 된 것이다.

이후 4대 게난(Kenan:긍휼, 자비, 뜻밖에)과 5대 마할랄렐(Mahalaleel:하나님께 영광, 여호와를 찬양), 6대 야렛(Jared : 내려놓다, 운반해 오다, 내려온 자)로 이어진다.

이와 같이 하나님의 구속사가 6대에까지 이어지는 동안 셋은 아담과 800년을 동시대에 살았고 에노스는 695년을 게난은 605년을 동시대에 살았다. 또한 마할랄렐은 535년 동안을 동시대에 살았으며 야렛은 470년 동안을 동시대에 살았다.

그리고 7대손인 에녹과는 308년 동안 동시대에 살면서 300년 동안 하나님과 함께 동행 하였다는 것을 성경은 확증하고 있다.

가인을 통해 범죄한 인간으로 말미암아 하나님에 노여움을 산 후손들은 그 후 수백 년이 지나 셋을 통해 에노스를 낳고 800년 동안 아담과 동시대에 살면서 아담이 세상을 떠날 때 까지 구속사의 대를 이어 신앙의 맥을 지켜왔다. 므두셀라 와도 243년 동안 함께 시대에 살았고 10대손인 노아의 아버지인 라멕이 56년 동안 아담과의 동시대를 마감하게 된다.

7대손인 에녹은 여호와 하나님께서 계획하신 인류창조의 목적 그대로 여호와 하나님의 구속사의 신앙을 지켜왔기에 성부, 성자, 성령 하나님이 계시는 하늘 보좌로 들림 받은 것이다. 그러나 노아 이후 하나님은 타락한 인류의 모습을 보시고 한탄 하시사 하나님은 아담의 10대손인 라멕의 아들 노아를 통해 인류역사의 전무후무한 노아의 홍수를 일으키시고, 제2인류 창조를 하신다.

그러나 제2신앙의 조상이요 성령의 사람 노아가 죽고 난 후 셈으로 이어지는 후손들은 시대의 발달과 변천으로, 또 다시 범죄 하게 되고 하나님 앞에 예배의 제단을 소홀하게 된다.

그래서 하나님께서는 아브라함에게 나타나시자마자 가장 먼저 첫 번째 지시로 관습에 젖어 죄악에 물들어 있던 삶을 박차고 일어나 현실에 안주하고 있던 모든 삶을 청산하라는 것이었다. 다시 말하면 지난 과거의 삶을 청산하고 나를 만난 이후의 삶으로 곧 B.C.(Before Christ)에서 A.D.(Anno Domini)로 돌아서라는 것이었다. 아브람이 아브라함으로 바꾸어지듯이 사울이 바울로 변하듯이 야곱이 이스라엘로 바꾸어지듯이 바뀌지라는 것이다.

우리 주님도 "아무든지 나를 따라 오려거든 자기를 부인하고 날마다 제 십자가를 지고 나를 좇을 것이니라"(눅 9:23)고 말씀 하시지 않았는가!

4) 하나님이 아브라함에게 말씀하신 명령 3가지

① 본토를 떠나라.

당시 아브라함이 살던 하란을 중심한 갈대아 우르와 메소 포타미아 지역에는 노아의 후손들인 셈과 그 일가들이 살고 있었었다. 그리고 아브라함은 갈대아 우르에서 이사와 하란 땅에 아버지 나홀과 함께 거하였다.(창11:31)

아브라함의 아버지 데라는 우상숭배자였다고 여호수아 24:2에서 기록하고 있다.

> 여호수아가 모든 백성에게 이르되 이스라엘 하나님 여호와의 말씀에 옛적에 너희 조상들 곧 아브라함의 아비, 나홀의 아비 데라가 강 저편에 거하여 다른 신들을 섬겼으나 내가 너희 조상 아브라함을 강 저편에서 이끌어내어 가나안으로 인도하여 온 땅을 두루 행하게 하고 그 씨를 번성케 하려고 그에게 이삭을 주었고 / 수 24:2-3

아브라함이 우상을 숭배했던 아버지 고향을 떠나 아브라함이 성령의 음성을 듣고 하나님의 명령대로 떠나니 이삭으로 이어지는 축복이 왔음을 여호수아는 상기시키고 있다.

② 친척을 떠나라.

셈의 후손의 거대한 인척들이 살고 있는 갈대아 우르 지역에서 떠나라는 것이다.

③ 아비 집 즉 가족도 떠나라.

여호수아24:2에 기록한 바와 같이 아버지 데라도 우상숭배를 하지 않았는가? 전승에 의하면 아버지 데라는 하란에서 우상장사를 하였다고 한다. 그리고 막내아들에게 하란에서 우상을 팔아 오라고 하였으나 말을 듣지 않으니까 신전 불에 던져 죽였다는 전승도 있다.

이렇듯 여호와 하나님은 타락과 범죄로 물든 데라와 그 모든 인척들이 하나님의 은총을 받을 자격이 없음을 아시고. 노아에서 셈으로 이어지는 구속사의 후예 중에서 아브라함을 선택하시고 갈대아 우르에서 불러 내신 것이다.

5) 하나님의 명령을 지켰을 때 아브람에게 약속하신 보상의 원리 3가지

① 땅을 기업으로 주시겠다고 약속

② 큰 민족을 이루게 해 주시겠다고 약속

③ 내가 너로 복의 근원이 되게 하여 주시겠다고 약속

너를 축복하는 자에게는 내가 복을 내리고 너를 저주하는 자에게는 저주해 버리겠다는 것이다. 이 말씀은 지금껏 수 천년 동안 지켜오는 하나님의 보상의 원리이다.

너를 축복하는 자에게는 내가 복을 내리고 너를 저주하는 자에게는 내가 저주하리니 땅의 모든 족속이 너를 인하여 복을 얻을 것이니라 하신지라 이에 아브람이 여호와의 말씀을 좇아 갔고 롯도 그와 함께 갔으며 아브람이 하란을 떠날 때에 그 나이 칠십 오세였더라 / 창 12:3-4

창12장에서부터 25장은 구속사 전반부로서 아브라함의 생애에 관한 이야기이고 창25장 후반부부터 50장까지는 이삭과 야곱과 요셉으로 이루어지는 '이스라엘 4대 족장시대의 이야기'가 펼쳐진다. 족장시대에 이들이 어떻게 구체적으로 성령의 인도하심을 받았는가에 대해선 아담에서 노아까지의 창조시대인 창1장에서부터 11장까지를 살펴보며 다시 한번 언급 해 보고자 한다.

창2:4에서 "여호와 하나님의 천지 창조의 대략이 이러 하니라"라고 했을 때 "여호와 (야훼-Yahweh)"라는 이름은 히브리 민족의 하나님을 나타내는 고유명사로서 "여호와 또는 야훼"라고 번역한다.

야훼 하나님이란 이름은 출 3:13에도 등장한다. 모세의 부르심속에서 모세가 하나님께 고하되 "그들이 묻기를 그의 이름이 무엇이냐고 하면 내가 무엇이라고 그들에게 말하리이까?"라는 장면이 나온다. 이때 하나님은 모세에게 이르시기를 "나는 스스로 있는자니라 (에흐예 아쉐르 에흐예)(אֶהְיֶה אֲשֶׁר אֶהְיֶה)"고 말씀하셨다.

야훼 하나님은 창세기에서만 348회가 나온다고 하였다. 그리고 단순 여호와라고 만은 102회가 나온다. 사도신경의 첫 마디에 나오는 "전능하사 천지를 만드신 하나님 아버지"라고 한 신앙고백의 "루아흐 엘로힘"이라는 명칭은 창세기에서만 348회가 나오고, 구약에서 시대적 년 수로 따지면 하나님이 천지를 창조한 때부터 계산하여 구약 전체에서 약 6828번이나 나온다.

저는 만군의 여호와시라 여호와는 그의 기념 칭호니라 / 호 12:5

여기서 "기념 칭호"라고 하는 것은 지존하신 하나님이 인간과 만나는 역사적 장면으로서 모세가 묻는 "당신은 누구십니까"에 대해 여호와 하나님이 당신의 실체를 인류에게 밝히는 시간이라고 봐야 할 것이다.

마찬가지로 여호와 하나님은 지금 아브라함에게 나타나시어 그 이름을 알리고 계신 것이다.

성령님은 아브라함을 통하여 어떻게 구속사를 전개해 왔는가? 왜 우리는 아브라함을 성령의 사람이라고 하는가? 구약의 중심에 있는 믿는 자의 조상이 되는 아브라함의 역사를 알아 보자.

6) 여호와께 가나안과 벧엘에서 처음 단을 쌓다.(창12:1-9)

여호와께서 아브람에게 나타나 가라사대 내가 이 땅을 네 자손에게 주리라 하신지라 그가 자기에게 나타나신 여호와를 위하여 그곳에 단을 쌓고 거기서 벧엘 동편 산으로 옮겨 장막을 치니 서는 벧엘이요 동은 아이라 그가 그곳에서 여호와를 위하여 단을 쌓고 여호와의 이름을 부르더니 / 창 12:7-8

아브라함이 75세에 부르심을 받고 175세에(창25:7) 죽었다고 했으니 거꾸로 계산해 보면 앞으로 100년의 삶을 그는 순종의 삶으로 산 것이라 할 수 있다. 아브람 자신은 자신의 생이 얼마가 될지 전혀 몰랐던 상황에서 오직 믿음으로 갈 바를 알지 못한 채 말씀에 순종하여 하란을 떠났던 것이다.

지난날에는 육을 위한 삶이였다면 이제는 하나님 말씀으로 살기 위해 신앙의 길을 출발한다.

어디에 가서 멈춰야 할지 모르는, 그래서 안정된 삶을 포기해야 할지도 모르는 기약 없는 출발이다. 그렇게 아브라함은 75세라는 적지 않는 나이에 아내 사라와 조카인 롯을 데리고 갈 바를 알지 못한 채 길을 떠났다. 하나님 아버지가 가라면 하면 가고 멈추라 하면 멈추면서, 오직 신앙의 눈으로 미래를 바라보며 머나먼 항해를 위해 아브람호가 출발한 것이다.

고독과 외로움이 밀려들었으나 그는 믿음의 대부 노아 할아버지에게서 받았던 58년 동안의 가르침을 잊지 않았다. 오직 믿음 하나 가지고 120년 동안 방주를 지었던 믿음의 이야기를 그는 기억했다. 고난과 역경의 세월 속에서도 오직 하나님만 바라보라는 노아 할아버지 말씀을 심장에 새기면서 말씀을 좇아 사는 삶을 살기 위해 그는 갈 바를 알지 못하고 떠났던 것이다.

6절에 보면 하란을 통과하여 마침내 가나안 땅에 들어갔다. 7절에 여호와 하나님(루아흐 엘로힘 רוּחַ אֱלֹהִים)이 나타 나셨다. 하란에서 가나안까지는 약 480km가 되는 긴 거리다. 이 거리를 여호와 하나님(루아흐 엘로힘 רוּחַ אֱלֹהִים)은 아브라함 그와 함께 하신 것이다.

그리고 하신 말씀이 7절에 "내가 이 땅을 네 자손에게 주리라"는 것이었다. 아브람에게 너무나 큰 감동이었다. 이에 그는 즉각 "여호와를 위하여 단"을 쌓았다. 그리고 벧엘 동편에 장막을 치고 또 그 곳에서 "여호와를 위하여 단"을 쌓았다.

그런데 여기서 이 "벧엘"이 먼 훗날 자신의 손자요, 이삭의 아들인 야곱이 형 에서의 낯을 피하여 도망하다가 잠들어 있을 때 하나님을 만나게 될 은총의 장소가 될 줄이야! 할아버지 아브라함이 심어 놓았던 기도의 열매를 손자가 따 먹는 때가 올 줄이야! 이것이 구속사의 축복이 아니고 무엇이겠는가! 야곱은 "이곳은 하늘의 문이요 하늘의 전이로다"라고 고백하며 벧엘을 "하나님의 집"이라고 불렀다.

성령의 사람 아브람의 믿음을 보라! 시작부터 하나님께 단을 쌓고 찬양과 영광을 돌렸던 철저한 신앙의 사람! 분명 아브람은 완전히 "여호와의 신"에게 사로잡힌 성령의 사람이라고 할 수 있다.

아브라함이 단을 쌓았다고 했을 때, 여기서의 단이란 히브리어 זָבַח (미츠 베야크)라는 단어로 "제사를 지내다"라는 뜻인데, 이는 곧 하나님께 감사의 예배를 드렸다는 것이다. 아브람이 갈대아 우르를 나와 여호와 하나님 앞에 공식적인 처음 예배를 드린 것이라 할 수 있다.

아브람은 그저 감사해서 예배를 드렸다고는 하지만 이 예배는 장차 4대족장이 그리고 머나먼 모세에 이르기까지 아니 오늘날 이스라엘에 이르기까지 히브리민족의 영원한 영적 예배의 출발이었다. 더 나아가 마침내 인류의 구속사가 완성되는 날 (예수 재림시)까지 인류의 중심이 될 것이 확실하다.

그러기에 아브람은 부지중에 예배를 드렸을지 몰라도 하나님의 구속사 계획은 우연히 아니라 치밀하시고도 예정되신 성령의 인도하심이라 할 것이다.

7) 아브람의 실수와 하나님의 구원(창12:10-20)

하나님 앞에 제단을 두 번이나 쌓은 아브람은 여호와의 이름을 찬양하며 점점 남방으로 옮겨 갔다.

그 땅에 기근이 들었으므로 아브람이 애굽에 우거하려하여 그리로 내려갔으니 이는 그 땅에 기근이 심하였음이라 / 창 12:10

① 아브라함의 내려가는 삶(창 12:10)

"내려가다"의 히브리어 "야라드(יָרַד)"인데 이는 '해안, 경계, 적진지 아래로 떨어지다, 억누르는 곳, 불순종'과 같은 뜻으로 결국 믿음이 내려감을 뜻 한다. 아브람은 눈에 보이는 것, 머리에 생각 하는 것 모두가 가축을 먹어야 하는 목초지에 있었다. 성령에 붙잡힌 아브람도 잠시 잠간의 육에 생각에 사로 잡히게 됐을 때 아브람의 삶은 '올라가는 삶'이 아닌 '내려가는 삶'으로 바뀌기 시작한다.

"야라드(יָרַד)"라는 말 자체가 적진의 경계선을 향해 내려가고 있음을 내포하고 있기 때문에 그 안에는 '억누르다'라는 뜻과 함께 불안과 초조와 긴장을 내포하고 있다.

성령의 인도함을 받지 않을 때는 그 심령을 마귀가 지배하게 됨으로 당연히 평안은 사라지고 불안과 초조와 두려움이 엄습해 올 수 밖에 없다. 아브람의 순간의 선택이 일생을 좌우할 돌아오지 못할 강을 건너 적진의 경계선, 마귀의 사령부로 들어서면서 하나님과의 관계가 차차 멀어지게 된 것이다.

아브라함이 고향을 떠날 때 믿음이 얼마나 충만했는가? 창12:1에서 하나님이 "가라" 하시니 창12:5에서 "가려고 들어 갔더라"고 말씀하고 있다.

이때는 갈 바도 전혀 모르는 상태인데도 말씀에 순종하여 믿음으로 따라갔다. 이는 그가 오직 성령에 사로잡혔다는 것이다. 한마디로 하나님의 말씀이라면 "무조건"이라는 것이다.

히브리어 "옐라크(יֵלֵךְ)는 할라크(הָלַךְ)"라는 기본어에서 나온 말인데 "급히 가다, 빨리 가다, ~을 따라서 빨리 행동하다"라는 뜻이다. 이는 아브람이 하나님의 명령이 있을 때 두 번 생각하지 않고 지체 없이 즉각 순종하여 떠났다는 것을 의미한다.

그런데 지금, 성령 충만했던 아브람이 한 순간에 현실주의자로 바뀌어 영적인 문제보다 육적인 문제를 해결하고자 애굽으로 내려가는 모습을 보라!

이러한 사건은 많은 세월이 흐른 후 아들 이삭에서도 똑같이 반복된다. 이때 여호와 하나님은 이삭에게 명하신다. "애굽으로 내려 가지 말고 내가 네게 지시하는 땅으로 가라" 다시 말해 "네 아비 아브람의 실수를 너는 반복하지 말라"는 것이다.

여호와께서 이삭에게 나타나 가라사대 애굽으로 내려가지 말고 내가 네게 지시하

는 땅에 거하라 / 창 26:2

아브람이 죽은 후 이삭은 브엘세바 뜰에 있는 하갈의 우물곁 '브엘라헤로이'에 거주(창25:11)하고 있었는데, 또 다시 아브람 때 대흉년이 이삭 때에도 찾아왔던 것이다.

아브람 나이 75세(아담 이후 2023년)에 하나님의 부르심을 받고 갈대아 우르를 나와 심한 가뭄으로 애굽으로 내려간 것이 화근이 되었는데, 이제 또 다시 아들이삭에게 가뭄이라는 시련이 찾아온 것이다.

아들 이삭은 말씀에 순종하고 그랄에 거한다. 그 결과는 블레셋 땅에서 농사를 지어 백배나 되는 수확을 얻었다고 말씀한다.

이삭이 그 땅에서 농사하여 그 해에 백배나 얻었고 여호와께서 복을 주시므로 그 사람이 창대하고 왕성하여 마침내 거부가 되어 / 창 26:12-13

이삭이 그곳에 단을 쌓아 여호와의 이름을 부르고 거기 장막을 쳤더니 그 종들이 거기서도 우물을 팠더라 / 창 26:25

아브람이 기근을 피하여 가나안으로 내려간 것이 아브람의 첫 번째 시련이요, 신앙의 도전이 된다. 당시 유목민의 생활 양식은 목초지를 따라 생활하는 것이었다.

아브람도 남방으로 옮겨갔다고 하는 것은 목초지를 따라 옮겨 갔기에 세상 사람들의 관점으로는 어쩌면 큰 문제가 아니라고 생각할 수도 있다. 그러나 믿음의 사람들 곧 성령의 사람들에게는 현실적인 내 생각이나 경험, 이성적 판단이나 이해타산보다는 내 생각이나 경험에 맞지 않고, 이성적 판단이나 이해타산에 부합하지 않는다 할지라도 오직 믿음으로 말씀에 순종하여 살아야 한다. 그러한 삶이 바로 성령의 사람들이 가는 길이다.

하나님의 말씀을 잠시 현실과 타협했다고 해서 무슨 큰 일이나 일어날까라고 생각할 수 있겠지만, 설마설마했던 일들이 우리를 악한 사단의 함정으로 몰아간 일들이 얼마나 많이 현실에서 일어나고 있는가? 그러므로 성령의 사람은 성령의 소리를 하루 한 시간도 놓치지 말고, 한 순간이라도 타협해서는 안된다.

② 아브람의 머무르는 삶

> 내가 너로 큰 민족을 이루고 네게 복을 주어 네 이름을 창대케 하리니 너는 복의 근원이 될찌라 / 창 12:2
>
> 그 땅에 기근이 있으므로 아브람이 애굽에 우거하려 하여 그리로 내려갔으니 이는 그 땅에 기근이 심하였음이라 / 창 12:10

아브람은 하나님의 약속보다 현실의 배고픔을 이기지 못한 것 같다. 기아로 인한 두려움과 배고픔, 인간적인 염려를 한 나머지 자신의 육이 발동한 것이다.

그러나 현실에 안주한 잠깐의 삶은 편했을지 몰라도 결국은 더 큰 낭패를 보고 돌아오는 꼴이 되어버렸다. 이에 아브라함은 육의 생각이 얼마나 사단의 유혹인가를 깨달았을 것이고, 오히려 이것이 전화위복이 되어 "여호와 이레"라는 위대한 모리아 산의 기적이 나타난 것이 아닌가 생각하지 않을 수 없다.

"우거하려 내려갔다"에서 우거는 히브리어 "구르(גוּר)"라는 단어로

"옆으로 벗어나다, 숙박, 낯선 곳에서 체류하다"라는 뜻으로 오랜 시간 살러 가는 것이 아니고 잠시 머물로 갔다는 것을 말한다.

"우거"라는 말 자체가 내포하고 있듯이 이는 아브람이 정상에서 벗어나는 길을 택하였다는 것을 말한다. 다시 말하면 하나님의 계획과는 전혀 다른 곳, 낯선 곳으로 "내려" 갔기 때문이다.

남방은 사막이라 건조하여 목초지에 풀이 많이 없다. 이에 가뭄까지 도래했으니 가축들을 먹이는데 한계가 왔을 것이다. 이에 물이 많은 애굽에 잠시 갔다가 언젠가 다시 돌아오겠다는 그런 의미에서 우거하는 말을 사용하였다고 봐야 할 것이다.

그러나 여기서 중요한 것은 삶의 중대한 자리를 옮기면서 하나님께 묻지 않고 애굽으로 갔다는 것이다. 하란을 떠날 때 "떠나라" 하는 성령의 소리를 듣고 떠났다면, 애굽으로 내려갈 때도 반드시 성령의 소리를 들었어야 했다.

그런데 아브람은 잠시 인간적인 생각을 한 것 같다. 하란을 떠나올 때 함께 온 목축들이 물이 없어 갈증을 느끼는 순간 하나님 앞에 "어찌하면 좋을까요?"라고 묻지 않은 것이다. 결국 하나님게 묻지 않고 즉흥적으로 행한 결과, 생각지도 못했던 위험에 봉착하게 된다.

애굽의 바로가 아브람의 아내 사래를 보고 그 미모에 반하여 자신의 아내를 삼으려 한 것이다. 궁중으로 데려가 하룻밤 만 자면 이제 만사가 끝이요 아브람은 아내 사래를 빼앗겨야 할 참이다. 그런데 그날 밤 하나님은 바로의 꿈에 나타나시어 사래를 돌려 보내지 않으면 무서운 재앙을 내리시겠다고 엄포하셨다. 그리고 이어서 바로에게 큰 재앙을 내리신다.

여호와께서 아브람의 아내 사래의 연고로 바로와 그 집에 큰 재앙을 내리신지라 / 창 12:17

하나님의 은혜로 바로의 궁전을 나온 아브람은 다시 남방으로 올라갔다. 그렇다면 아브람의 애굽 사건을 통해 우리에게 주는 교훈이 무엇인가?

A. 성령의 소리를 들으라는 것이다.

B. 일거수일투족을 세상의 눈으로 보지 말고 신앙의 눈으로 바라보라는 교훈이다

C. 비록 아브람의 잠깐의 실수가 있다 할지라도 하나님의 구속사에서 예정된 계획은 멈추지 않는다는 것이다.

D. 인본주의 신앙을 버리고 신본주의 신앙으로 바꾸라는 것이다.

다시 말해, 하나님 앞에 엎드리지 않고, 오직 자신의 생명을 보존하고자 아내를 파는 그런 인본주의 사상을 버리라는 것이다. 아내보다도 남편보다도 자식보다도 나에게 더 가까이 계시며, 나보다 나를 더 잘 아시는 분이 누구신가! 아브람에게 일깨워 주신 전능자이신 하나님이 아니신가! 그러므로 우리는 언제나 내 곁에서 우리를 인도하시고 지켜주시며 생각나게 해 주시고 보호해 주시는 성령님이 계신다는 사실을 잊지 말자. 하나님을 찾아야 할 때 사람을 찾는 어리석음을 범치 말자.

오래전 이야기다. 미국에 있는 딸이 시집을 가서 굉장히 어려움을 당하고 있었다. 목사의 딸이 뭐 그리 풍족하겠는가? 밤에 전화가 걸려왔다. 목이 멘 소리였다. 그러다 대뜸 하는 소리가 "아빠 너무 힘들어

요, 도와주세요."였다. 그리고는 우는데 너무나도 서럽게 울었다.

나도 함께 울지 않을 수 없었다. 그리고는 아빠로써 딸에게 당장 무엇을 해 줄 수 없다는 자괴감이 밀려왔다. 엉엉 우는 딸의 전화 속에서 나는 할 수 있는 것이 아무것도 없었지만, 내 마음속에 하나님이 계신다는 성령의 소리가 스쳐 지나갔다. 이에 나는 울면서도 속으로 기도하기 시작했다.

"하나님 아버지 한 번만 내 딸을 도와주세요, 부끄러운 아빠가 부끄러운 목사가 되지 않게 해주세요"

이렇게 기도를 하는데 성령님이 어느새 내 마음을 위로하시며 말씀하고 계신 것이 아닌가? 놀라운 사실이었다.

"내가 가서 도와주마. 지금 딸에게 말하라, 서울에 있는 아빠는 지금 너를 도울 수 없지만 지금 아빠와 함께 계시는 하나님 아버지가 너를 도우신다고 하신다. 지금 도우러 가신다라고 말하라" 그래서 나는 그대로 전하였다.

딸은 눈물을 그치고 전화를 끊었다. 다음날 날이 새고 딸의 전화가 걸려 왔다. 그런데 딸의 소리는 어젯밤의 슬픈 소리 이민 생활에 지친 기진 맥진한 소리가 아니라 힘 있는 소리, 밝은 소리였다.

첫마디는 "아빠! 아빠의 하나님이 내 하나님이 되셔서 우리를 도우셨어요!, 응답이 왔어요, 너무 너무 좋아요"

내게 프로펠러가 있으면 날고 싶었다. 나는 딸에게 이 모든 상황이

어떻게 진행됐고, 이 모든 상황의 중심이 누구에게 있는지를 알려야 했다.

"딸아, 아빠의 하나님이요, 내 딸, 내 손주, 내 사위의 하나님이 너희를 도우신 것이다"

또 한번 눈물바다가 되어 하나님 우리 아버지에게 감사, 또 감사 기도를 올렸다. 어찌 40년 목회생활에 이런일이 한 두 번이겠는가?

사래의 사건으로 아브람의 믿음을 한 단계 더 성숙하게 만들고 창 13:4에 벧엘에 이르러 처음 장막을 쳤던 곳에 이르러 잠시나마 무너진 신앙의 단을 회복하고 다시 새롭게 단을 쌓는 아브람을 보라, 거기서 "여호와의 이름"을 불렀더라 고 하였다.

③ 올라가는 삶

아브람이 애굽에서 나올새 그와 그 아내와 모든 소유며 롯도 함께하여 남방으로 올라가니 아브람에게 육축과 은금이 풍부하였더라 / 창 13:1-2

"올라가다"라는 뜻은 히브리어 "알라하(עָלָה)"인데 이는 곧 "날이 새다, 회복하다, 출발하다, 승리하다, 도약하다, 싹트다, 솟아나다, 잠에서 깨어 나다" 등의 여러 가지 뜻이 있다.

내려 갔던 삶이, 이럴까 저럴까하고, 하고 머뭇거렸던 삶이,여호와가 함께 하신 곳으로 올라가니 금도 은도 육축도 풍부 하게 되었다고 한다. 내 주와 함께 하는 삶, 곧 하나님의 집에 거하는 삶이 얼마나 행복한가?

4대 족장 모두가 올라가는 삶을 살 때 축복이 왔음을 성경은 수 없이 말씀하고 있다. 언약의 표증으로 100세 된 아브라함에게 자식을 주시겠다고 약속하실 때도 하나님은 "알라하(עָלָה)"라는 단어를 사용함으로 아브라함에 승리를 약속하셨다.

하나님이 아브라함 과 말씀을 마치시고 올라가셨더라 / 창 17:22

아버지 대를 이은 이삭이 블레셋에서 농사를 지어 백 배의 소출을 얻었을 때도 성경은 이 "알라하(עָלָה)"라는 단어를 사용한다.

이삭이 거기서부터 브엘세바로 올라갔더니 / 창 26:23

이삭의 아들 야곱이 밧단아람의 외삼촌 라반의 집에서 20년간의 삶을 마치고 고향으로 가던 중 세겜 땅에서 히위 족속 중 추장이었던 하몰의 아들에게 야곱의 딸 디나가 강간을 당한 사건이 발생했다. 이 때 성령님께서 야곱의 마음을 두들기심에 야곱은 다시금 하나님께 서원했던 곳, 은혜를 체험했던 곳, 하나님의 뜻대로 행하겠다고 약속했던 곳 벧엘로 "올라가자"라고 말한다.

우리가 일어나 벧엘로 올라가자 나의 환난 날에 내게 응답하시며 나의 가는 길에서 나와 함께하신 하나님께 내가 거기서 단을 쌓으려 하노라 / 창 35:3

생각해 보면 벧엘이 어디인가? 선조 할아버지 아브라함이 갈대아 우르를 나오면서(창12:8) 제일 먼저 하나님께 단을 쌓고 예배를 드렸던 장소가 아닌가! 이제 손자 야곱의 때에 다시 벧엘로 올라가는 것이 어찌 우연이라고 말할 수 있겠는가?

요셉이 또 이스라엘 자손에게 맹세하여 이르기를 하나님이 정녕 너희를 권고하시리니 너희는 여기서 내 해골을 메고 올라가겠다 하라 하셨더라 / 창 50:25

4대 족장 중 마지막 증손인 요셉 역시 죽을 때에 조상들과 함께 장사되기 위하여 가나안으로 갈 것을 유언한다. 요셉에게 애굽은 젊은 소년 시절 인생의 모든 것 즉 부귀영화와 출세 그리고 사랑을 이루었던 고향 같은 곳이다.

그러나 죽음을 앞두고 그는 믿음의 뿌리, 은혜의 뿌리를 찾고 있는 것이 아닌가? 이로써 증조 할아버지 아브라함은 175세에(창25:8). 할아버지 이삭은 180세에(창35:28), 아버지 야곱은 147세(창47:28)에 그리고 마침내 4대 째 요셉은 110세에 죽어 선조들이 잠들어 있는 가나안 땅에 묻히게 된 것이다.

그리고 요셉이(B.C. 1805년)죽은 후부터 약 360년의 후인 B.C. 1446년에 모세에 의해 출애굽을 하게 된다.

모세가 하나님 앞에 올라가니 / 출 19:3

출애굽기 17:8 이하에 보면 애굽 탈출 후 처음으로 아말렉과의 대전쟁에서 모세가 했던 일은 하나님 앞에 올라가는 일이었다. 족장시대를 거쳐 출애굽의 주인공 모세에 이르기 까지 올라갈 때 승리 하였는데 이때도 역시 "알라하(עָלָה)"라는 단어를 사용하였다.

아브람이 애굽 땅에서 실패한 교훈을 청산하고 잠시라도 머물다가 하나님 은혜로 회복 되어 약속의 땅인 가나안을 향해 올라갔다. 여호와 하나님께 올라갔던 아브라함은 모리아산 정상에서 하나님의 음성을 듣는다.

8) 횃불 언약에 나타나신 성령의 역사 (창15:1-21)

창세기 15장은 유명한 횃불 언약의 약속이다. 구속사의 맥을 이어갈 가장 중요한 후자를 약속하는 장이다. 이상 중에 아브람에게 성령님이 나타나셨다. 여기서 이상 중이라는 말씀은 형체도 없으시고 그림자도 없으신 전능하신 하나님이 환상으로 나타나셨다는 것이다.

> 이 후에 여호와의 말씀이 이상(마카제 מַחֲזֶה)중에 아브람에게 임하여 가라사대 아브람아 두려워 말라 나는 너의 방패요 너의 지극히 큰 상급이니라 / 창 15:1

또한 여호와의 말씀이 '이상' 중에 임하였다고 하는 것은 놀라운 성령의 역사를 나타내기도 한다. 여기서 '이상'이라는 히브리어 '마카제(מַחֲזֶה)'는 환상을 말하는데 환상이란 '형체도 변함도 회전하는 그림자도 없는 여호와의 신이신 곧 성령님'을 가리킨다고 봐야 할 것이다.

> 각양 좋은 은사와 온전한 선물이 다 위로부터 빛들의 아버지께로부터 내려오나니 그는 변함도 없으시고 회전하는 그림자도 없으시니라 / 약 1:17

그러므로 아브람을 부르신 후 가장 중하고 엄한 계약이요, 자자손손 만대에 이르는 언약이 이처럼 환상으로 나타났다는 것은 놀라운 성령의 역사가 아닐 수 없다. 성령은 헬라어로 프뉴마(πνεῦμα)이며, 구약에서는 루아흐(רוּחַ) 곧 여호와의 신을 가리킨다. 이러한 성령의 역사가 회전하는 그림자도 없으신 빛 되신 하나님의 역사로 아브람에게 나타난 것이다. 곧 성삼위 하나님께서는 아브람과 인류에게 가장 중요한 구속 언약인 횃불언약을 맺으실 때 환상과 성령의 역사를 통해 말씀하셨다.

2. 아브람이 가로되 주 여호와여 무엇을 내게 주시려나이까 나는 무자하오니 나의 상속자는 이 다메섹 엘리에셀이니이다

3. 아브람이 또 가로되 주께서 내게 씨를 아니주셨으니 내 집에서 길리운 자가 나의 후사가 될것이니이다

4. 여호와의 말씀이 그에게 임하여 가라사대 그 사람은 너의 후사가 아니라 네 몸에서 날 자가 네 후사가 되리라 하시고

5. 그를 이끌고 밖으로 나가 가라사대 하늘을 우러러 뭇별을 셀 수있나 보라 또 그에게 이르시되 네 자손이 이와 같으리라

6. 아브람이 여호와를 믿으니 여호와께서 이를 그의 의로 여기시고

7. 또 그에게 이르시되 나는 이 땅을 네게 주어 업을 삼게 하려고 너 를 갈대아 우르에서 이끌어낸 여호와로라

8. 그가 가로되 주 여호와여 내가 이 땅으로 업을 삼을 줄을 무엇으 로 알리이까

9. 여호와께서 그에게 이르시되 나를 위하여 삼년 된 암소와 삼년 된 암염소와 삼년 된 수양과 산 비둘기와 집비둘기 새끼를 취할찌니라 아브람이 그 모든 것을 취하여 그 중간을 쪼개고 그 쪼갠 것을 마주 대하여 놓고 그 새는 쪼개지 아니하였으며

11. 솔개가 그 사체 위에 내릴 때에는 아브람이 쫓았더라

12. 해질 때에 아브람이 깊이 잠든 중에 캄캄함이 임하므로 심히 두 려워하더니

13. 여호와께서 아브람에게 이르시되 너는 정녕히 알라 네 자손이 이 방에서 객이 되어 그들을 섬기겠고 그들은 사백년 동안 네 자손을 괴롭게 하리니

14. 그 섬기는 나라를 내가 징치할찌며 그 후에 네 자손이 큰 재물을 이끌고 나오리라

15. 너는 장수하다가 평안히 조상에게로 돌아가 장사될 것이요

16. 네 자손은 사대만에 이 땅으로 돌아 오리니 이는 아모리 족속의 죄악이 아직 관영치 아니함이니라 하시더니

17. 해가 져서 어둘 때에 연기 나는 풀무가 보이며 타는 횃불이 쪼갠 고기 사이로 지나더라

18. 그 날에 여호와께서 아브람으로 더불어 언약을 세워 가라사대 내가 이 땅을 애굽강에서부터 그 큰 강 유브라데까지 네 자손에게 주노니

19. 곧 겐 족속과 그니스 족속과 갓몬 족속과

20. 헷 족속과 브리스 족속과 르바 족속과

21. 아모리 족속과 가나안 족속과 기르가스 족속과 여부스 족속의 땅이니라 하셨더라 / 창 15:2-21

신약에서도 바울과 베드로의 환상 중에 주님은 나타나시어 고난 중에서 건져주시고, 아나니아에게 나타나 주셔서 사울을 제자 삼으시고, 환난 가운데서 고넬료를 일으켜 주시고 베드로를 옥에서 구원해 주셨다.

그 때에 다메섹에 아나니아라 하는 제자가 있더니 주께서 환상 중에 불러 가라사대 아나니아야 하시거늘 대답하되 주여 내가 여기 있나이다 하니 / 행 9:10

하루는 제구시쯤 되어 환상 중에 밝히 보매 하나님의 사자가 들어와 가로되 고넬료야 하니 / 행 10:3

밤에 환상이 바울에게 보이니 / 행 16:9

바울이 이 환상을 본 후에 / 행 16:10

밤에 주께서 환상 가운데 바울에게 말씀하시되 두려워하지 말며 잠잠하지 말고 말하라 / 행 18:9

하나님은 자신의 알량한 잣대로 재고 머리를 쓰는 사람을 선택하시는 것이 아니라 베드로처럼, 바울처럼, 아브라함처럼 하나님 말씀이라면 무조건 "아멘"하고, 불속에라도, 물속에라도 뛰어드는 사람, 곧 "가

라면 가고, 멈추라 하면 멈추는 사람"을 인류 구속사의 반열에 세우신다는 교훈을 얻을 수 있다.

9) 횃불 언약으로 주신 구속사의 언약(창15:1-16)

언약이라 함은 히브리어로 "베리트(ברית)"라는 단어인데 "계약(고기 조각들 사이로 지나감으로 맺어지기 때문에), 동맹, 연합"이란 뜻이다.

언약의 근원부터 살펴보자. 하나님은 가장 먼저 아담과 하와를 통한 1.선악과 언약을 맺으신다. 이 후 그 선악과 언약은 노아의 대홍수 이후 2.무지개 언약(창9:11-13)으로 이어 진다. 그리고 하나님의 구속사에 따라 아브라함과의 3.횃불 언약(창15:18)이 맺어지고, 아브라함이 99세 되던 해 또 다시(창17:19-21) 나타나셔서 아브라함에게서 태어날 후사 이삭을 약속하시며 4.할례 언약을 세우신다.

그 후 아들 5.이삭과 언약(창26:2-5)을 세우시고, 이삭의 아들 야곱(창28:13-15)의 꿈에 여호와 하나님이 나타나시어 대를 이은 언약을 세우시는데 이 언약을 6.사닥다리 언약이라고도 한다.

또 아브라함 이후 430년 동안 애굽의 종살이로 있던 이스라엘 민족을 해방 시키신 하나님은 모세를 통하여 이스라엘 200만 민족을 이끌고 광야로 나오게 하셔서 7.시내산 언약을 세우시고, 이어서 민18:19에서 8.소금 언약을 맺으신다. 소금은 아무리 오랜 세월이 지나도 썩거나 그 빛을 바라지 않는다. 곧 하나님과의 언약은 영원불변이라는 뜻에서 하나님은 소금 언약이라 하셨을 것이다.

당시 민18:9-18까지 열거되고 있는 모든 성물에 대한 증표라 할 것이다. 민25:10-13에서는 제사장과의 언약인데 아론의 손자 엘르아살의 아들 비느하스의 일로 인한 소위 9.평화의 언약이 맺어진다. 그리고 모압 평지에서의 가나안 입성을 앞두고 모세와 세운 9.모압평지 언약이 기록되어 있다.

마지막으로 10.다윗 언약(삼하 7:16)으로 구약의 언약을 끝을 맺는데, 이와 같은 언약의 핵심은 모든 언약 가운데 가장 중요한 언약, 곧 인류 구원을 위한 11.메시아 언약이다. 이 메시아 언약은 오신 메시아의 언약인 구약과 장차 다시 오실 메시아의 언약인 신약으로 이루어진다. 다시 말해 신구약 성경 모두가 우리를 구원해 주실 예수 그리스도를 향한 메시아 언약으로 가득차 있는 것이다. 이러한 관점에서 구약을 구약 시대 곧 "옛 언약(Old Testament)"이라고도 하고, 은혜의 언약(Grace Testament)이라고도 하며, 신약을 "새 언약(New Testament)"이라고도 한다. 약속의 책, 이것이 바로 성경이다. 하나님은 약속하시고, 그 약속을 반드시 성취하시는 하나님이심을 잊지 말라. 마라나타! 주 예수여! 어서 오시옵소서!

① 행위 언약

이는 여호와 하나님께서 아담과 맺은 첫 언약으로서 선(하나님 말씀)과 악(인간의 생각)의 공존 속에서 타락 전에 피조물과 맺은 첫 번째 언약이라고 할 수 있다.

여호와 하나님이 그 사람에게 명하여 가라사대 동산 각종 나무의 실과는 네가 임의로 먹되 17.선악을 알게하는 나무의 실과는 먹지 말라 네가 먹는 날에는 정녕 죽으리라 하시니라 / 창 2:16-17

여기서 우리는 하나님이 인간을 창조하실 때 하나님의 형상대로 만드시되 자유의지를 주셨다는 것을 알 수 있다. 하나님의 말씀을 순종할 때는 영원한 축복과 영생을 보장하지만, 반대로 불순종 할 때는 죽음이 온다는 것을 강조하시고 "정녕 네가 죽으리라"고 말씀 하신 것이다.

"먹느냐, 먹지 않느냐"는 전적으로 인간의 자유의지에 달려 있다. 이는 다시 말해 인간의 행위에 의하여 축복과 저주가 결정된다는 것이다. 선과 악이 "네 모든 행위에서 나온다"는 것이다. 이 언약을 가리켜 소위 "행위 언약"이라고 한다.

② 원시복음

인류 최초의 사람 아담과 하와가 먹지 말라고 한 선악과를 먹음으로서 하나님의 명을 거역하여 내린 언약이다.

내가 너로 여자와 원수가 되게 하고 너의 후손도 원수가 되게 하리니 여자의 후손은 네 머리를 상하게 할 것이요 너는 그의 발꿈치를 상하게 할 것이니라 / 창 3:15

앞서 말씀에는 불순종한다면 "네가 정녕 죽으리라"고 하셨고 순종에는 영원히 사는 소위 '영생의 축복'을 허락하셨지만 아담과 하와가 불순종했다. 이에 곧바로 하나님과 맺은 행위 언약은(창2:16-17) 파기되었고, 그때부터 하나님과 인간과의 화평의 시대는 깨어지게 되었다.

얼마나 죄의 유혹이 무서우면 창2:17에서 "먹지 말라 네가 먹는 날에는 정녕 죽으리라"고 하셨을까? 그러나 아담과 하와는 불순종 했고, 결국 만지고 먹었던 결과는 영원히 살 수 있는 영생을 거두어 가버린 채 영원한 형벌을 가져오게 되었다.

이에 하나님은 1차적으로 원인을 제공하여 하와를 유혹한 뱀을 저주하신다.

여호와 하나님이 뱀에게 이르시되 네가 이렇게 하였으니 네가 모든 육축과 들의 모든 짐승보다 더욱 저주를 받아 배로 다니고 종신토록 흙을 먹을 지니라 / 창 3:14

이어서 2차로 뱀의 유혹에 넘어가 아담을 유혹했던 화와에게는 아래와 같은 징벌을 내리신다.

또 여자에게 이르시되 내가 네게 잉태하는 고통을 크게 더하리니 네가 수고하고 자식을 낳을 것이며 너는 남편을 사모하고 남편은 너를 다스릴 것이니라 하시고 아담에게 이르시되 네가 네 아내의 말을 듣고 내가 너더러 먹지 말라한 나무 실과를 먹었은즉 땅은 너로 인하여 저주를 받고 너는 종신토록 수고하여야 그 소산을 먹으리라 / 창 3:16-17

곧이어 3차로 비록 사랑하는 아내라도 그 유혹에 빠져 하나님의 말씀에 경각심을 두지 않았던 아담을 징벌하신다.

네가 얼굴에 땀이 흘러야 식물을 먹고 필경은 흙으로 돌아 가리니 그 속에서 네가 취함을 입었음이니라 너는 흙이니 흙으로 돌아갈 것이니라 하시니라 / 창 3:19

이같이 하나님이 그 사람을 쫓아 내시고 에덴동산 동편에 그룹들과 두루 도는 화염검을 두어 생명나무의 길을 지키게 하시니라 / 창 3:24

그러나 아담과 하와를 통해 행위언약은 파기됐지만 하나님은 아담과 하와 그리고 그들을 통해 오게 될 하나님의 자녀들을 결단코 포기하지 않으시고 하나님의 은혜와 능력으로 반드시 구원해 주실 것을 약속하신다.

내가 너로 여자와 원수가 되게 하고 너의 후손도 여자의 후손과 원수가 되게 하리니 여자의 후손은 네 머리를 상하게 할 것이요 너는 그 발꿈치를 상하게 할 것이니라 / 창 3:15

이는 인간의 공로나 율법의 행위로 말미암는 것이 아니라 오직 하나님의 은혜로 말미암아 구원을 얻는다는 놀라운 하나님의 은혜(Amazing Grace)의 선포이시다. 그래서 우리는 이를 가리켜 가장 오래된 복음 혹은 가장 원천적인 복음이라고 해서 '원시 복음'이라도고 부른다.

이 원시 복음은 장차 믿음으로 구원에 이르게 되는 길이 제2아담이신 예수그리스도를 통해 열리게 될 것을 말씀하신 것이다.

기록된바 첫 사람 아담은 산 영이 되었다 함과 같이 마지막 아담은 살려주는 영이 되었나니 / 고전 15:45

그 후 노아와 세운 무지개 언약은 여호와 하나님께서 세상을 물로 심판하신 다음 재창조 하시고 다시는 물로 심판하시지 않겠다는 징조로 무지개를 보여 주셨다.(창9:11-13)

내가 무지개를 구름 속에 두었나니 이것이 나의 세상과의 언약의 증거니라 / 창 9:13

③ 횃불 언약의 의미

a. 구속사의 씨를 주시겠다는 약속(4절)

여호와의 말씀이 그에게 임하여 가라사대 그 사람은 너의 후사가 아니라 네 몸에서 날 자가 네 후사가 되리라 하시고 / 창 15:4

이 때 아브람의 나이가 99세요, 사라의 나이가 89세니 이미 황혼기가 아닌가? 그런데 하나님은 이상 중에 나타나시어 후계자 약속을 하신다.

아브람은 이것을 믿음으로 받고 그렇게 될 줄 믿는다. 왜냐하면 이성으로는 절대 불가능한 일이기 때문이다. 그러기에 한편으로는 절대 믿을 수 없는 사실이었지만, 전지전능하신 하나님은 하실 수 있다는 것이 바로 아브람의 믿음이었다.

아브람은 갈대아 우르에서부터 갈 바를 알지 못하였지만 믿음으로 나오지 않았는가? 히브리 기자는 훗날 아브람의 이 같은 "죽은 자와 방불한 한 사람으로 말미암아 하늘에 허다한 별과 같이 해변의 무수한 모래와 같이 많이 생육 하였더라"고 기록하고 있다.

믿음으로 아브라함은 부르심을 받았을 때에 순종하여 장래 기업으로 받을 땅에 나갈쌔 갈 바를 알지 못하고 나갔으며 / 히 11:8

이러므로 죽은 자와 방불한 한 사람으로 말미암아 하늘에 허다한 별과 또 해변의 무수한 모래와 같이 많이 생육하였느니라 / 히 11:12

b. 땅을 기업으로 주시겠다는 약속(7절)

또 그에게 이르시되 나는 이 땅을 네게 주어 업을 삼게 하려고 너를 갈대아 우르에서 이끌어낸 여호와로라 / 창 15:7

생각해보라. 지금 전 세계가 아브람의 땅이요, 또 기업이 아닌가! 세계 60억 인구 중 40억이 하나님을 아버지로, 예수 그리스도를 구세주로, 성령님을 우리에 인도자로 믿고 있지 않는가? 그렇다면 그들의 기업과 자녀는 누구의 후사로부터 시작된 것인가? 우리는 바울의 혈통적 아브라함의 후손이 참 후손이 아니요, 오직 믿음으로 말미암은 자들만이 아브라함의 참 후손이 될 것이라는 말을 주지해야 할 것이다.

아브라함이나 그 후손에게 세상의 후사가 되리라고 하신 언약은 율법으로 말미암은 것이 아니요 오직 믿음의 의로 말미암은 것이니라 / 롬 4:13

영접하는 자 곧 그 이름을 믿는 자들에게는 하나님의 자녀가 되는 권세를 주셨으니 이는 혈통으로나 육정으로나 사람의 뜻으로 나지 아니하고 오직 하나님께로서 난 자들이니라 / 요 1:12-13

그 밖에

c. 족장시대(4대)가 끝나면 400년 동안 이방인의 객이 되리라는 것(13절)

d. 장수의 축복과 평강의 축복을 약속(15절)

e. 언약의 확증(17절)

등이 있다. 이와 같이 5가지 언약을 말씀하시고 해 질녘 어둘 때에 연기 나는 풀무가 보이며, 타는 횃불이 쪼갠 고기 사이로 지나감으로써 언약을 확증해 주셨다.

해가 져서 어둘 때에 연기 나는 풀무가 보이며 타는 횃불이 쪼갠 고기 사이로 지나더라 / 창 15:17

※ 풀무 : 히브리어 “태누어(תַּנּוּר)” - 난로, 솥, 화로
횃불 : 히브리어 “라피-드(לַפִּיד)” - 빛나다, 불꽃, 번개

※ 삿7:20 기드온의 횃불을 의미한다.

※ 욥41:19 그 입에서는 횃불이 나오고 불똥이 튀어나며
불똥 : 애쉬(אֵשׁ) - 불붙는 화염, 뜨거움

※ 다니엘10:6 그 몸은 황옥 같고 그 얼굴은 번갯빛 같고 그 눈은 횃불 같고 그 팔과 발은 빛난 놋과 같고 그 말소리는 무리의 소리와 같더라

성경은 성령이 불로 오심을 기록하고 있다. 모세가 광야 한복판에서 방황할 때 하나님은 불기둥으로 캄캄한 밤을 비취시고 인도해 주셨다.

성령의 기름 부은 자들의 표상은 번갯불, 횃불, 활활 타오르는 불기둥으로 묘사되고 있는데, 우리가 믿는 삼위의 하나님이신 성령님은 우리들이 성령에 사로 잡혀 있을 때 이렇게 나타나실 것이다. 모세에게도 나타나시고 다니엘에게도 나타나셨던 하나님은 기드온처럼 바울처럼 승리케 하실 것이다.

낮에는 구름기둥 밤에는 불기둥이 백성 앞에서 떠나지 아니하니라 / 출 13:22

신약에 들어와서도 초대교회 역사는 예외 없이 불의 역사였다. 성령님은 예수님의 승천과 동시에 마가의 다락방에 모여 있는 제자들에게 나타나시어 능력을 주셨고, 모일 때 마다 3천 명, 5천 명씩 회심하는 자들이 성령의 불을 받고 변하여 갔다.

불의 혀같이 갈라지는 것이 저희에게 보여 각사람 위에 임하여 있더니 / 행 2:3

아브라함 역시 성령의 불이 떨어진 것이다. 하나님과의 언약의 징표로서 연기 나는 풀무가 보이고 쪼갠 고기 사이로 횃불 즉 성령의 불이 떨어지고, 그렇게 성령님이 보이게 하시고, 그분이 지나 가시면서 하나

님의 백성을 구원하시겠다는 확실한 언약의 징표를 보여 주신 것이다.

활활 타오른 불꽃이 쪼갠 고기 사이로 지나간 것은 아브람과의 계약을 맺으신 하나님이 불꽃으로 임재하여 홀로 쪼갠 불꽃 사이로 지나 가셨다는 것이다.

그러나 이러한 언약, 곧 축복하시고 구원하시겠다는 언약이 주어졌음에도 이스라엘 백성들은 얼마나 많은 죄악을 범하고 또 하나님을 힘들게 하였는가! 그럼에도 지존자이신 하나님은 인간과 맺은 언약을 포기하시지 않으시고, 끝까지 지키시고 사랑하셨다.

다시 말하면 인간의 구원은 인간과의 합의에 의해 이루어진 것이 아니라 하나님의 일방적인 특권이요, 한번 약속한 언약은 어떠한 경우에도 하나님 스스로 변개하시지 않는다는 무조건적인 은혜로 말미암은 것이다. 그래서 이 언약을 가리켜 "은혜의 언약"이라고 하는 것이다. 이 사실을 우리는 잊어서는 절대 안된다.

> 너희가 그 은혜를 인하여 믿음으로 말미암아 구원을 얻었나니 이것이 너희에게서 난 것이 아니요 하나님의 선물이라 / 엡 2:8
>
> 내가 기름으로 제사장들의 심령에 흡족케 하며 내 은혜로 내 백성에게 만족케 하리라 여호와의 말이니라 / 렘 31:14
>
> 가로되 은총을 크게 받은 사람이여 두려워하지 말라 평안하라 강건하라 강건하라 그가 이같이 내게 말하매 내가 곧 힘이 나서 가로되 내 주께서 나로 힘이 나게 하셨사오니 말씀하옵소서 / 단 10:19

※ 은혜 : 히브리어 해세드(τση') - 인애와 사랑
헬라어 카리스(χάρις) - 조건 없는 선물, 마음에 주는 신령

한 선물

10) 영원한 언약을 맺는 여호와 하나님(창17:1-5)

아브람이 하갈을 통해 난 자식 이스마엘 이후 무려13년 동안 아브람에게는 하나님의 음성이 들려오지 않았으니 얼마나 하나님이 그리웠겠는가? 그런데 13년 동안 침묵하시던 하나님의 음성은 난데없이 나타나시어 "아브라함아 나는 전능한 하나님"이라고 말씀하신다. 이는 아브라함의 예배의 방식이 완전히 달라지는 순간이었다.

애굽으로 내려갔던 사건이 아브라함의 생애에 도전과 교훈을 준 사건이었다면, 13년 후 들려오는 하나님의 음성은 듣는 순간 자신도 모르게 엎드려 하나님 말씀 받게 되는 경외의 사건이요, 다시금 믿음을 다지며 하나님께 순종함으로 나아가는 회복의 사건이었다.

> 아브람의 구십구 세 때에 여호와께서 아브람에게 나타나서 그에게 이르시되 나는 전능한 하나님이라 너는 내 앞에서 행하여 완전하라 내가 내 언약을 나와 너 사이에 세워 너로 심히 번성케 하리라 하시니 아브람이 엎드린대 하나님이 또 그에게 일러 가라사대 / 창 17:1-3

※ 히브리어 "라펠,(נָפַל)" : 최고의 경건, 엎드려 누운 동물처럼 네 다리 모두를 모으는 것, 주인 앞에서 죽은 모습을 하는 것처럼 부복하는 것, 주인 앞에서 너무나 좋아서 어쩔 줄 모르는 행위

> 내가 너와 내 언약을 세우니 너는 열국의 아비가 될찌라 이제 후로는 네 이름을 아브람이라 하지 아니하고 아브라함이라 하리니 이는 내가 너로 열국의 아비가 되게

함이니라 / 창 17:4-5

하나님이 또 아브라함에게 이르시되 네 아내 사래는 이름을 사래라 하지 말고 그 이름을 사라라 하라 / 창 17:15

여호와 하나님은 이스마엘을 낳은 후 그동안 한 번도 나타나시지 않다가 13년 만에 아브라함에게 나타나시어 아브람의 이름을 아브라함으로, 아내 사래의 이름을 사라로 개명하심으로 새 이름을 주셨다. 그리고 영원한 언약을 삼겠다고 약속하시고 양피를 베어 할례를 받으라 명령하셨다.

여기서 아브라함과 약속은 아브라함을 영원한 영적 조상으로 하는 아브라함뿐만 아니라 앞으로 수천년을 통해 태어날 영적 후손들(8,9,16)과의 영구불변의 언약으로서 영원히 "너와 네 후손의 하나님"이 되어 주신다는 약속이다.

오늘 맺은 영원한 언약의 약속은 양피를 베는 것으로 영원한 증표가 될 것임을 말씀해 주신 것이다.

8. 내가 너와 네 후손에게 너의 우거하는 이 땅 곧 가나안 일경으로 주어 영원한 기업이 되게 하고 나는 그들의 하나님이 되리라

9. 하나님이 또 아브라함에게 이르시되 그런즉 너는 내 언약을 지키고 네 후손도 대대로 지키라

10. 너희 중 남자는 다 할례를 받으라 이것이 나와 너희와 너희 후손 사이에 지킬 내 언약이니라

11. 너희는 양피를 베어라 이것이 나와 너희 사이의 언약의 표징이니라 / 창 17:8-11

여기서 전능하신 하나님이란 말씀이 처음 나오는데 약간 섬짓하기도 하고 무서운 기분이 들기도 한다. 왜냐하면 전능한 하나님은 곧 히브리어 "엘샤다이(אֵל שַׁדַּי)란 말로 "절대적인 우주의 통치자"란 뜻이기 때문이다. 13년 만에 나타나신 하나님께서 위엄하시고도 가장 강력한 전지전능하시며 무소 부재하신 하나님으로 나타나셨으니 아브라함이 그 하나님의 위엄앞에 얼마나 압도 되었겠는가! 말씀하신 여호와 하나님의 절대적 권위 앞에 자신도 모르게 무릎을 꿇고 땅바닥에 엎드려 하나님 말씀을 받는 아브라함의 모습을 보라.

하나님은 창28:3에서 아버지 이삭이 야곱을 삼촌 라반의 집으로 보내기 위해 축복기도를 할 때도 전능하신 하나님으로 나타나셨고 미래를 예측 할 수 없는 아주 불안한 마음으로 쫓기는 야곱에게 확실한 신념을 주시기 위해 전능하신 하나님으로 나타내 주셨다. 그리고 네게 복을 주어 너로 생육하고 번성케 하시겠다고 말씀하신 것이다.

또한 창35:11에서 야곱이 20년 세월을 외삼촌 라반의 집 밧단아람에서 돌아 올 때도 하나님이 나타나시어 "나는 전능한 하나님이라"고 말씀하시며 생육하고 번성하라고 하셨다. 이때도 역시 20년 전 떠날 때와 똑같은 야곱의 심정일 것이기 때문에 용기와 확신을 주기 위해서 절대적 우주의 통치자로 나타 나셨을 것이다. 아브라함이 이스마엘을 낳았지만 여종 하갈을 통해 난 자식 이었기에 법통의 문제가 있었다.

이 여자들은 두 언약이라 하나는 시내산으로부터 종을 낳은 자니 하갈이라 / 갈 4:24

형제들아 너희는 이삭과 같이 약속의 자녀라 / 갈 4:28

아브라함이 하나님의 부르심을 받고 갈대아 우르에서 나왔을 때가 아브라함의 나이 75세(아담 원년 2023년)였고, 아브라함의 나이 86세(2033년)되던 해 몸종 하갈을 통해 이스마엘을 낳았다.

그 후 갈대아 우르를 나온지 정확히 24년(2047년)이 되는 해요. 이스마엘이 13세가 되는 해 아브람의 나이는 99세였고. 아브라함의 아내 사라의 나이는 89세였다.

인간의 생리학적으로 자식을 생산 할 수 없는 도저히 불가능한 때 아브라함에게 나타나시어 내년 이맘때에 즉 아브라함의 나이 100세요. 사라의 나이 90세에 자식을 주시겠다고 약속하셨다. 아브라함은 창 17:3에 이어 17절에서 두 번째 말씀을 받기위해 엎드린다.

> 아브람이 엎드리어 웃으며 심중에 이르되 백 세 된 사람이 어찌 자식을 낳을까 사라는 구십 세니 어찌 생산하리요 하고 / 창 17:17

창17:1에서의 엎드림이 두려움과 불안 그리고 환희가 교차하는 마음으로 부복했던 엎드림이었다고 한다면 17장 17절에서 13년 만에 듣는 하나님의 음성 앞에 엎드린 엎드림은 그야말로 놀라움과 기쁨의 심경이 뒤섞인 상태에서 하나님께 부복했던 엎드림이었다.

나이 75세에 갈대아 우르를 나온지 24년, 내년 이맘때를 합치면 유목민 생활 25년, 곧 사반세기 동안 구속사의 후계자를 얼마나 사모하며 기다려 왔던가?

백세 된 할아버지 자신과 구십 세 된 할머니 사라에게 자식을 준다 하니 이것은 해가 서쪽에서 뜰 일이었다. 세상에 어찌 이런 일이 있을 수 있단 말인가?

아브라함이 엎드려 앞뒤로 분별없이 뒹굴며 좋아하는 웃음을 음미해 보자. 요 8:56에서 주님은 이렇게 말씀하신다.

너희 조상 아브라함은 나의 때 볼 것을 즐거워 하다가 보고 기뻐 하였느니라

우리는 하나님 앞에 기도 응답을 받았을때 "라펠(נָפַל)" 즉 아브라함과 같은 행동으로 하나님을 기쁘시게 한 적이 얼마나있는가? 감사와 기쁨으로 가득 찼을 때 마치 동물이 바짝 엎드린 것처럼, 종이 주인에게 땅 아래까지 엎드린 것처럼, 그렇게 너무나 좋아서 기쁨을 이기지 못하고 엎드린 적이 얼마나 있었는가를 뒤돌아보아야 한다.

여호와 하나님은 나와 너희 사이의 언약의 표징으로 집에서 난 자나 너희 자손이나 이방인에게서 돈으로 산자나 모든 남자는 양피를 베어 할례를 받으라는 것이다. 아브라함은 하나님과의 언약의 증표로 그 가족과 집에서 길리운 아브라함의 모든 남자는 할례를 받게 된다. / 창 17:11

아브라함이 이에 하나님께 고하되 이스마엘이나 하나님 앞에 살기를 원하나이다 하나님이 가라사대 아니라 네 아내 사라가 정녕 네게 아들을 낳으리니 너는 그 이름을 이삭이라 하라 내가 그와 내 언약을 세우리니 그의 후손에게 영원한 언약이 되리라 / 창 17:18-19

하나님과 아브라함과의 언약이 창21:2에서 아들 이삭을 낳음으로 성취 된다.

아브라함이 양피를 벤 때는 구십구 세이었고 그 아들 이스마엘이 그 양피를 벤 때는 십삼 세이었더라 / 창 17:24

여호와 하나님이 역사의 주인공 한 사람을 선택하시고 그를 통해 구속사의 후손의 혈통을 만드시기 위한 줄기차고도 변함없는 역사의 진행과정을 우리는 보고 있다. 삼위 하나님의 인류를 위한 지고하신 사랑은 이천년 후 우리의 메시아 이신 예수그리스도가 이 땅에 오심으로 하나님의 구속사로 인한 구원의 길이 열리게 된 것이다.

11) 마므레 상수리 수풀 가운데 나타나신 하나님(창18:1)

1. 여호와께서 마므레 상수리 수풀 근처에서 아브라함에게 나타나시니라 오정 즈음에 그가 장막 문에 앉았다가
2. 눈을 들어 본즉 사람 셋이 맞은편에 섰는지라 그가 그들을 보자 곧 장막 문에서 달려나가 영접하며 몸을 땅에 굽혀
3. 가로되 내 주여 내가 주께 은혜를 입었사오면 원컨대 종을 떠나지나가지 마옵시고
4. 물을 조금 가져오게 하사 당신들의 발을 씻으시고 나무 아래서 쉬소서
5. 내가 떡을 조금 가져오리니 당신들의 마음을 쾌활케 하신 후에 지나가소서 당신들이 종에게 오셨음이니이다 그들이 가로되 네 말대로 그리하라 / 창 18:1-5

마므레 상수리 수플이 어떤 의미가 있는 곳인가? 아브람과 자손 만대에 걸친 영원한 언약을(창17:2) 세우신 후 얼마 안되어 여호와 하나님이 마므레 상수리 수풀 근처에 나타나신다(창12:7)

이 곳은 하란에서 나와 세겜 상수리 나무에 이르러 첫 번째 단을 쌓은 곳이고, 두 번째로 창12:8에서 벧엘 동편 산에서 장막을 치고 단을 쌓았던 곳이다. 또 세 번째는 창13:4에서 벧엘과 아이 사이 단을 쌓고

여호와의 이름을 불렀던 곳이고, 네 번째는 창13:18에서 아브람이 조카 롯과 헤어지고 갈 바를 알지 못해 방황하고 있을 때 여호와 하나님께서 아브람에게 나타나 땅과 자식을 주시겠다는 말씀하시며 아브람이 하나님의 위로를 받고 단을 쌓았던 장소였다.

하란에서 나올 때 아브람은 조카 롯을 데리고 함께 나왔다.롯은 아브람의 동생 하란의 아들이다. 하란은 우상을 팔아오라는 아버지 데라의 말을 거역하다가 신전 불에 던져 죽임을 당했다고 하는 일화가 있다. 이에 아브람은 홀로 남은 하란의 아들 롯을 데리고 갈대아 우르를 나왔다. 그러다가 아브람과 롯의 목동들 간에 서로 다툼이 일어나 부득불 가문의 화평을 위해 좌우로 헤어져 롯은 요단 들을 택하여 동으로 옮기고 아브람은 가나안 땅에 머무르게 된다. 이때 아브람에게 하나님이 나타나시며 하신 말씀은 다음과 같다.

14. 롯이 아브람을 떠난 후에 여호와께서 아브람에게 이르시되 너는 눈을 들어 너 있는 곳에서 동서남북을 바라보라

15. 보이는 땅을 내가 너와 네 자손에게 주리니 영원히 이르리라

16. 내가 네 자손으로 땅의 티끌 같게 하리니 사람이 땅의 티끌을 능히 셀 수 있을찐대 네 자손도 세리라

17. 너는 일어나 그 땅을 종과 횡으로 행하여 보라 내가 그것을 네게 주리라

18. 이에 아브람이 장막을 옮겨 헤브론에 있는 마므레 상수리 수풀에이르러 거하며 거기서 여호와를 위하여 단을 쌓았더라 / 창 13:14-18

그리고 창18:1에서 여호와 하나님은 사람의 형상을 하시고 성부, 성자, 성령 하나님이 아브라함의 장막에 직접 나타나신 것이다.

여호와께서 마므레 상수리 수풀 근처에서 아브라함에게 나타나시 니라 오정 즈음

에 그가 장막 문에 앉았다가 눈을 들어 본즉 사람 셋이 맞은편에 섰는지라 그가 그들을 보자 곧 장막 문에서 달려나가 영접하며 몸을 땅에 굽혀 / 창 18:1-2

몸을 땅에 굽혀 : 히브리어 "샤하(שָׁחָה)" - 땅바닥에 납작하게 엎드리다, 복종하다, 하나님께 드리는 최고의 공경의 표시

엎드리다 : 히브리어 "에레츠(אֶרֶץ)" -최고의 경건, 가로 누운 동물처럼 네 다리 모두를 모으는 것, 주인 앞에서 죽은 모습을 하는 것처럼 좋아서 어쩔줄 모르는 행위

아브람이 엎드린대 하나님이 또 그에게 일러 가라사대 / 창 17:3

가로되 내 주여 내가 주께 은혜를 입었사 오면 원컨대 종을 떠나기지 마옵시고 물을 조금 가져 오게 하사 당신들의 발을 조금 씻으시고 나무 아래서 쉬소서 / 창 18:3-4

75세 되던 아브람이 갈대아 우르에서 나왔을 당시 여호와 하나님을 대하는 태도는 사랑받는 막내아들과 같은 격이 없이 아버지를 대하는 모습으로 하나님을 만났다면, 이스마엘이 태어난 지 13년만이요 갈대아 우르를 나온 지 24년만 인 99세가 되어 나타나신 하나님을 맞이하는 순간은 엄격한 아버지를 뵙고 대하듯 하나님을 만나는 아브라함의 모습을 본다.

또17:3과 창18:2에서 아브라함은 장막 문 앞에 나타난 세 천사를 즉시 알아보고 달려가 영접하며 몸을 땅에 굽혀 세 사람을 맞이하였다고 하였다.

이는 평소에 아브라함의 생각이 얼마나 상속자를 향한 갈망과 사모함으로 24년간을 하루같이 지내왔는지 알 수 있는 대목이다. 또한 성

령의 음성을 사모했던 믿음의 사람으로서 영안이 열려 있었다는 증거이다.

아브라함이 땅 바닥에 엎드렸던 그 때 그의 나이는 99세였다. 땅 바닥에 납작하게 엎드렸다고 하는 것은 완전한 복종을 의미한다. 이는 아브라함이 하나님 말씀이라면 순한 양같이 엎드렸던 '성령의 붙들린 사람'이었다는 것을 단적으로 보여준다.

아브라함을 향한 하나님의 사랑이 참으로 깊지만, 그 사랑 위에 엄격하고 지존하신 하나님에 광채를 몸소 체험한 아브라함의 성숙한 신앙의 경지를 보여준 것이라 하겠다. 창17장에서 1차 약속을 받은 아브라함이 얼마의 시간이 지나지 않아 18장에서 또 다시 여호와를 뵈오니 아브라함으로서는 기쁨의 극치라 할 것이다.

가로되 내 주여 내가 주께 은혜를 입었사오면 원컨대 종을 떠나 지나가지 마옵시고 물을 조금 가져오게 하사 당신들의 발을 씻으시고 나무 아래서 쉬소서 / 창 18:3-4

이처럼 아브라함은 하나님이 하나님이라고 말씀도 하지 않으시고 사람의 모습으로 나타 나셨음에도 순간 하나님인 줄을 알아 보았다. 이는 참으로 순간적으로 아브람의 영안의 눈이 열린 것이라 하겠다. 필자는 아브람의 이 장면을 너무 사모하며 이렇게 기도 한다.

"성령님, 종의 눈을 열어서 주의 법의 기이한 것을 보게 하옵소서(시 119:18) 이 종의 우둔한 눈을 열어서 내게 찾아오신 성령님을 알게 하옵소서.아브람 처럼 영안의 눈이 활짝 열려 당신을 보게 하옵소서."

필자는 모태 신앙으로 태어나 3살 때 폐결핵을 앓고 초등학교 6년을 어머니 등에 업혀 학교에 다녔다. 학교 운동장에서 친구들은 마음껏 뛰어 놀 때 필자는 양지 바른 곳에서 식은땀을 흘리면서 구경만 하고 있어야 하는 병약자였다. '이런 나를 주님은 십자가의 보혈의 피로 치료해 주었건만 어찌 그분을 못 뵈었던고!'

성년이 된 후로 수없이 불러본 그 이름 예수! 필자도 모르는 사이 각혈 할 때 마다 찾아와 이마에 땀을 닦아주신 예수! 어린 시절 영안이 열리지 않았던 그 때를 생각하면서 필자는 창18장에 아브람 영안이 열려 세분의 하나님을 알아본 그 순간을 목회 40년 동안 사모해 왔다.

필자는 성령론을 쓰면서 또 한 사람 성자 성 프란시스코가 주님을 만난 이야기를 보면서 힘들고 어려울 때 찾아오신 주님의 은혜를 생각해 보고자 한다.

어느 추운 눈 내리는 겨울밤이었다. 불을 끄고 막 잠을 청하려고 침대에 누워 있는데 누가 문을 두드리는 것이다. 프란 시스코는 귀찮은 생각이 들었다. 그래도 그리스도인이기에 찾아온 사람을 그냥 돌려 보낼 수 없다는 생각에 불편한 마음으로 잠자리에서 일어나 문을 열었다. 그런데 문 앞에는 험상 궂은 나병환자가 추워서 벌벌 떨고 서 있는게 아닌가? 나병환자의 흉측한 얼굴을 보는 순간 섬찟하였지만 그래도 마음을 가라앉히고 정중하게 물었다.

"무슨 일로 찾아 오셨습니까"

"죄송하지만 몹시 추워 온 몸이 꽁꽁 얼어 죽게 생겼네요. 몸 좀 녹이고 가게 해 주시면 고맙겠습니다."

나병환자가 애처롭게 간청을 했다. 마음으로는 당장 안 된다고 거절하고 싶었지만 마지못해 머리와 어깨에 쌓인 눈을 털어주고 안으로 안내 하였다. 자리에 앉자 고름으로 심한 악취가 코를 찔렀다.

"어떻게... 식사는 하셨습니까?" 하고 물으니 그는 "아니요 벌서 3일째 굶었더니 배가 등 가죽에 붙었습니다."라고 대답했다. 이에 프란시스코는 식당에서 아침 식사로 준비해 둔 빵과 우유를 가져다 주었다.

나병환자는 기다렸다는 듯이 빵과 우유를 순식간에 다 먹어 치웠다. 프란시스코는 식사를 했으니 몸이 좀 녹았으면 나가주기를 원하며 기다렸다.

하지만 나병 환자는 가기는 커녕 기침을 콜록이며 "저...지금 밖에 눈이 많이 내리고 날이 추워 도저히 가기 어려울 것 같으니 하루 밤만 좀 재워 주시면 감사 하겠습니다"라고 부탁을 했다. 결국 나병환자가 자신의 침대에서 하룻밤을 함께 자게 되었다.

침대를 문둥병자에게 양보를 하고 프란시스코는 하는 수 없이 맨 바닥에 자게 되었다. 그런데 밤이 깊어지자 나병 환자가 또 다시 "제가 몸이 얼어 너무 추워서 도저히 잠을 잘 수가 없네요. 미안하지만 체온으로 제 몸을 좀 녹여 주시면 안 되겠습니까?"라고 부탁을 하는게 아닌가?

프란시스코는 참으로 어처구니없는 문둥병 환자의 요구에 당장 자리에서 일어나 밖으로 내 쫓아버리고 싶었지만 예수님이 자신을 위해 희생하신 십자가의 은혜를 생각하며 꾹 참고 그의 요구대로 옷을 모두

벗어버리고 알몸으로 문둥병 환자를 꼭 안고 침대에 누웠다.

일인용 침대라 잠자리도 불편하고 고약한 냄새까지 나는 문둥병 환자와 몸을 밀착시켜 자기 체온으로 녹여 주며 잠을 청하려 하니 도저히 잠을 잘 수 없을 것 같았다. 그러다 자신도 모르게 꿈 속으로 빠져 들어갔는데, 아니 이게 웬일인가? 꿈속에서 주님이 기쁘게 웃고 계셨다. 그리고 곧이어 주님의 음성이 들리기 시작했다.

"프란시스코야 나는 네가 사랑하는 예수란다. 네가 나를 이렇게 극진히 대접 하였으니 하늘에 상이 클 것이다"

"아-, 주님! 저는 아무것도 주님께 드린 것이 없습니다"

그렇게 꿈에서 주님의 모습을 본 프란시스코는 깜짝 놀라 잠에서 깨어 그 자리에서 벌떡 일어섰다. 벌서 날이 밝고 아침이 되었고 침대에 같이 자고 있어야 할 문둥병자는 온데 간대 없었다. 고름 냄새가 베어 있어야 할 침대에는 오히려 향긋한 향기만 남아 있을 뿐, 나병 환자가 왔다 간 자취는 흔적도 없이 사라졌다.

'아! 주님이셨군요! 주님이 부족한 저를 이렇게 찾아와 주셨군요! 감사합니다.' 그는 그 즉시 무릎을 꿇고 엎드렸다. 그렇게 프란시스코는 주님의 위대한 사랑을 깨달은 것이다.

'밤에 나병병자에게 야속하게 대했던 일, 영안의 눈이 어두워 주님이신 것을 몰라 본 죄인을 용서하여 주옵소서'

지난밤 행하였던 자신의 모순된 태도가 너무나 원망스러웠다. 그는 통곡하며 문둥병자보다도 하찮은 자신을 사랑하시고 찾아오신 주님의 사랑 앞에 두 손을 들었다. 그리고 감사의 기도를 드렸다.

다음은 세계에서 가장 아름답고 가장 사랑받는 성 프란 시스코의 "평화의 기도다."

주님 저를 평화의 도구로 써 주소서

미움이 있는 곳에 사랑을

다툼이 있는 곳에 용서를

분열이 있는 곳에 일치를

의혹이 있는 곳에 신앙을

그릇됨이 있는 곳에 진리를

절망이 있는 곳에 희망을

어둠이 있는 곳에 빛을

슬픔이 있는곳에 기쁨을 가져 오는자 되게 하소서!

위로 받기 보다는 위로하며

이해 받기 보다는 이해하며

사랑 받기 보다는 사랑하게 하여 주소서!

우리는 줌으로서 받고

용서함으로 용서 받으며

자기를 버려 죽음으로서 영생을 얻기 때문입니다.

할렐루야! 당신은 성프란시스코처럼 나병병자와 함께 하룻밤을 지낸 체험을 해본 적이 있는가? 우리는 신령한 의미에서 주님의 음성을 몇 번이나 들었는지 음미 해보자. 마므레 상수리 수풀 가운데 나타나신 세 분 하나님을 만난 그 ㅌ시간은 아브람의 생애 최고로 기쁘고 즐겁고 행복했던 은총의 시간이 아니었겠는가!

물을 조금 가져오게 하사 당신들의 발을 씻으시고 나무 아래서 쉬소서 내가 떡을 조금 가져오리니 당신들의 마음을 쾌활케 하신 후 에 지나가소서 당신들이 종에게 오셨음이니이다. 그들이 가로되 네 말대로 그리하라 / 창 18:4-5

정성을 다한 대접은 세분이 흡족하기에 이르렀다.

네 아내 사라가 어디 있느냐 대답하되 장막에 있나이다 그가 가라사대 기한이 이를 때에 내가 정녕 네게로 돌아오리니 네 아내 사라에게 아들이 있으리라 / 창 18:9-10

부지중에 정성을 다한 대접은 다시 한 번 이삭이 내년 이 때에 태어날 것을 말씀 하신다. 유일무이하시고 전지전능하신 하나님이신 사실을 고지하신다. 90살이 된 사라는 이미 경수가 끊어져 자녀를 낳을 수 없다는 것을 아신 하나님은 창18:14 “여호와께 능치 못할 일이 있겠느냐”라고 말씀하심으로 불가능한 인간의 삶에 하나님이 개입 하시면 불가능이 언제나 가능으로 바뀐다는 교훈을 아브라함에게 주셨다.

오늘날 인본주의적 신앙관은 하나님을 믿는다 하면서도 성령의 소리를 무시한다. 성령의 소리를 듣지 못함으로 하나님의 가능성을 한 낱 인간의 알량한 지식과 지혜와 경험속에 가두어 버리고 마는 것이다.

12) 아브람의 중보기도로 롯을 구하다.(창18:22)

그 사람들이 거기서 떠나 소돔으로 향하여 가고 아브라함은 여호와 앞에 그대로 섰더니 / 창 18:22

아브람의 생애 최고의 손님으로 대접하여 장막문 앞에 까지 전송 하러 나가니 뜻밖의 청천벽력 같은 소리를 듣는다. 조카 롯이 있는 소돔으로 내려가 죄악으로 가득 찬 그 도시를 멸하시겠다는 것이다.

여호와께서 또 가라사대 소돔과 고모라에 대한 부르짖음이 크고 그 죄악이 심히 중하니 / 창 18:20

소돔과 고모라 성이 멸망하면 조카 롯과 그 가정도 멸망할 것이라는 생각에 그들을 보내놓고 장막 앞에 그대로 서서 이일을 어찌 할고 하고 묵상하는 가운데 하나님께 기도한다.

여기서 아브람의 중보 기도를 보자. 아브람은 지난날 롯이 자신의 마음을 편치 않게 했던 일들이 있었다. 그럼에도 아브람이 조카 롯을 위해 하나님께 간절히 기도했다.

소돔과 고모라성에 50인의 의인이 있다고 한다면 어떻게 하시겠는

가로 부터 시작하여 마지막 10인의 의인까지를 끈질기게 물고 늘어지는 중보기도를 한다. "내 주여 노하지 마옵소서 내가 이번만 말씀하리이다." 24절부터 시작한 중보의 기도는 마지막 32절에 가서야 끝을 맺는다. 그리고 여호와 하나님께 의인 열 명만 있어도 멸하시지 않겠다는 약속을 받아낸다.

33절에 여호와께서 말씀을 마치시고 즉시 가시니 아브라함도 자기 곳으로 돌아갔더라고 하였다.

아브람의 중보기도를 통해 우리가 받아야할 교훈이 무엇인가?

① 대충 대충한 기도는 하나님이 받으시지 않는다는 것이다.

② 끈기 있는 기도를 받으신다는 것이다.

③ 정직하고 진실한 기도를 받으신다는 것이다.

④ 영혼을 사랑하는 심장에서 우러나오는 기도를 받으신다 는 것이다.

⑤ 자리를 뜨지 말고 열정을 다하는 기도를 받으신다는 것이다.

22절에 "하나님을 떠나보내고 그 자리에 섰더니"라고 하는 것은 응답이 이루어질 때까지 자리를 뜨지 않고 기도하였다는 것을 말한다.

당신은 한 영혼을 사랑한 나머지 그 영혼을 위해 아브람과 같은 중보기도를 해본 적이 있는가? 아브람의 중보기도는 결과가 어떠 했는가?

소돔과 고모라는 불바다가 되어 멸망하고 롯의 아내는 세상을 잊지 못해 뒤돌아 보다가 소금 기둥이 되어 버렸다.

하지만 롯은 두 딸과 함께 도망하여 목숨을 건졌다. 그러나 롯의 잘못된 행실로 말미암아 소알 땅에 살다가 두 딸을 통하여 아이를 낳고, 큰 딸의 아이는 모압이라 하였으며 작은 딸의 아이는 암몬이라 하여 모압과 암몬 족속의 시조가 되었다.

13) 아브람이 24년 만에 실수(창20:2)

그 아내 사라를 자기 누이라 하였으므로 그랄 왕 아비멜렉이 보내어 사라를 취하였더니 그 밤에 하나님이 아비멜렉에게 현몽하시고 그에게 이르시되 네가 취한 이 여인을 인하여 네가 죽으리니 그가 남의 아내임이니라 아비멜렉이 그 여인을 가까이 아니한고로 그가 대답하되 주여 주께서 의로운 백성도 멸하시나이까 / 창 20:2-4

지금으로부터 24년 전(창12:1,10) 아브람이 갈대아 우르를 나와 첫 번째와 두 번째 단을 쌓은 후 남방으로 옮겨가면서 목축을 할 때였다.

아브람이 거주했던 땅에 기근이 심하므로 목축과 가족을 보호하기 위하여 애굽으로 내려가야만 했다. 그때 사라의 나이가 65세로서 몹시나 아름다웠을 때였다.

사래가 90세에 이삭을 낳고 127세에 죽은 것을 보면 65세는 지금의 나이로는 35세 정도라고 생각해 보자. 얼마나 아름다웠을까를 상상해보라!

생명을 보존하기 위하여 아름다운 아내를 누이라 속인 것이 화근이 되어, 사래가 바로의 왕비가 될 뻔 했을 때 하나님이 바로에게 나타나 구해 주시고 아브람을 책망한 사건이 있었다.

그 후 24년이라는 세월이 흘러 그랄에서 또 다른 동일한 사건이 일어났다. 그렇다, 인간을 가리켜 누군가 말하기를 "망각의 동물"이라 하지 않았던가!

아브람은 분명 24년 전 그때 그 사건으로 인하여 애굽에서 올라온 즉시 벧엘에 단을 쌓고(창13:4) 여호와의 이름을 부르며 감사와 회개의 제단을 쌓았었다. 그런데 24년 동안 하나님은 아브람을 한번도 모른다고 하시지 않고 기도할 때 마다 응답해 주셨는데, 어찌 지난 24년간 부어주셨던 한량없는 하나님의 은혜를 잊어버렸단 말인가! 하나님의 구속사의 동반자인 사래를 자신의 목숨을 지켜 내기 위하여 또 한번 속이는 누를 범하게 된다.

아브람은 비록 사래가 자신의 아내였지만, 사래 역시 구속사의 동반자로 하나님께서 특별히 선택하셨다는 사실을 잊지 말았어야 했다.

이때 아비멜렉의 꿈에 현몽으로 성령님이 나타나신다(창20:3) 그리고 사라를 괴롭히려는 아비멜렉에게는 모든 집의 태의 문을 닫아 버리셨다(창20:18)

마찬가지다. 오늘날도 순종의 사람, 기도의 사람, 예배의 제단을 쌓는 사람이 아브람처럼 실패를 반복하는 이유는 뭘까?

아브람이 신이 아니라 사람이었다. 성경이 지금 우리와 똑같은 사람으로 사람이기에 실수가 있다는 것이다. 하나님은 의로운 자를 선택하셨지, 신을 선택 하신 것이 아니다 자신에게 위기가 찾아 올 때 마다 아내를 내세워 위기를 모면 하려고 하는 아브라함의 처세를 보라. 위기 때 마다 나타나셔서 지켜주시는 하나님의 은총은 수천 년이 지난 이시간도 우리를 눈동자와 같이 지키시고 보호해 주신다.

나를 눈동자같이 지키시고 주의 날개 그늘 아래 감추사 / 시 17:8

여호와께서 노아에게 이르시되 너와 네 온 집은 방주로 들어가라 네가 이 세대에 내 앞에서 의로움을 내가 보았음이니라 / 창 7:1

아브람이 여호와를 믿으니 여호와께서 이를 그의 의로 여기시고 / 창 15:6

아브라함이나 그 후손에게 세상의 후사가 되리라고 하신 언약은 율법으로 말미암은 것이 아니요 오직 믿음의 의로 말미암은 것이니라 / 롬 4:13

그러므로 이것을 저에게 의로 여기셨느니라 저에게 의로 여기셨다 기록된 것은 아브라함만 위한 것이 아니요 의로 여기심을 받을 우리도 위함이니 곧 예수 우리 주를 죽은 자 가운데서 살리신 이를 믿는 자니라 / 롬 4:22-24

이처럼 하나님은 의로운 자를 귀히 여기시고 의로운 자를 축복해 주시겠닫고 약속해 주셨다. 그렇다면 의로운 자가 누군가?

롬1:17에는 "복음에는 하나님의 의가 나타나서 믿음으로 믿음에 이르게 하나니 기록된바 오직 의인은 믿음으로 살리라"라고 말씀하고 있다. 즉, 율법의 행위로 말미암아 의롭게 되는 것이 아니라 믿음으로 말미암아 의롭게 된다는 것이다. 우리도 아브라함과 똑같은 성정을 가진 사람으로서 아브라함이 주는 교훈을 통해 오직 믿음으로 살아야 할 것이다.

루터(1483-1546)는 카톨릭의 면죄부 판매를 반박하는 95개 조항의 반박문을 비텐베르크성의 교회 문 앞에 붙이고 "인간의 구원은 인간의 행위로 이루어 지는 것이 아니라 오직 예수 그리스도의 은혜로만 가능한 것"이라 하였다. 할렐루야!

그는

"오직믿음!(sola fide)

오직은혜!(sola gratia)

오직성경!(sola scriptura)"

을 외치며 부패했던 당시 카톨릭을 개혁하는데 앞장섰다.

14) 언약의 후손 이삭의 출생 (창21:1-3)

성령의 사람 아브라함의 신앙을 통해 우리는 무엇을 배울 것인가? 아브라함의 인간적인 면모를 들여다보면 그의 실수는 곧 '나'의 내면의 신앙을 보는 것 같다. 파란 만장한 일들을 거치면서도 오직 하나님 한 분 말씀에 순종하는 아브라함은 하나님의 은혜를 입고 하나님을 만나며 성령의 소리를 들을 수 있었다.

하나님은 어떤 때는 "여호와의 신"으로 나타나시고, 어떤 때는 "여호와의 사자"로, 어떤 때는 "온전한 사람의 모습"으로, 어떤 때는 "환상"과 "꿈"으로, 어떤 때는 "천사(מַלְאָךְ:말라크)"로 나타나셨다.

여호와 하나님은 아브라함에게 나타나셔서 아브라함을 시험하시고, 격려 하시고, 위로 하시고, 책망하시면서 여호와 하나님의 계획된 횃불언약에 대한 구속사를 이루셨다. 여자의 후손의 언약을(창3:15) 시작으로 했던 이 구속의 언약은 노아의 방주를 통한 노아와의 언약

(창6:18)을 통해 세상을 재창조하시며 마침내 아브라함에게까지 이른 것이다.

나아가 아브라함과의 영원한 언약은 마침내 마침내 예수의 피로 구원을 얻는 새 언약으로 열매를 맺었다. 더 나아가 아브라함과의 이 언약은 우리주님 다시 오실 그날까지 이어지면서 여호와의 구속사 행진은 멈추지 않을 것이다.

그랄 왕(창20:3) 아비멜렉과의 실수로 하나님께 아브라함이 기도하니 창20:18에 하나님이 아비멜렉의 집안 태문을 닫아 버렸던 것처럼 하나님이 한번 선택한 사람을 고통스럽게 하면 신분여하 누구를 막론하고 하나님이 개입 하심을 알 수 있다.

창세기 21장은 아브라함이 하란에서 아버지 데라의 집을 떠나(창11:27) 나올 때가 75세이니(창12:1) 25년 만에 응답받은 장이다.

창21:1에는 여호와께서 말씀대로 사라를 권고 하셨고 여호와께서 그 말씀대로 사라에게 행하셨으며, 창21:2에서는 하나님의 말씀하신 기한에 미쳐 늙은 아브라함에게 아들을 낳으니라고 하셨다.

창21장 1-21까지 여호와(יְהֹוָה)란 이름은 1절에 한번, 엘로힘(אֱלֹהִים)이란 단어는 8번(2,4,6,12,17(2),19.20)이나 나오고 하나님의 사자 "루아흐(רוּחַ)"라는 말은 17절에 나오는데 이 분이 곧 성령님을 가르키는 말씀이다.

돌아보면 아브라함과 후손에 대한 약속은 창13:16에서 후손을 언급 하신 후 이 언약은 창15:4에서 "네 몸에서 날 자가 네 후사가 되리라"고 좀 더 구체적으로 말씀하시고 횃불언약을 체결하시므로 아브라함은 하나님과의 언약의 약속을 더 굳건히 믿게 되었을 것이다.

아브라함은 결정적일 때마다 하늘의 소리 성령의 소리를 들었다. 아브라함의 아내 사라가 자녀를 생산치 못함으로 자신의 여종 하갈에게 남편 아브라함과 동침하게 할 때가(창16:4) 아브라함이 가나안에 거한지 10년 후였다. 그 때 아브라함의 나이는 85세였고 사라는 75세였다. 그 이듬해 이스마엘을 낳을 때가 아브라함의 나이 86세(창16:16)요 사라의 나이 76세가 되었다.

그 후 하나님은 말씀이 없으시다가 창17:1에서 13년이 지나 아브라함의 나이 99세요, 이스마엘 나이 13세 되던 해 나타나 말씀하신다. 창17장 3절, 17절, 21절에서 다시한번 내년 이때에 이삭을 주시겠다는 약속을하신 후 창18:14절에서 "여호와께 능치 못한 일이 있겠느냐"라는 말씀으로 확증을 하신다. 그리고 마침내 창21:3-4에 이삭이 태어나고 8일 만에 할례를 행하였다고 성경은 기록하고 있다.

결과적으로 여호와 하나님은 아브라함과 맺은 처음약속(창12:1-5)을 25년 만에 이루어 주심으로 하나님의 약속과 언약은 영원불변이시다 것을 확증시켜 주셨다. 그러나 생각건대 약속과 성취 사이 25년이라는 시간이 얼마나 길고도 지루한 시간인가? 아브라함은 이날을 얼마나 사모하고 인내하고 기다렸겠는가?

하나님은 인생이 아니시니 식언치 않으시고 인자가 아니시니 후회가 없으시도다 어찌 그 말씀하신 바를 행치 않으시며 하신 말씀을 실행치 않으시랴 / 민 23:19

진실로 너희에게 이르노니 천지가 없어지기 전에는 율법의 일점 일획 이라도 반드시 없어지지 아니하고 다 이루리라 / 마 5:18

하나님은 약속을 기업으로 받는 자들에게 그 뜻이 변치 아니함을 충분히 나타내시려고 그 일에 맹세로 보증하셨나니 / 히 6:17

사라는 웃고 하갈은 눈물을 흘리게 되었다. 이복형제의 난이라고 해야 할까? 이스마엘이 이삭을 희롱 하면서 사라와 하갈의 싸움이 되고 결국 아브라함은 하갈의 어깨위에 떡과 물 한 가죽 부대를 메워 주어 떠나게 하고, 하갈은 이스마엘을 데리고 아브라함의 장막을 떠나 어린 아들과 함께 브엘세바 들에서 방황하게 된다.(창21:14)

사막 한가운데 덩그러니 놓여진 하갈은 가죽 부대에 물이 다 한 것을(창21:16) 알고 절망했다. 그리고는 자식을 떨기나무 아래 두고 자식이 죽는 것을 참아 보지 못 하겠다 하면서 대성방곡하기 시작했다. 이 때 하나님의 사자가 하갈에게 나타났다.

하나님이 그 아이의 소리를 들으시므로 "하나님의 사자"(루아흐)가 하늘에서부터 하갈을 불러 가라사대 하갈아 무슨 일이냐 두려워 말라 하나님이 저기 있는 아이의 소리를 들으셨나니 / 창 21:17

일어나 아이를 일으켜 네 손으로 붙들라 그로 큰 민족을 이루게 하리라 하시니라 / 창 21:18

하나님의 사자(창21:17)란 성령님을 가리킨다.

하나님이 하갈의 눈을 밝히셨으므로 샘물을 보고 가서 가죽부대에 물을 채워다가 그 아이에게 마시게 하였더라 / 창 21:19

하갈의 눈을 "밝히셨다"라고 했을 때 이 "밝히셨다"는 히브리어 "파카흐(פָּקַח)"라는 단어로 '감각적으로 열리다, 광명, 조명, 빛을 비추다'

라는 뜻이다. 이는 순간적으로 난데없이 하갈의 눈이 떠졌다는 것이다.

이와 마찬가지로 민수기에서도 똑같은 말씀이 사용되고 있는데, 성령님께서 여호와의 사자로 나타나신 것을 볼 수 있다.

여호와께서 발람의 눈을 밝히시매여호와의 사자가 손에 칼을 빼어들고 길에선 것을 보고 머리를 숙여 엎드리니 / 민 22:31

민22:22절부터 35절까지 여호와의 사자가 발람에게 무려 9번이나 나오고 '여호와'란 단어가 한번 나오는데, 이는 "여호와의 사자"에 대한 연속성이 있는 말씀으로서 곧 성령님의 운행하심을 말씀하고 계신 것이다.

동일한 말씀이 출4:24 이하에서는 모세가 둘째 아들 '엘리에셀'이 할례를 하지 않아 여호와께서 모세를 죽이려고 나타나셨을 때도 똑같은 단어를 사용함으로서 여호와의 사자가 곧 성령님께서 운행하신 것임을 말씀하고 있다.

여호와께서 길의 숙소에서 모세를 만나사 그를 죽이려 하시는지라 / 출 4:24

그런데 왜 하나님께서 갑자기 모세를 죽이려 하셨는가? 하나님이 모세를 미디안 광야에서 불러내실 때 이미 그를 하나님의 사람으로 성별하여 구분 하셨기 때문이었다. 성별된 모세와 그의 아들들은 그래서 당연히 하나님의 명령대로 세상의 아들들과 구분되는 할례를 받는 것이 마땅했다.

그러므로 모세는 장남 게르솜과(출2:22) 둘째아들 엘리에셀에게 주저없이 즉각 할례를 행해야 했다. 첫째 아들 게르솜은 이미 할례를 받았었기에 둘째 엘리에셀만 받으면 되었다. 그러나 둘째는 받지 않았다. 이는 아마도 모세가 잊고 있지는 않았을까 하는 생각이 든다.

하나님의 부르심을 받고 출애굽을 하기 위해 애굽의 바로를 향해 가는 길목에서 모세는 더더욱 반드시 할례를 받았어야 했음에도 이를 실행하지 않았기에, 하나님은 모세를 죽이려고 하셨던 것이다. 이때 25절에 보면 모세의 아내 십보라가 차돌을 취하여 돌칼로 아들의 할례를 행하였다. 할례는 아브라함을 통한 구속사에서 약속의 언약으로서 반드시 거쳐야 할 과정이었기 때문이다.

하나님께서 할례 문제 하나로 모세를 죽이려 하셨다는 것은 선택 받은 자의 성결의 조건으로서 그만큼 할례가 절대적으로 중요한 것이라는 사실을 인식 시키고자 하는 것이고 우리에게 주는 교훈은 아무리 하나님께 선택받은 자라 할지라도 하나님의 계획에 방해가 됐을 때는 목숨이라도 가차 없이 징벌 하신다는 교훈을 주신 것이다.

> 오직 하나님이 성령으로 이것을 우리에게 보이셨으니 성령은 모든 것 곧 하나님의 깊은 곳이라도 통달 하시느니라 / 고전 2:10

하갈은 애굽 왕 바로가 사라에게 준 여종으로서 자신의 주인을 몰라보고 세상의 방법으로 사라에게 질투를 하면서 기회가 있을 때마다 사라에게 대립각을 세웠다. 이스마엘을 임신하니 한때는 사라를 업신여기는 등 여호와 하나님의 인류 구속사의 진행을 자신도 모르게 방해하는 육의 사람이었다.

그러나 사라에게 쫓겨나 자신의 위치를 깨달은 하갈은 하나님께 부르짖었을 때 여호와의 사자 즉 성령님의 음성을 들음으로 하나님을 만나게 되었다. 하나님은 소위 '크라테오(κρατέω)' 곧 카메라 렌즈를 고정시켜 놓은 것처럼 하갈의 눈을 오직 성령님(여호와의 사자)에게로 향하도록 하셨다. 그리고 지금까지 지내온 것이 하나님의 은혜임을 깨닫도록 하여 주시고 하갈이 다시 주인인 사라에게로 돌아가는 축복을 해 주셨다.

15) 여호와의 산에서 준비하시는 하나님(창22:13)

"하나님이 자기를 위하여 친히 준비하시리라(창22:8)"는 말씀은 하나님께서 주도적이고도 능동적으로 하나님의 뜻과 계획안에서 구속사의 섭리를 이루어 가심을 나타내고 있다.

하나님은 이 같은 위대한 구속사의 섭리를 사람, 자연, 때로는 환경을 통해 이루어 오셨다. 그러나 그 가운데 인간은 인간의 교활함으로 항상 하나님의 구속사 대업을 방해해 왔다. 그럼에도 하나님은 인간을 하나님이 지으신 피조물 가운데 하나님의 형상을 닮은 존재로 지으심으로 "너는 내 자녀라" 부르시며 심히 좋아하셨다.

해도 달도 별도 하늘도 땅도 지으시고 좋았더라고(창 1:4, 10, 12, 18, 21, 25) 말씀 하셨으나, 사람을 하나님의 형상과 모양대로 지으시고 하신 첫 말씀은 "심히 좋았더라(창1:31)" 였다. 얼마나 좋으셨으면 하늘의 해와 달과 별보다도 더 귀히 여기셨을까?

※심히라는 히브리어 "메오드(מְאֹד)"는 매우 열열하게 최상급으로 강조하다라는 뜻

아마도 인간은 하나님의 분신이었기 때문일 것이다. 혹자는 모든 생물들을 창조하시고 마치시니 심히 아름다웠더라고 말하지만 물론 그럴수도 있다. 그러나 창1:27 남자와 여자를 창조하시고, 28절에 하나님이 그들에게 복을 주시며, 생육하고 번성하며 땅에 충만하고 땅을 정복하라고 말씀 하시고, 29절에 너희에게 주노니 너희 식물이 되리라고 하신 말씀은 하나님의 형상으로 하나님의 모양대로 창조하신 자녀가 하나님을 대신하여 하나님이 지으신 땅을 다스릴 것을 생각하니 하나님 마음이 심히 좋으셔서 하신 말씀일 것이다.

이 모든 일들이 인류 구속사의 계획안에 있었다. 아담으로부터 시작한 구속사는 애덴 동산을 파괴하신 이후 새로운 세상을 만드시기 위해 노아를 구하심으로 이어진다. 그리고 그 후손에서 아브라함을 갈대아 우르에서 불러 선택하시고, 사단의 방해와 시련가운데서도 흔들릴 때마다 아브라함을 지켜주셨다. 이제 인간의 힘으로는 절대 불가능한 사라의 나이 90세(경수가 끊어진 상태)에 성령의 능력으로 잉태케 하여 아들 이삭을 하나님이 주시고 7일 만에 할례를 받는다.

물론 이삭을 낳기 이 전 아브라함의 나이 86세 때 이스마엘을 생산케 하시고(창16:16) 그 후 13년 동안 말씀을 주시지 않고 아브라함과 대면을 하지 않으셨지만, 그 후 아들 이삭을 주시겠다고(창17:16) 약속을 하신 후 그 약속을 마침내 성취시켜 주신 것이다. 아브라함은 감격에 겨워 이삭을 낳은 후 8일 만에 할례를 시행했다.(창21:4)

그 일 후에 하나님이 아브라함을 시험하시려고 그를 부르시되 아브라함아 하시니 그가 가로되 내가 여기 있나이다 여호와께서 가라사대 네 아들 네 사랑하는 독자 이삭을 데리고 모리아 땅으로 가서 내가 네게 지시하는 한 산 거기서 그를 번제로 여기서 “그 일 후에”란 얼마나 많은 시간이 흘렀음을 말하는 것인가? 이스마엘을 낳고 난후 이삭을 생산하기까지 13년의 기한보다도 더 많은 세월이 흘렀을 것이 분명하다. 학자에 따라 견해가 있지만 어떤 학자는 이삭의 나이 14세라고도 하고 어떤 학자의 견해는 아브라함의 아내 사라의 죽음을 가지고 계산하여 이삭이의 나이가 37세라고도 한다. 아브라함의 나이 137세 되던 해 사라가 죽고 사라가 127세 나이로 세상을 떳으니 90세에 난 아들 이삭 의 나이는 37세라는 것이다. 그러므로 추정컨대 아브라함이 이삭을 데리고 모리아 산으로 올라 갈 때 이삭의 나이가 그 정도는 될 것이라는 추정이다. 창25:20절에 나이 40세에 이삭이 리브가를 취하여 결혼을 하였다고 하였으니 이때가 아브라함의 나이는 140세가 된다. 그렇다면 그 아내 사라는 세상을 떠난지 3년째가 되는 해이다. 아브라함이 이삭을 모리아 산으로 번제를 드리러 간 22장에서 23장에 사라가 127세로 세상을 떠났으며 25장에서 아브라함이 175세로 세상을 떠났으니 21장에서 25장 사이의 세월의 기간이 약 40년의 세월이 지났는데 그렇다면 이삭의 나이 몇 살에 모리아 산에서 번제로 드리려 했느냐는 것이다.

이보다 앞서 창21:8에 아이가 자라매 이삭이 젖을 떼고 아브라함이 대연을 배설하였다고 하였다. 큰 잔치를 베풀었다는 것이다. 이때 나이는 아마 3살 정도 되지 않았을까? 그리고 이스마엘의 나이는 16세 정도라고 봐야 할 것이다.

창22:1에서 아브라함이 아들 이삭을 데리고 모리아 산으로 올라가 여호와 하나님께 번제를 드리고 "여호와 이레" 즉 "준비하시는 하나님"이라고 하였다. 그리고 20절에 보면 "이 일 후에"라는 말씀이 나온다.

> 이에 아브라함이 종들에게 이르되 너희는 나귀와 함께 여기서 기다리라 내가 아이와 함께 저기 가서 예배하고 우리가 너희에게로 돌아오리라 하고 / 창 22:5

> 사자가 가라사대 그 아이에게 네 손을 대지 말라 아무 일도 그에게 하지 말라 네가 네 아들 네 독자라도 내게 아끼지 아니하였으니 내가 이제야 네가 하나님을 경외하는 줄을 아노라/ 창 22:12

위의 두 말씀을 볼 때 이삭은 최소한 20세 미만의 어린 소년이 아닌가 하는 느낌을 받을 수 있다.

하늘의 음성은우리들이 결정적인 어떤 일이 있을 때나 어떤 결단 앞에 서야 할 때 나타나신다. 인류 구속사의 결정적 역할의 주인공인 이삭이 아브라함의 손에 의해 번제로 드려지려는 그 순간 하늘의 음성이 들려왔다.

> 여호와의 사자가 하늘에서부터 그를 불러 가라사대 아브라함아 아브라함아 하시는지라 아브라함이 가로되 내가 여기 있나이다 하매 / 창 22:11

> 여호와의 사자가 하늘에서부터 두번째 아브라함을 불러 / 창 22:15

여기서 세 번째 말씀하신 여호와의 사자가 누구신가? 가장 결정적인 순간마다 나타나신 삼위의 하나님이신 성령님을 말씀하고 계신 것이다.

여호와의 사자로 나타나신 성령님은 창16:7절에서도 하갈에게 나타나셨고 창31:11절에는 야곱에게 하나님의 사자이신 성령님으로 나타나셔서 말씀해 주셨다. 창22장에서도 3번씩이나 성령님은 임하시고, 아브라함은 하나님이 친히 준비하셨다고 말하며 그곳을 가리켜 "여호와 이레"라 하였다.

지금부터 약 4000년 전에 아브라함에게 나타나신 성령님은 지금도 예수그리스가 이 땅에 오실 때 까지 성령의 사람들에게 나타나 말씀하시고 길을 인도해 주실 것이다.

175년을 살다간 아브라함, 그는 때때로 상황판단으로 실수도 있었지만 그는 분명 성령으로 인도받는 하나님의 사람이었다. 그는 하나님의 말씀이 떨어지기가 바쁘게 엎드리고, 허리를 굽혀 경배했던, 오직 하나님을 하나님으로 아는 '성령의 사람'이었다.

아브라함은 갈대아 우르에서 B.C. 2166년, 데라의 나이 70세에 데라의 장남으로 태어났다. 그러다 하나님이 부르신 후 파란 만장한 생애를 보낸 아브라함이었다.

아브라함이 태어날 당시 홍수 심판이 있은 후 300여년이 흘렀던 갈대아 우르지방에서는 우상숭배가 만연되어 있었고, 그의 아버지 데라까지도 우상에 심취해 우상장사를 하였다고 전해오고 있다. 심지어 아들 하란에게 우상을 팔아오라고 하는말을 거역하였다고 하여 신전의 불속에 넣어 죽였다고 하는 설이 전해 오고 있기도 하다.(수24:2,14) 이런 환경과 상황속에서도 아브라함은 하나님의 부르심에

아브라함의 구속사의 동반자요 인생 나그네의 길에 동반자인 아내 사라가 127세를 살고 생을 마감 하였다. 아브라함은 아내 사라의 죽음

을 애통하였다고 하였으니 아내 사라를 얼마나 사랑하였으면 시체 앞에서 애통 하였겠는가?

성경에 여자의 나이를 기록한 것은 사라가 유일하다. 그 이유는 사라는 아브라함의 인생의 동반자이기 이전에 하나님의 구속사의 언약을 아브라함과 함께 받은 자로서 구속사의 후손인 이삭을 낳음으로 모든 믿는 자의 어머니라고 할 수 있기 때문이다.

이 때 이삭의 나이는 37세였다.(창17:17, 창21:5) 이삭을 낳을 때 아브라함의 나이 100세요, 사라의 나이 90세이니 사라가 127세에 죽었으니 이삭의 나이는 37세가 된다.

아브라함은 아내 사라를 헷 족속 에그론의 밭을 은 400세겔에 사서(1세겔은 약 11.5kg) 막벨라 굴(이중의 굴이라는 뜻)에 장사하였다(창23:19)

아브라함은 사라가 죽고 난 후 창25장 1절에 보면 후처를 얻었다고 하였다. 후처의 이름은 '그두라'인데 아브라함이 후처 그두라를 얻은 것이 사라의 사후인지 죽기 전 인지는 확실치 않으나 사라의 죽음을 전후로 생각해 보면 어느 정도 추측할 수 있다. 사라가 127세에 죽었을 때 아브라함은 137세 였다. 만일 사라의 죽음 후라면 137세 이상 되는 할아버지가 그두라(향기라는 뜻)에게서 6명의 아들들과 7명의 손자들(창25:2-4) 그리고 3명의 증손자들을 둘 수가 있었느냐는 의문이 생기기 때문이다.

그 후 '그두라'의 후손인 6명의 아들들은 아람 각 족장들의 선조가 되어 두고두고 구약 역사상 이스라엘을 민족을 괴롭히는 이방 민족으로 나타난다. 이것 또한 하나님의 구속사의 과정으로서 도전과 희생을 통해 하나님의 말씀만 붙잡는 자들만이 끝까지 살아남아 구속사를 이루게 하실려는 하나님의 원대한 계획 이셨을 것이다.

지난날 100세에 하나님이 자식을 주시겠다고 하셨을 때 히11:11-12에서 "믿음으로 사라 자신도 나이 늙어 단산 하였으나 잉태하는 힘을 얻었으니 이는 약속하신 이를 미쁘신줄 앎이라 이러므로 죽은 자와 방불한 한 사람으로 말미암아 하늘에 허다한 별과 또 해변의 무수한 모래와 같이 많이 생육하였느니라"고 아브라함을 가라켜 죽은 자를 방불케 한 사람이라고 히브리서 기자는 말씀하고 있지 않는가?

한편으로 보면 100세나 137세나 힘은 하나님이 공급 하시는 힘 (벧전4:11)이면 불가능이 어디 있겠는가! 또한 오직 성령이 너희에게 임하시면 너희가 권능을 받는다고 행1:8에도 말씀 하시지 않으셨는가!

아브라함에게 창13:16절에서 "네 자손이 티끌 같게 하리니"라고 말씀하시고 창15:5에서 "하늘의 뭇 별 같은 자손을 주리라"고 약속 하셨던 것을 상기해 볼 때 아브라함의 나이가 문제이겠는가?

하나님에 구속사의 계획은 "하나님의 손(The hand of the Lord)" 안에 있다는 사실을 우리는 기억해야 될 것이다.

하나님은 영적 혼란기에 아브라함을 갈대아 우르에서 불러 내시고 횃불언약을 세우셨으며 하나님의 구속사의 대업을 독자 이삭에게 맡기게 하셨다. 그리고 마침내 헷 족속 에그론의 밭을 은 400세겔에 샀

던 막벨라 굴에서 아내 사라와 함께 향년175세로 생을 마감하였다.(창 23:19)

당신은 성령의 사람인가

초판 발행 2020년 11월 1일
지 은 이 홍재철
발 행 인 홍성익
발 행 처 도서출판 해세드
대표 전화 032-684-8241
디 자 인 Teddy
정 가 20,000 원

I S B N 979-11-972075-1-8